GÉNÉRAL MANGIN

REGARDS

SUR LA

FRANCE D'AFRIQUE

AVEC QUATRE CARTES

PARIS

LIBRAIRIE PLON

PLON-NOURRIT ET Cie, IMPRIMEURS-ÉDITEURS

8, RUE GARANCIÈRE - 6e

REGARDS

SUR

LA FRANCE D'AFRIQUE

GÉNÉRAL MANGIN

REGARDS

SUR LA

FRANCE D'AFRIQUE

AVEC QUATRE CARTES

PARIS

LIBRAIRIE PLON

PLON-NOURRIT ET Cⁱᵉ, IMPRIMEURS-ÉDITEURS

8, RUE GARANCIÈRE - 6ᵉ

Tous droits réservés

REGARDS
SUR LA FRANCE D'AFRIQUE

I

ALGÉRIE (1)

L'antiquité.

Théophile Gautier a écrit que l'Afrique commence aux Pyrénées, et certains Espagnols ne lui ont jamais pardonné cette affirmation ; aussi j'aime beaucoup mieux dire que l'Europe se termine seulement aux bords du Sahara. Car la Méditerranée réunit les habitants de ses rivages beaucoup plus qu'elle ne les sépare ; autour de ce beau lac intérieur, les plus anciennes civilisations de l'histoire ont pris naissance, se sont développées, et sont mortes en se passant successivement le flambeau : il y a un monde méditerranéen et l'Afrique septentrionale, aujourd'hui presque entièrement française, en a toujours fait partie.

(1) Conférence prononcée à la *Société des Conférences,* le 28 février 1923.

Le mythe d'Hercule ouvrant la communication entre la Méditerranée et l'Océan repose sur une réalité : il est bien certain qu'à une époque géologique relativement récente, l'Espagne et le Maroc ne faisaient qu'une même terre, et il est probable que l'Italie était alors réunie à la Tunisie. Sur les deux rives de la Méditerranée, ce sont les mêmes couches de terrain qu'on rencontre, la même flore et la même faune ; tout témoigne de cette union, jusqu'à la bande de singes qui grimpent dans les rochers de Gibraltar.

Les Grecs avaient donné à toute l'Afrique septentrionale entre la Méditerranée et le Sahara, le nom de Libye, que nous réservons maintenant à la contrée désertique entre la Cyrénaïque et l'Égypte ; les Romains nommaient Afrique la Tunisie actuelle, et nous avons étendu cette appellation à tout le continent. La Numidie et les deux Mauritanies s'étendirent ensuite vers l'Ouest ; les Arabes l'ont appelé le Moghreb, ou Pays de l'Ouest, car c'étaient les plus occidentales de leurs conquêtes. Les ethnographes et les historiens proposent de l'appeler la Berbérie, parce que les Berbères en sont les habitants depuis l'origine des temps historiques et forment encore le fond de sa population.

Les Berbères venaient-ils des plateaux abyssins, de l'Asie Mineure, ou de l'Espagne? Nous ne le saurons probablement jamais. Les Romains, qui savaient que le présent sort du passé, avaient cherché à se faire une idée sur l'histoire des peuples qu'ils combattaient, pour les gouverner ensuite. Salluste, instruit et curieux, a voyagé dans ces contrées, et a gouverné la Numidie. Il aurait même été révoqué à cause de ses exactions, mais ce sont les historiens qui le disent, et peut-être sont-ils suspects de malveillance envers un brillant confrère. Quoi qu'il en soit, Salluste nous a conservé une tradition recueillie par le roi Hiempsal II, qui a écrit une Histoire des Numides. Le pays avait été peuplé par les Gétules et les Lybiens, sauvages qui se nourrissaient de viande et paissaient l'herbe comme des animaux ; après la mort d'Hercule en Espagne, son armée, manquant de chef, se dispersa ; les Perses, les Mèdes et les Arméniens passèrent le détroit et se mélangèrent aux indigènes africains, donnant naissance aux Numides et aux Maures.

Hiempsal a vraisemblablement enregistré une de ces fables dont l'imagination fertile des Grecs a peuplé leur histoire et celle de tous les autres peuples. Elle repose sur ce fait qu'il s'est produit, en Afrique septentrionale, un brassement des races les plus diverses qui s'y sont fondues ensemble, pour former le peuple berbère. Dans le Djurdjura et dans l'Aurès, en Algérie, la variété des types humains, où la coloration des cheveux va du blond roux au noir, et la pigmentation de la peau du blanc rose au brun très foncé, indique la diversité des origines ; les blonds sont très nombreux dans certaines tribus marocaines ; on a remarqué que l'assemblée des notables, la *Djemma* kabyle, ne diffère du conseil municipal d'un village français que par les vêtements. Les documents égyptiens parlent de barbares libyens qu'ils représentent avec le teint blanc, les cheveux blonds et les yeux bleus. Cette race paraît s'être étendue de l'Europe occidentale au Sahara, du mont Sinaï jusqu'aux Canaries, où l'on retrouve des Guanches qui étaient assurément des Berbères.

Dans l'Atlas et le Souss marocains, dans tout le Sahara, jusqu'au Niger, on parle la même langue dans des dialectes à peine différents, et cette langue s'écrit en caractères libyques, qui forment l'alphabet tefinah des Touaregs. Cette similitude de langue et cette existence d'un alphabet distinct de tous les autres alphabets connus, sont des indices d'une organisation ancienne qui implique une certaine unité et un commencement de civilisation : l'Europe a attendu le contact avec l'Asie avant d'avoir une écriture.

En se tenant aux faits certains, il est possible d'affirmer que l'Europe méridionale et occidentale et l'Afrique du Nord ont été peuplées en partie par les mêmes races ; les Ibères et les Celtibères de l'Espagne sont les cousins des Berbères.

C'est vers le douzième siècle avant l'ère chrétienne que l'Afrique septentrionale entre dans l'histoire avec les premiers établissements des Phéniciens sur ses côtes. Resserré entre le Liban et la mer, ce peuple commerçant devient rapidement navigateur et dans ses métropoles, Tyr et Sidon, se tint bientôt la « Foire des Nations », dont parle le prophète Isaïe un vaste marché de tous les échanges ; sans arts, sans littérature, leur civilisation est toute de transition, et il est bien difficile d'en trouver les traces. Il semble toutefois qu'ils ont perfectionné beaucoup des industries déjà connues des Égyptiens, celles du verre et de l'airain, par exemple. A ce point de vue, leur rôle est considérable, car ils ont propagé dans toute la Méditerranée les connaissances de l'Orient, et ils ont tiré des alphabets égyptiens, d'abord idéographiques et syllabiques, les vingt-deux lettres d'où dérivent les nôtres.

Les Grecs, rivaux des Phéniciens, essaiment dans la Méditerranée septentrionale ; leur seul comptoir africain est Cyrène. Les deux peuples navigateurs se rencontrent en Sicile et y luttent longtemps ; Carthage, colonie phénicienne, a remplacé Tyr en décadence : elle fait alliance avec Xerxès contre les Grecs, puis avec Rome contre Pyrrhus, roi d'Épire.

Carthage a colonisé à son tour les côtes d'Espagne et l'amiral Hannon a fondé, sur le littoral de l'Atlantique, 300 comptoirs, parmi lesquels Tingris (Tanger) et Sola (Salé, en face de Rabat), et dont le plus méridional est en Guinée. Elle tient la Sardaigne, la Corse enlevée aux Phocéens, toutes les îles de la Méditerranée. Elle grandit toujours ; mais en face d'elle une rivale grandit aussi, Rome, et la lutte s'engage pour la possession de la Sicile.

La première guerre punique, qui dura trente-huit ans, a pour enjeu cette belle île, et c'est Rome qui l'emporte. La guerre des Mercenaires, racontée par Flaubert dans *Salammbô*, succède à celle-ci, et Carthage se tourne vers l'Espagne où s'étend sa puissance. Mais elle y rencontre de nouveau sa rivale et la deuxième guerre punique s'engage. Un général de génie, Hannibal, conduit à travers les Pyrénées et les Alpes une armée de Berbères renforcée de quelques contingents gaulois ; après les batailles du Tessin, de la Trebbie, du lac Trasimène (218), vient l'éclatante victoire de Cannes, qui met Rome au bord de l'abîme (216). Elle est sauvée par la grandeur d'âme et la virile énergie de ses habitants, mais l'ennemi reste à ses portes, et elle demeure à la merci d'un revers.

Enfin Scipion obtient de porter la guerre en Afrique, de rendre coup pour coup, et de menacer Carthage, qui, moins bien trempée moralement que sa rivale, rappelle Hannibal pour la défendre. Les deux grands capitaines s'affrontent dans la bataille décisive de Zama où l'ordre romain, par sa cohésion et sa discipline, triomphe de l'armée punique.

La civilisation phénicienne a joué en Afrique le même rôle qu'à Tyr et à Sidon, celui d'intermédiaire ; d'un caractère essentiellement mercantile, elle n'avait jamais considéré les peuples qui entouraient ses comptoirs, que comme les clients de son industrie.

Elle use largement des Berbères comme mercenaires, dans ses armées, où ils rencontrent tous les soldats du monde méditerranéen, sous les ordres des chefs grecs qui ont imposé leur langue dans les commandements militaires. Les Berbères parcoururent ainsi l'Espagne, la Gaule, l'Italie, et conquirent toutes les îles de la Méditerranée occidentale ; les survivants rapportent dans leurs foyers des souvenirs éclatants et confus et une prodigieuse vision du monde, avec ses diversités et ses analogies. Mais à aucun moment leurs maîtres ne tentent le moindre essai d'organisation parmi les peuples épars, en s'établissant au milieu d'eux. C'est par imitation, par influence, que quelques Berbères adorent les dieux de Carthage en même temps que les leurs, et qu'ils parlent parfois la langue punique.

La politique romaine était tout autre. Le peuple roi annexait les dieux des vaincus sans les leur enlever, et Tanit continue d'être adorée à Carthage, tout en prenant place au Capitole sous le nom de « la Déesse céleste » ; « Baal Hammon » devient Saturne, et même *Saturnus Augustus* sous l'Empire, et ses temples se multiplient en Afrique. Pour les Romains, les religions sont locales ; les vainqueurs invoquaient les dieux des vaincus, et, pour être certains de n'en pas oublier, ils les priaient tous à la fois sous le nom de Dieux Maures (*Dii Mauri* ou *Maurici*) pour le salut de l'empereur et le succès de leurs armes. Aussi le culte devient un lien de plus entre tous les habitants d'une même terre, quelles que soient leur race et leur condition.

La conquête s'était faite aux dépens de Carthage ; les autochtones avaient pris part à la lutte dans chacun des deux camps, mais s'étaient tournés vers les Romains en très grande majorité, en sorte que ce n'était pas contre les Berbères que les Romains avaient eu à prouver leur force ; leur victoire reste pure de ces châtiments terribles dont elle s'accompagnait trop souvent dans l'antiquité, et nul ressentiment ne pouvait la suivre. L'analogie de race entre la population indigène et les nouveaux venus était aussi prononcée qu'en Gaule et en Espagne. La connaissance du latin se répandit rapidement et elle fut très favorisée par le développement du christianisme qui, dans tout le monde romain, suivit la même marche et fut accompagné au début par les mêmes persécutions. L'idéal de l'indigène fut de ressembler le plus possible au Romain, d'acquérir le droit de suffrage, le port de la toge, l'exercice des magistratures. Après quelques générations, l'assimilation était commencée ; une immigration latine l'aidait largement, colons et gens d'affaires venaient d'Italie en nombre important ; les grandes familles romaines achetaient des terres en Afrique ; nous dirions aujourd'hui qu'elles y plaçaient des capitaux, que leurs mandataires les faisaient valoir. Les Numides prenaient des noms romains, sans toutefois renier leur origine dont ils ne rougissaient nullement, car elle ne leur était pas reprochée et ne leur enlevait aucun droit. L'un d'eux, Septime Sévère, s'assit sur le trône des Césars.

L'Afrique, la Tunisie actuelle, était devenue une province consulaire, un gouvernement civil. Elle était couverte, à l'ouest, par des gouvernements militaires, et ce régime évitait les conflits d'attribution en horreur à l'ordre romain ; le régime du protectorat se continua jusqu'au règne de Caligula et ne s'éteignit que par un caprice de ce tyran, jaloux du dernier roi numide. jaloux aussi de son lieutenant en Maurétanie : il proclama l'annexion et instaura prématurément le régime civil qui causa bien des querelles.

Mais dans l'ensemble, la domination des empereurs fut bienfaisante et l'Afrique romaine, grenier de la métropole, vécut dans une prospérité dont témoignent les ruines nombreuses que nous y admirons aujourd'hui, malgré les déplorables dévastations des invasions barbares, longtemps accrues par le développement de notre civilisation, aveugle à ses débuts. Relevée de ses ruines, Carthage était sans conteste le port le plus important du monde entier ; nous reconstituons la vie des grandes villes et celle des bourgades les moins importantes, grâce aux documents anciens, et surtout aux inscriptions votives ou funéraires aujourd'hui réunies par dizaines de mille. L'Afrique chrétienne donnait à la catholicité saint Augustin et Tertullien, pour ne citer que les plus célèbres ; mais elle avait déjà donné sous les Antonins, Cornélius Fronto, maître et ami de Marc Aurèle, et toute une école de rhéteurs qui faisaient l'admiration de Rome, où plusieurs ont vécu. C'est, en effet, surtout par l'éloquence que brillaient les Africains, par l'éloquence et la philosophie plutôt que par la poésie. Les contes et les romans trouvaient des maîtres tels qu'Apulée, émule de son contemporain Lucien. Apulée nous apprend qu'en Afrique on cultivait un genre que nous croyons bien moderne, celui de la *Conférence*, et « il ne néglige pas de nous dire qu'aucune philosophie avant lui n'avait réuni autant de monde, et de faire des tableaux amusants de

tous ces gens qui se poussent et se serrent sans
parvenir toujours à se placer » (1). Et il s'adressait
à des auditeurs moins indulgents que vous n'êtes
en ce moment, car il pouvait leur dire : « Qui de
vous me pardonnerait de faire un solécisme? Qui
ne se fâcherait, si je prononçais mal une seule
syllabe? »

Donc l'Afrique romaine était, au milieu du
cinquième siècle de notre ère, un pays très civilisé,
puisqu'on y faisait des conférences et même des
tournées de conférences ; un pays très s.mblable à
l'Italie du Nord, à la Gaule et à l'Espagne. Mais il
faut reconnaître qu'il restait très agité. A la guerre
de Jugurtha avaient succédé d'autres soul.vements ;
pendant la guerre civile entre Marius et Sylla, entre
César et Pompée, les partis s'étaient disputé l'Afrique
comme une riche proie. Puis les soulèvements re-
commencèrent. La IIIe légion Augusta, qui représentait l'unique force militaire de l'Empire en
Afrique, avait un effectif de 27 000 hommes au
total ; les légionnaires jouissaient d'une solde, d'un
confortable et d'honneurs qu'envient leurs successeurs d'aujourd'hui ; des troupes auxiliaires les
aidaient, ainsi que des irréguliers levés dans le
pays, le goum actuel. La tactique ressemblait beaucoup à celle que Bugeaud a employée pendant la
conquête de l'Algérie et dont nous usons — parfois — au Maroc : la forte colonne contre une rébellion organisée ; les petits détachements qui rayon-

____

(1) Gaston Boissier, *l'Afrique romaine*, p. 282.

nent ensuite pour assurer et étendre la soumission du pays.

Mais malgré notre admiration pour l'œuvre de nos devanciers, nous devons constater qu'ils s'arrêtèrent devant la montagne et le désert et que les habitants de certains massifs — la grande Kabylie et l'Aurès — restèrent indépendants, ainsi que les Gétules — nos Touaregs — qui nomadisaient dans le Sahara actuel. Même après la pacification, le brigandage sévissait, et sa répression était difficile. En Gaule, au contraire, aucune montagne, aucune forêt n'abritait de population insoumise ; des Alpes au Rhin, tous reconnaissaient les lois de l'Empire. Osons dire qu'en Afrique les Romains n'ont pas été assez Romains.

Au cinquième siècle, les Vandales de Genséric passent le détroit, appelés par le comte Boniface, avec les Alains et quelques Goths. Cette invasion germanique couvre de ruines tout le pays civilisé et établit à Carthage un empire barbare qui dure plus d'un siècle (415-531). Les envahisseurs étaient chrétiens mais sectateurs d'Arius ; ils persécutèrent les catholiques avec une intolérance farouche. Des soulèvements berbères achevèrent la désolation de toute l'Afrique septentrionale. Enfin, l'empereur Justinien envoya son général Bélisaire rétablir l'autorité de Byzance et, pendant une nouvelle période, plus que séculaire (531-642), l'Afrique essaya de se relever de ses ruines.

Les Arabes.

Voici venir les Arabes qui vont étendre leur domination de la mer Rouge à l'Océan. Les Berbères avaient absorbé tout ce que les Romains avaient épargné de Carthaginois et tout ce que l'Italie avait envoyé de Latins pour coloniser l'Afrique ; les Vandales et les autres barbares germains avaient disparu de même sans laisser de traces ; entre temps, des Juifs nombreux s'étaient fixés parmi eux, à la suite des révolutions de Palestine et de la prise de Jérusalem par Titus ; les Byzantins, mélange levantin de Grecs, de Slaves et d'Arméniens, vont être absorbés de même. Cette race composite possède dans son sein les éléments les plus divers qui y attirent toutes les autres et en facilitent l'absorption. Elle est prête à recevoir toutes les empreintes extérieures, tout en restant elle-même. Brave, énergique, très résistante, elle cède parfois d'un seul coup ; elle s'offre loyalement, sans réserve apparente, et elle accepte les lois, les coutumes, la religion et la langue même des vainqueurs. Mais le fond de la race persiste, immuable à travers les transformations momentanées ; le besoin d'indépendance, les coutumes anciennes et la langue berbère reparaissent. Leur historien arabe Ibn-Khaldoun, que son orthodoxie n'empêche pas de s'élever souvent jusqu'aux vues générales, les caractérise ainsi : « Les Berbères ont toujours été un peuple puissant, redoutable, brave et nombreux ; un vrai

peuple comme il y en a tant d'autres, les Arabes
les Persans, les Grecs et les Romains... On a vu,
des Berbères, des choses tellement hors du commun, des faits tellement admirables, qu'il est impossible de méconnaître le grand soin que Dieu a eu
de cette nation. »

Si nous voulons connaître les vainqueurs et les
nouveaux maîtres des Berbères, écoutons comment
les juge l'un des leurs, le même Ibn-Khaldoun :
« Le naturel farouche des Arabes en a fait une race
de pillards et de brigands. Toutes les fois qu'ils
peuvent enlever un butin sans courir un danger
ou soutenir une lutte, ils n'hésitent pas à s'en
emparer et à rentrer au plus vite dans le désert. —
Vous reconnaissez la *razzia.* — Les habitudes et les
usages de la vie nomade ont fait des Arabes un
peuple rude et farouche. La grossièreté des mœurs
est devenue pour eux une seconde nature... Si les
Arabes ont besoin de pierres pour servir d'appui à
leurs marmites, ils dégradent les bâtiments afin de
s'en emparer ; s'il leur faut du bois pour en faire
des piquets ou des soutiens de tentes, ils détruisent
les toits des maisons pour en avoir. Par la nature
de leur vie, ils sont hostiles à tout édifice... Ajoutons
que, par leurs dispositions naturelles, ils sont toujours prêts à enlever de force le bien d'autrui, à
chercher les richesses les armes à la main, et à
piller sans mesure et sans retenue (1). »

(1) Ibn-Khaldoun, *Prolégomènes,* tome Ier de la traduc-
tion de Slâne, p. 309 et suiv.

Les Arabes, en effet, préludèrent à leur conquête par une série de formidables razzias. La dernière expédition, celle d'Okba, le mena jusqu'au bord de l'Atlantique, où il fit piaffer son cheval en s'écriant : « Allah ! Tu m'es témoin que je ne puis aller plus loin ! » Mais au retour, Okba fut vaincu et massacré par les Berbères révoltés (683), qui s'organisèrent. Après quelques succès, un autre envahisseur, Zobeïr, subit le même sort (688-690). Les Berbères traversèrent une période d'anarchie profonde, mais ils se réunirent sous l'autorité d'une femme, descendante de leurs anciens rois, dont la tribu était convertie au judaïsme ; les Arabes l'appellent la Kahena (la devineresse). D'abord victorieuse, cette reine des Berbères ne put résister aux armées arabes qui se renforçaient constamment et, après une lutte héroïque, elle périt glorieusement dans le dernier combat (696-703).

Mais la résistance restait vive : « Conquérir l'Afrique est chose impossible, écrivait un gouverneur arabe au Khalife ; à peine une tribu berbère est-elle exterminée qu'une autre vient prendre sa place. » Toutefois Mouça Ben Nocéir, son successeur, y arriva en quelques années et lança les turbulents Berbères contre l'Espagne. Mais les querelles déchiraient l'Islam ; en Orient, chiites et sunnites, orthodoxes et puritains kharédjites en venaient aux mains ; à Bagdad, la dynastie des Abbassides succédait à celle des Oméides ; en Espagne, Arabes et Berbères engageaient d'interminables combats ; en Afrique, les Berbères embrassent l'hérésie kharéd-

jite où ils voyaient un moyen de garder leur indépendance tout en restant musulmans : une foule de
petits royaumes berbères s'érigeaient de tous côtés
et l'anarchie était complète.

Elle cessa quand le Khalife de Bagdad Haroun-
Al-Rachid eut nommé comme gouverneur Ibrahim-
Ben-Agleb, qui commença la réconciliation et même
la fusion entre les Arabes et les Berbères. Son fils
assit son autorité menacée par la milice syrienne
en créant une garde noire d'une bravoure et d'une
fidélité à toute épreuve. Ses successeurs aglabites
la conduisirent à la conquête de la Sicile et se
défendirent contre les invasions venant de l'Égypte.
Des gouverneurs arabes nommés par le Khalife
succédèrent à cette dynastie, qui a donné quelques
chefs remarquables et quelques monstres, puis une
dynastie fatémide (descendant d'Ali, époux de
Fathma, fille du Prophète) se déclara indépendante
et étendit son pouvoir sur le Moghreb Central et
Oriental (Algérie et Tunisie, 910-923).

Les Zirides berbères remplacèrent les Fatémides,
mais leur autorité se limitait à l'Ifrykia, la Tunisie
actuelle. C'est sous le dernier gouverneur de la
dynastie ziride, El Moïs, que le Khalife lança contre
l'Ifrykia l'invasion hilalienne, qui la ravagea de
fond en comble. Ces tribus d'Arabes pillards, par-
quées sur le Haut Nil, en punition de leurs méfaits,
furent chargées de venger l'injure faite par le gouverneur ziride, qui s'était révolté contre le Khalife
fatémide du Caire. Les Berbères ne surent pas s'unir
à temps contre l'envahisseur et subirent une ter-

rible défaite. Ces envahisseurs n'étaient certainement pas plus de 200 000, et ils ne purent modifier
profondément le fond de la race, comme on l'a dit
quelquefois, mais ils ajoutèrent un élément de
désordre à tous ceux qui existaient déjà dans
l'Afrique du Nord.

Je passe sur l'établissement de là dynastie des
Almoravides au Maroc qui, venus du Sénégal, étendirent leur puissance sur l'Espagne jusqu'à l'Èbre.
Leurs successeurs, les Almohades, régnèrent sur tout
le Moghreb, qui fut ensuite partagé entre les Hafsides de Tunis, les Zeyanites de Tlemcen et les Mérinides du Maroc. Ces trois dynasties étaient d'ailleurs berbères, comme les Almoravides et les
Almohades, et il n'est pas permis de croire que l'invasion hilalienne amena la prépondérance de l'élément arabe. En même temps, les Normands enle-
vaient la Sicile aux musulmans et fondaient quelques
établissements sur la côte africaine. C'est leur héritier Charles d'Anjou qui décida son frère saint Louis
à diriger la dernière croisade contre Tunis (1270),
au lieu de secourir les chrétiens de Palestine. Le
saint roi croyait d'ailleurs que le sultan Hafside,
dont les messages étaient très amicaux, embras-
serait facilement le christianisme : « Je consenti-
rais volontiers, disait-il, à passer le reste de mes
jours enchaîné dans une prison, si je pouvais obtenir
ce résultat de convertir le roi de Tunis et son peuple
à la religion chrétienne. » Mais après leur débarquement, les croisés s'établirent dans les ruines de
Carthage pour y attendre Charles d'Anjou. Cette

inaction funeste coûtait la vie au roi et à de nombreux croisés. Charles arriva le 25 août, le jour même où son frère mourait et, après quelques escarmouches assez heureuses, les croisés acceptèrent de se rembarquer, moyennant le paiement de 210 000 onces d'or.

Au quatorzième et au quinzième siècles, des relations assez fréquentes s'établissaient entre chrétiens et musulmans d'Afrique ; malgré la course des pirates africains, le commerce maritime garde une certaine activité, car des traités, d'ailleurs parfois violés, protègent les navires des républiques italiennes et des royaumes de France et d'Espagne. Mais les tribus berbères subissaient de plus en plus l'influence des nouveaux venus ; déjà musulmanes, elles s'arabisaient par le langage et les mœurs, sans que l'élément arabe prît une prépondérance politique. Au seizième siècle, les empires berbères se sont émiettés, ruinés par l'influence dissolvante des Arabes hilaliens : cet élément a été en grande partie absorbé par la population autochtone, mais il agit à la manière d'un toxique. Un nouveau dissolvant apparaît : l'influence maraboutique ; venus de l'Ouest, surtout de Sid-Jilmissa — le Tafilalet actuel — et de la Seguiet-El-Hamra, de saints personnages prêchent le Coran et l'interprètent ; groupent autour d'eux des disciples puis des tribus entières ; grâce à l'amoindrissement du pouvoir central, et à l'absence de clergé régulier, leur influence s'accroît sans cesse. Bientôt leur action changera de forme ; ils fonderont les grandes confréries dont les adeptes, les Khoans, se reconnaissent à la répétition de certaines prières (le Dirk), et obéissent aveuglément aux commandements de leurs chefs religieux. Loin de former des éléments d'ordre, ces nouveaux groupements, indépendants les uns des autres et de toute autorité centrale, accroissent l'anarchie. La Berbérie est donc hors d'état de résister à une force étrangère.

Les Turcs.

Or, deux puissances font leur apparition sur ses côtes : les Espagnols et les Turcs. Elles s'y établissent et y luttent entre elles, ayant les autochtones, tantôt pour ennemis, tantôt pour alliés. Charles-Quint, qui a pris et ruiné Tunis, échoue devant Alger, malgré les forces considérables qu'il avait rassemblées et la faiblesse de la garnison (octobre 1541).

Les luttes en Italie et en Flandre détournèrent de l'Afrique l'Espagne, que sollicitait à l'extérieur la conquête du Nouveau-Monde, source de profits plus faciles et plus grands. Philippe II y renonça complètement et l'histoire des possessions espagnoles, abandonnées à leurs propres forces sans renforts, sans solde, sans ravitaillement, est déplorable. Pourtant, la vaillance de cette race chevaleresque jeta de temps en temps un court rayon de gloire, notamment aux divers sièges d'Oran et de Mers-El-Kebir. Après la bataille de Lépante, l'occasion était pourtant favorable ; le vainqueur, Don Juan d'Autriche, prit Tunis deux ans après, sans l'assentiment de son frère Philippe II ; il aurait voulu y être proclamé roi, et jugeait cette couronne digne du fils naturel de Charles-Quint ; mais son royal frère refusa de le soutenir et la garnison de Tunis, laissée à ses propres forces, fut faite prisonnière par le Pacha d'Alger.

Malgré l'aide, souvent très efficace, des tribus berbères ou berbères arabisées, la méconnaissance de l'ennemi et du pays s'étale dans le récit de toutes ces expéditions : elle était d'autant plus impardonnable si on réfléchit au voisinage de l'Afrique et aux longues luttes des Espagnols contre les Maures.

Les Turcs, venus par mer, s'étaient établis d'abord sur les côtes, à Tunis, à Alger, à Oran ; puis dans l'intérieur ils tiennent Titeri (Médéah) et Constantine. Des beys commandaient au nom de la Porte, dans les villes, sous le gouvernement d'un Bey Lar Bey (Bey des Beys), puis d'un pacha résidant à Alger, depuis les Barberousse. Le sultan de Stamboul, craignant de voir son représentant à Alger proclamer son indépendance, le changeait fréquemment, tous les trois ans depuis la fin du seizième siècle. Le pouvoir du pacha s'appuyait sur une milice analogue à celle des janissaires, les Yoldachs, qui, dans chaque ville, formait un groupement, le Oudjak (fourneau), et ce groupement finit par constituer le gouvernement lui-même.

Car les miliciens, les Yoldachs, se fatiguèrent d'obéir à un chef venu de Constantinople, complètement ignorant du pays, et finirent par élire leur chef de gouvernement, qui fut le dey. Le dey était assisté de ministres et d'un conseil, le Dirvan, formé d'anciens militaires, dont les attributions et l'autorité variaient selon le caractère du dey. Par suite du développement qu'avait pris la course, d'où dépendait la prospérité d'Alger, la corporation des *reis*, ou capitaines de navires, avait pris une grande importance. L'administration municipale avait à sa tête le Cheik-El-Blad, sorte de maire, qu'assistait un Conseil de ville.

Malgré ce morcellement d'autorité, la domination turque était arrivée à une organisation qui dura jusqu'à la conquête française. La force militaire était constituée par la milice des Yoldachs, qui n'atteignit jamais 20 000 hommes, et qui n'était plus que de 1 978 en juillet 1830 ; des fantassins réguliers servaient à leurs côtés, les Kabyles Zouaoua, dont nous avons fait nos premiers zouaves. Puis des colonies militaires étaient établies en grand'garde sur les frontières ; les *Abid* noirs, les Zemoul (gens de Zemalas, campement), les Douairs (pluriel de Daira, cavalier) ; elles formaient des tribus nouvelles, guerrières et obéissantes, qui maintenaient l'autorité du dey. Enfin les populations soumises devaient, outre l'impôt, fournir en cas de besoin un contingent irrégulier, le goum.

Les Turcs avaient soin de se ménager des alliés utiles dans les marabouts de toute sorte de toute origine ; ces personnages religieux, étrangers à la région de leur prédication, étaient d'excellents agents de renseignements et d'influence politique.

Pas d'État sans budget. Les impôts sur les tribus étaient d'abord ceux qui sont prescrits par le Coran : l'achour. dîme sur les produits agricoles, et la zekat, impôt sur les troupeaux ou bêtes de somme ; puis le hokar, fermage des terres du Maghzen (gouvernement), enfin le gharama ou lezma, capitation sur les nomades, les gens des oasis ou leurs palmiers.

A Alger, d'autres produits s'ajoutaient aux impôts coraniques : le quint (cinquième), sur les prises des corsaires, les tributs et cadeaux imposés aux nations européennes pour se mettre à l'abri des attaques barbaresques ; enfin la vente des esclaves et les contributions maritimes.

Il est difficile d'évaluer les ravages des pirates barbaresques, mais quelques chiffres sont assez significatifs. Le nombre des captifs au dix-septième siècle était en permanence de 30 à 40 000 à Alger seulement ; l'ordre de Notre-Dame de la Merci en 1635 avait racheté à lui seul 37 720 esclaves chrétiens ; son rôle d'intermédiaire lui ouvrait les bagnes, où les captifs étaient d'autant plus maltraités que leur apparence permettait d'en espérer une plus forte rançon. Il avait obtenu d'y ouvrir des chapelles et des hôpitaux, secourant le corps et l'âme. Parfois, quand les fonds tardaient à arriver ou pour garantir un échange, les religieux prenaient les fers d'un captif pour assurer sa délivrance : cet acte admirable était prescrit par les règles de ces ordres religieux, dont l'abnégation et la patience forçaient l'admiration des Musulmans.

Je ne raconterai pas les luttes entre Alger, Tunis
et Constantine, les révoltes des Berbères dont le
flot tumultueux vint battre à plusieurs reprises les
murs de ces villes, les essais de conquête turque
au Maroc, qui resta heureusement indépendant.
L'autorité des pachas ne fut jamais que nominale
dans ces massifs montagneux de la Kabylie et de
l'Aurès et, à la fin du dix-huitième siècle, l'affaiblis-
sement de la Porte avait sa répercussion en Berbérie.
Le dey d'Alger était choisi parmi les plus vieux et
les plus nuls des soldats, afin qu'il n'eût pas l'idée
ni la possibilité de rétablir une autorité gênante ;
les beys de Tunis s'étaient affranchis de leur autorité ; jaloux des beys de Constantine, de Titeri et
d'Oran, ils faisaient assassiner ceux d'entre eux
qui montraient quelque valeur, y voyant des pos-
sibilités d'indépendance. La Berbérie subissait au
commencement du dix-neuvième siècle une véritable régression. L'Europe, constamment divisée et
en proie à de longues guerres, ignorait tout de cette
situation, et les nations les plus fières, comme
l'Angleterre, payaient un tribut au dey d'Alger
pour protéger leurs navires contre les corsaires.

Pourtant, en 1815, pendant le congrès de Vienne,
une course imprudente enleva plus de 200 captifs
en Sardaigne et les puissances européennes déci-
dèrent qu'aucun de leurs nationaux ne pourrait être
réduit en esclavage. Après un bombardement fort
sérieux, une escadre anglo-hollandaise imposa un
traité rédigé en conséquence (août 1816). Mais la
course durait toujours et plusieurs démonstrations

navales furent moins heureuses. En 1819, les décisions du Congrès d'Aix-la-Chapelle supprimant à la fois la course et l'esclavage purent être imposées à Tripoli et à Tunis, non à Alger, où une escadre anglaise essaya vainement en 1824 d'obtenir par bombardement la juste réparation d'une insulte faite au consul britannique.

Cet échec avait porté à son comble l'orgueil du dey Hussein. La guerre de l'indépendance hellénique avait surexcité le fanatisme religieux et appelé dans l'archipel les flottilles barbaresques. Le règlement des vieilles créances datant de la Révolution avait tendu à l'extrême les relations avec la France : il s'agissait d'un prêt de cinq millions, consenti au Directoire, et de fournitures de blé faites de 1793 à 1798 ; le solde avait été arrêté à 7 millions, votés par les Chambres françaises en 1820. Mais diverses oppositions ayant été mises sur cette somme, les ayants droit, deux juifs livournais établis à Alger, n'avaient touché que 4 millions 500 000 francs, le reste de la somme étant versé à la caisse des Dépôts et Consignations en attendant le règlement définitif. Les deux juifs livournais, trouvant sans doute que 4 millions et demi en France valent beaucoup mieux que 7 millions à Alger, restaient en Europe ; le dey, ne mettant aucune bonne volonté à comprendre les détours de notre procédure, exigeait d'abord le solde du compte, et ensuite la livraison des deux juifs, sous prétexte qu'ils n'auraient agi que comme intermédiaires entre la Régence et le Gouvernement français.

Le 30 avril 1827, jour de la fête du *Baïram* (fin du Ramadan), qui est l'occasion de réceptions et de compliments officiels, M. Deval, consul de France, alla féliciter le dey, qu'il trouva des plus mal disposés. Les questions accessoires écartées, le dey reprocha vivement à M. Deval de s'entendre avec les juifs pour le spolier et de lui cacher la réponse du roi de France. Le consul, jusque-là très calme, répondit assez vivement ; le dey furieux le repoussa avec le chasse-mouches en plumes qu'il tenait à la main et le menaça de la prison. Deval se retira en protestant contre l'injure faite à la France en sa personne.

Le 11 juin, une division navale mouillait dans le port d'Alger, et, le dey ayant refusé d'accorder les excuses exigées par le gouvernement français, ramenait en France tous nos nationaux, y compris ceux des établissements de la Calle et de Bône (15-20 juin 1827).

Le blocus des côtes algériennes était proclamé. Il était assez dur à tenir et des accidents de mer mirent au pouvoir des barbaresques les équipages de trois chaloupes et de deux bricks. La moitié de nos marins furent massacrés et les autres traités indignement.

Le gouvernement de Charles X fit une dernière tentative de conciliation pour éviter l'envoi d'une expédition à laquelle le Parlement français paraissait peu disposé. Mais, en juillet 1829, l'amiral de la Bretonnière, envoyé avec deux bâtiments pour négocier, fut reçu avec une extrême arrogance :

« J'ai de la poudre et des balles », dit le dey pour clore le second et dernier entretien. Et son bâtiment, qui portait « le pavillon parlementaire au mât de misaine et le pavillon du roi à la corne d'artimon », essuya sans y répondre 80 coups de canon à boulet au moment de l'appareillage. Cette dernière insulte rendait l'expédition d'Alger inévitable.

Les préparatifs commencèrent aussitôt.

Toutefois, afin qu'il fût bien dit que les derniers moyens de conciliation avaient été épuisés, notre ambassadeur à Constantinople pria le sultan d'agir sur le dey son vassal pour qu'il donnât satisfaction à la France. Il faut convenir qu'après Navarin, l'expédition de Morée et la proclamation de l'indépendance hellénique, nous étions en mauvaise posture pour lui demander ce grand service. Mehemet Ali, pacha d'Égypte, avait offert à deux reprises de se charger d'établir l'ordre à Tripoli, à Tunis et à Alger en conquérant ces provinces pour les annexer à ses domaines ; l'opposition de la Porte à ce projet ne paraissait pas irréductible. La Russie l'admettait tout en conseillant à la France de se charger elle-même de l'opération ; la Prusse se montrait prête à soutenir notre politique à Alger, quelque forme qu'elle pût revêtir.

Metternich, qui dirigeait souverainement la politique autrichienne, craignait toute action qui pût « replonger l'Europe dans le gâchis », mais il reconnaissait que la situation était intolérable. L'Espagne et la Sardaigne, malgré quelques réticences, montraient des dispositions favorables. En résumé, l'Europe continentale approuvait les vues de la France sur les côtes de l'Afrique septentrionale et préférait nettement son action à celle de l'Égypte.

Le prince de Polignac ne s'entêta pas et le 31 janvier 1830 il déclina officiellement l'offre de Mehemet Ali ; le 7 février la France commençait ostensiblement ses préparatifs militaires.

L'Angleterre, troublée, offrit tout d'un coup sa coopération ; le prince de Polignac accepta l'offre du duc d'Aberdeen, mais fort heureusement Wellington, alors président du Conseil, revint sur cette proposition, pensant que la France courait à un échec ou bien reculerait au dernier moment (1).

En mars 1830, le prince de Polignac indiquait dans une note circulaire à toutes les puissances les buts de l'expédition, en dehors des griefs particuliers dont la France poursuivait la réparation : la destruction de la piraterie, — l'abolition absolue de l'esclavage des chrétiens, — la suppression de l'humiliant tribut que les nations chrétiennes paient à la régence. — Si le gouvernement d'Alger se trouvait dissous, le roi se concerterait avec ses alliés

(1) Notre ambassadeur à Londres écrivait : « Le fond de sa pensée est qu'il juge l'opération des plus périlleuses. Il préfère nous laisser aller, persuadé que, réduits à nos seules forces, nous n'en viendrons pas à bout, et que nous finirons par implorer son assistance, ce qui le rendra maître de la situation. » Wellington disait à la princesse de Liéven : « Ces Français sont fous ; un revers effroyable les attend sur la côte d'Algérie ! » En 1838, il était encore persuadé que la France ne parviendrait jamais à garder Alger. (Voir J. DARCY, *Cent ans de rivalité coloniale*, p. 105.)

pour « arrêter le nouvel ordre de choses qui, pour
le plus grand avantage de la chrétienté, devrait
remplacer le régime détruit, et qui serait le plus
propre à assurer le triple but que Sa Majesté s'est
proposé d'atteindre. »

Vainement l'Angleterre demanda l'assurance que
la France renonçât à toutes vues d'occupation
territoriale ou d'agrandissement, elle n'obtenait,
malgré ses instances réitérées, aucun engagement
qui dépassât les termes de cette note (1) : le gouvernement britannique aurait voulu traiter la question d'Alger en tête-à-tête avec le gouvernement
français, qui avait les plus fortes raisons pour ne
pas quitter le terrain sur lequel il s'était placé. Le
ministre des Affaires étrangères venait voir notre
ambassadeur, le duc de Laval, tous les jours, et
même plusieurs fois par jour, se montrant de plus
en plus pressant et même menaçant : lord Wellington lui écrivait : « Si Polignac pense que nous lui
permettrons de chercher un dérivatif à ses difficultés intérieures en faisant des conquêtes sur la
côte d'Afrique, il fait une étrange erreur. Ni Bonaparte, ni le Directoire ne se sont jamais plus mal
conduits que ce gouvernement » (2). Et lord Stuart,

(1) Il convenait dès lors de ne traiter cette affaire qu'avec
toutes les puissances à la fois, en y mettant la plus grande
publicité possible, et en nous interdisant la faculté d'entrer
en explications isolées avec aucune d'elles en particulier, ou
d'en recevoir aucune communication dont nous ne puissions
pas faire part immédiatement à toutes les autres. (DARCY,
op. cit., p. 116.)

(2) DARCY, p. 127-129.

ambassadeur à Paris, recevait des instructions de
plus en plus comminatoires, entremêlées de dures
semonces. Ainsi excité, son zèle alla très loin. —
Il insistait toujours pour obtenir des déclarations
écrites liant non seulement le prince de Polignac,
mais ses successeurs : « En refusant, disait-il au
prince, vous exposez grandement les relations de
nos deux pays, et vous risquez de provoquer un
conflit armé. — Je ne puis vous suivre sur ce terrain, monsieur... Quant à vous donner par écrit
les déclarations que nos autres alliés ne nous
demandent pas, je vous ai dit souvent que c'était
impossible. — Au moins, donnez-moi copie des
instructions au général de Bourmont. — Pour cela,
mylord, reprit sèchement le prince, c'est une preuve
de confiance qui se donne peut-être, mais qui ne se
demande pas. »

Ainsi éconduit avec autant de fermeté que de
courtoisie par le ministre des Affaires étrangères,
lord Stuart essaya le même procédé d'intimidation
sur le ministre de la Marine, qu'il jugeait plus facile
à émouvoir par la perspective d'une guerre navale.
Il lui témoigna sa conviction que les préparatifs
militaires et maritimes étaient simplement destinés
à effrayer le dey. Le baron d'Haussez lui répondit :
« Le roi veut que l'expédition se fasse et elle se
fera. — Vous pensez donc qu'on ne s'y opposera
pas? — Sans doute ; qui l'oserait? — Qui? Nous
les premiers. — Mylord, reprit M. d'Haussez, avec
une émotion qui approchait fort de la colère, je n'ai
jamais souffert que vis-à-vis de moi, simple indi-

vidu, on prît un ton de menace. Je ne souffrirai pas davantage qu'on se le permette vis-à-vis du gouvernement dont je suis membre. La France se f... de l'Angleterre. Elle fera dans cette circonstance ce qu'elle voudra, sans souffrir de contrôle, ni d'opposition. Votre influence était basée sur vos trésors, vos vaisseaux, votre habitude de domination. Tout cela est usé. Vous ne compromettrez pas ce qui vous reste d'influence en allant au delà de la menace. Si vous voulez le faire, je vais vous en donner les moyens. Notre flotte est déjà réunie à Toulon, et prête à mettre à la voile. Elle s'arrêtera pour se rallier aux Baléares. Elle opérera son débarquement à l'ouest d'Alger. Vous voilà informé de sa marche. Vous pouvez la rencontrer si la fantaisie vous en prend ; mais vous ne le ferez pas (1)... »

Mais, au départ de la flotte, lord Stuart revint chez le prince de Polignac avec une nouvelle note très longue de lord Aberdeen. L'Angleterre, disait-elle, ne saurait admettre pour la Régence que la suzeraineté du sultan : « Si le principal objet de cette expédition doit être la conquête d'Alger plutôt que la réparation des injures reçues et le châtiment du dey, le soussigné soumet à la sérieuse considération du prince de Polignac l'effet qui doit résulter d'un exemple qui dispose ainsi des droits d'une tierce personne contre laquelle aucune plainte n'a été portée. »

____

(1) D'Haussez, *Mémoires*, t. II, p. 157. (Darcy, *op. cit.*, p. 130, 131.)

Après avoir parcouru négligemment cette manière d'ultimatum, le prince la rendit à l'ambassadeur avec une indifférence parfaite. Et comme lord Stuart insistait à plusieurs reprises pour avoir une autre réponse qu'un simple accusé de réception, le ministre lui répondit vivement : « Écrivez à votre cour que vous m'avez présenté votre note et que je ne l'ai pas lue. » « Notre entretien tomba brusquement, ajoute lord Stuart dans sa dépêche à son ministre, car je n'étais guère satisfait de la réponse de Son Excellence. »

Il était si peu satisfait qu'il alla se plaindre à Charles X lui-même, dans une audience qui fut longue et mouvementée. Ulcéré par ses échecs répétés depuis plusieurs mois, sentant sa situation compromise et son orgueil blessé à vif, l'ambassadeur d'Angleterre semble avoir oublié dans cet entretien qu'il parlait au roi de France. Il fit entendre des récriminations violentes, des menaces même. Mais le vieux souverain l'arrêta d'un mot qui rétablissait toutes les distances : « Monsieur l'ambassadeur, lui dit-il, tout ce que je puis faire pour votre gouvernement, c'est de ne pas écouter ce que je viens d'entendre. »

Après la prise d'Alger, une demande d'explications très hautaine du gouvernement anglais fut renvoyée à lord Stuart avec cette annotation du roi : « Pour prendre Alger, je n'ai considéré que la dignité de la France ; pour le garder ou pour le rendre, je ne consulterai que son intérêt. » La guerre paraissait inévitable, et le duc de Laval jugea nécessaire de prendre directement les instructions du roi ; dans son audience de congé, lord Aberdeen lui dit : « Je vous dis adieu avec plus de peine que de coutume, car je crains bien que nous ne soyons plus destinés à nous revoir ; jamais la France, même au temps de la République et de l'Empire, ne nous a donné de pareils sujets de plainte. — Mylord, repartit le duc de Laval, je ne saurais ni dire, ni prévoir ce que vous pouvez espérer de la modération de la France ; mais ce que je sais, c'est que vous n'en obtiendrez rien par la menace. »

Lord Aberdeen sentait la poudre, mais le vainqueur de Waterloo, alors président du Conseil, était beaucoup moins belliqueux que son ministre des Affaires étrangères. Wellington n'ignorait pas que, si les escadres anglaises se concentraient dans la Méditerranée, si les munitions et les approvisionnements de toute nature s'entassaient à Gibraltar, les troupes françaises se concentraient sur la frontière des Pays-Bas. Bois-le-Comte, directeur politique aux Affaires étrangères, nous dit de son ministre Polignac : « C'est en Belgique qu'il voulait chercher la sûreté de notre expédition et des compensations accessoires, si quelque résolution violente de l'Angleterre compromettait nos intérêts en Afrique » ; le prince de Polignac avait vu que le point vulnérable de l'Angleterre, c'est Anvers. Une action contre la flotte française amenait donc inévitablement une guerre européenne, et l'Europe voulait la paix : le témoignage des ambassadeurs anglais, qui cherchaient vainement à l'exciter contre l'éventualité d'une occupation française, était unanime à cet égard. Les puissances alliées n'eussent point pardonné à l'Angleterre de déchaîner de nouveau la guerre en Europe dans le seul but d'empêcher la conquête d'Alger par la France dont elles sentaient tous les avantages au point de vue européen.

Le gouvernement français n'avait d'ailleurs aucune idée préconçue sur le régime à instaurer à Alger ; on a peine à le croire, mais les témoignages sont trop formels et trop concordants pour laisser le moindre doute à cet égard. La correspondance diplomatique est là, avec ses pièces officielles et ses commentaires officieux ; les mémoires des ministres Guernon-Ranville et d'Haussez ont été publiés ; nous avons le long rapport présenté le 29 mai par le prince de Polignac au Conseil sur la question d'Alger ; il examine en détail toutes les solutions possibles et ne conclut pas ; s'il indique une préférence, c'est pour un partage de la côte barbaresque entre toutes les puissances : « Ce serait un des partis qui pourraient le plus convenablement être proposés. » — Devant l'hésitation générale, le roi décida : « Laissons faire l'armée, il sera temps de reprendre la question, quand Alger sera à nous. »

La Conquête française.

L'armée se préparait avec activité. Le général de Bourmont, ministre de la Guerre, avait formé trois divisions de 10 000 hommes chacune, avec un régiment de cavalerie, 4 batteries montées, 1 batterie de montagne et un bel équipage de siège. Le service de santé avait été l'objet de soins tout particuliers : 210 médecins étaient affectés aux hôpitaux en dehors de ceux des régiments ; des hangars démontables à toiture imperméable étaient embarqués. L'équipement du soldat avait été déterminé en tenant compte du climat. Une coiffe de toile blanche contre le soleil, une ceinture de laine contre les fraîcheurs de la nuit. On avait prévu des tentes, des sacs de campement, des couvertures supplémentaires, de larges moyens de transport en caissons, voitures, animaux de bât. Toutes les notions connues alors sur la région étaient réunies dans une brochure distribuée à tous les officiers : « Aperçu historique, statistique et topographique sur l'État d'Alger, à l'usage de l'armée expéditionnaire d'Afrique, rédigé au dépôt de la Guerre. »

La formation du corps expéditionnaire avait amené le rappel des hommes en congé d'un an. Mais les volontaires se présentèrent en nombre dans la troupe, et même des sous-officiers rendirent leurs galons pour pouvoir partir. La même ardeur emplissait les officiers, qui tous avaient sollicité leur ordre de départ. La désignation du général de Bourmont comme commandant en chef avait été accueillie avec une froideur que sa proclamation à l'armée, rappelant l'expédition d'Égypte, avait dissipée : « Déjà les étendards français, disait-il, ont flotté sur la plage africaine. La chaleur du climat, la fatigue des marches, les privations du désert, rien ne put ébranler ceux qui nous y ont devancés. Leur courage tranquille a suffi pour repousser les attaques tumultueuses d'une cavalerie brave, mais indisciplinée. Vous suivrez leur glorieux exemple.

« Soldats, les nations civilisées des deux mondes ont les yeux fixés sur vous ; leurs vœux vous accompagnent. La cause de la France est celle de l'humanité. Montrez-vous dignes de cette noble mission. Qu'aucun excès ne ternisse l'éclat de vos exploits ; terribles dans le combat, soyez justes et humains après la victoire ; votre intérêt le commande autant que le devoir. »

En outre, l'armée savait que dans ses rangs combattaient quatre des fils de son chef — l'un d'eux fut d'ailleurs tué.

La préparation de la flotte était plus difficile et plus longue que celle de l'armée ; chaque régiment, chaque service peut travailler séparément, mais les bâtiments ne disposent que de moyens limités par ceux des ports et des arsenaux. Le vice-amiral Duperré, désigné pour commander cet armement extraordinaire, malgré des opinions très libérales qu'il ne cachait pas, doutait du succès. L'état-major général de la Marine ne croyait pas qu'il fût possible de débarquer 30 000 hommes sur la côte d'Afrique. L'amiral Duperré demandait en tout cas huit mois de préparatifs et le retour de la bonne saison, donc le renvoi de l'expédition à l'été 1831. Le ministre de la Marine, éclairé par les conseils des jeunes officiers dont le blocus d'Alger avait mûri l'expérience, — en première ligne le commandant Dupetit-Thouars — répondait à toutes les objections, et il envoya Duperré à Toulon comme préfet maritime, pour qu'il préparât lui-même sa flotte. En mars, à son arrivée, l'amiral ne demanda plus que six mois pour être prêt. Le ministre lui en donna trois et, guéri de ses doutes par l'action, le brave amiral put se féliciter bientôt avec le ministre de l'activité générale qui, sous ses ordres, faisait des prodiges, et assurer que tout serait prêt dans les limites fixées. La Marine conduisait ses armements avec le même souci des détails que la Guerre. En particulier, un matériel nouveau de débarquement avait été construit pour permettre à l'artillerie de balayer la plage avant de prendre terre.

Au commencement de mai, la flotte tout entière était rassemblée à Toulon : 11 vaisseaux de ligne, 24 frégates, des corvettes, des bricks, au total cent bâtiments de guerre, des transports, des bâtiments de commerce affrétés, au total 676 navires.

L'embarquement et l'appareillage furent retardés par le temps et la mer, et c'est seulement le 25 mai que la flotte entière put mettre à la voile, dans l'ordre le plus majestueux. Le 31 mai, elle reconnaissait la côte d'Afrique, mais l'état de la mer ne permettait pas de débarquer et elle se rallia aux îles Baléares dans la baie de Paima. C'est seulement le 12 juin qu'elle se trouvait en face d'Alger, mais des grains la repoussaient vers le nord. « Heureusement, vers midi, la mer parut se calmer. Soucieux, l'amiral hésitait à donner l'ordre de se

rapprocher de la côte. — Sur les pressantes instances du général en chef, il s'y décida. L'ordre
fut donné. Jamais signal ne fut obéi avec une plus
généreuse ardeur (1). »

Le 13, la flotte française couvrait la mer devant
Alger. Le soir même, elle était devant la presqu'île
de Sidi Feredj (Sidi Ferruch), point désigné pour
le débarquement depuis 1808 : à cette époque
Napoléon Ier avait envoyé en mission en Afrique
le colonel du génie Boutin, dont les reconnaissances
et les levés très précis rendirent les plus importants
services à l'expédition de 1830. Le débarquement
commença le 14 au petit matin, sur les deux plages
qui s'étendaient à l'est et à l'ouest de la presqu'île :
il s'opéra sans rencontrer aucune résistance. Dans
l'après-midi seulement, quelques centaines de cavaliers arabes vinrent cavalcader devant le front et
chargèrent en *fantasia* les troupes qui se portaient
en avant. Les troupes prirent terre les 15 et 16,
mais le débarquement du matériel fut gêné par la
mer, et la flotte parut même un instant en péril.
Les chevaux n'étaient pas débarqués et la flottille
de transport, avec le parc de siège, n'avait pas
encore rallié.

Cependant l'armée du dey se concentrait sous
les ordres de son gendre l'aga Ibrahim : 10 000 janissaires ou coulouglis (métis de Turcs et d'Arabes),
10 000 Maures d'Alger, 30 000 Arabes amenés par
les beys de Titeri et de Constantine en personne

____

(1) Camille ROUSSET, *la Conquête d'Alger*, p. 114 et suiv.

et par le khalifat du bey d'Oran, 8 à 10 000 Kabyles
indépendants que l'appât du butin attirait, en tout
60 000 combattants. Deux divisions françaises
(20 000 hommes) avaient étendu leurs bivouacs en
demi-cercle face au sud-est, à un peu plus d'un
kilomètre de la presqu'île, que gardait une troisième division. Ce front était couvert par des avant-
postes sommairement retranchés. Mais les ailes
extérieures de la ligne n'étaient pas appuyées à la
mer. C'est donc par les ailes que les chefs turcs
eurent l'idée d'attaquer les Français pour les couper de la mer ; le bey de Constantine était chargé de
l'attaque sur la droite française, et son mouvement
échoua dès le début ; l'aga Ibrahim s'était réservé
d'assaillir la gauche, séparée du rivage par une
distance de 800 mètres : il bouscula un bataillon,
mais un autre bataillon placé en échelon l'arrêta,
et la brigade de réserve, judicieusement placée de
ce côté, le rejeta dans ses lignes, qu'elle enleva
ensuite. Le centre et la droite françaises suivent
ce mouvement en avant, que la gauche appuie. La
ligne française a enlevé toutes les positions que l'ennemi occupait devant elle au lever du jour. Il est
sept heures. Le général en chef arrive sur le terrain, avec l'idée d'arrêter l'action qui l'éloigne de
la flotte, sa base, avant qu'il ait réuni les moyens
de vivre et de combattre ; une partie seulement des
chevaux et des mulets ont débarqué, et la flottille
qui porte les parcs d'artillerie et du génie n'est pas
encore signalée. Mais le général Berthezène lui
montre le plateau de Staouëli, qui domine la posi-

tion enlevée par l'armée. La brume, en se dissipant, montrait les Turcs réunis sur leur centre, en avant de leur camp que défendaient des pièces de position dans des épaulements assez importants ; leur feu, en augmentant d'intensité, faisait prévoir une nouvelle attaque et il importait de ne pas leur laisser une seconde fois l'avantage de l'offensive dans la même journée. Le comte de Bourmont prit la décision d'attaquer.

Il avait l'intention de pivoter autour de sa gauche ; dans un grand mouvement de conversion, il enlèverait le camp de Staouëli, couperait d'Alger l'armée turque et l'acculerait à la mer. En même temps, le génie établirait une route entre la presqu'île de Sidi Ferruch et le camp de Staouëli, où l'armée allait s'établir dans une bonne position. Mais la droite française, qui devait commencer le mouvement, tardait à se mettre en branle ; son terrain d'approche était raviné et couvert de broussailles qui paraissaient alors inextricables. Renonçant à sa manœuvre, le général en chef prescrivit alors une attaque concentrique sur le camp turc.

L'attaque d'infanterie avait à peine exécuté son premier bond que l'artillerie, d'un élan vigoureux, se porte en première ligne et ouvre le feu contre les épaulements dont les Turcs avaient protégé leurs pièces de position. Ce hardi mouvement du général de La Hitte lui permit de réduire au silence les batteries ennemies ; les voltigeurs les enlèvent, malgré la belle défense des canonniers turcs qui se font tuer sur leurs pièces. L'artillerie française fait un nouveau bond pour pouvoir battre les retranchements du camp ; la cavalerie arabe, qui s'apprêtait à charger, est dispersée par le sifflement aigu des fusées à la congrève, qui épouvante les hommes et chevaux : c'est la déroute, sous la poursuite des feux de l'artillerie, qui tire sur des masses profondes.

A midi, les deux divisions d'attaque sont rangées en bataille au delà du camp turc, que les soldats parfaitement disciplinés ont laissé intact en le franchissant. Telle fut la bataille de Staouëli, qui coûta aux troupes françaises 57 tués et 473 blessés.

Le temps contraire retarda l'arrivée de la flottille et le débarquement des parcs. L'armée changea de bivouac et livra quelques combats assez vifs, où les troupes, en s'aguerrissant, acquirent de plus en plus la pratique du terrain et de l'ennemi. Ces retards absolument inévitables avaient donné à l'ennemi le temps de se ressaisir, et il opposait une certaine résistance. C'est seulement le 29 juin à 3 heures du matin que l'armée put se diriger vers Alger ; une singulière erreur de topographie emmêla ses colonnes dans les ravins abrupts de la Bouzaréa, où suffoquaient les soldats dans l'air humide et brûlant : pour les troupes, ce fut la plus rude journée de la campagne. Mais dans la soirée, elles étaient établies à 700 mètres du fort l'Empereur, dans l'emplacement même que le colonel Boutin avait reconnu en 1808 comme le plus favorable pour l'attaque de cet ouvrage, clef de la défense d'Alger.

La mise en batterie de l'artillerie de siège ne

s'effectua pas sans quelques péripéties, et fut accompagnée de deux démonstrations navales sans importance. Le 4 juillet, à la pointe du jour, une fusée partie du Quartier Général fit ouvrir le feu à toutes les batteries simultanément. C'est seulement à 8 heures que l'artillerie française prit nettement la supériorité ; du sommet de la Bouzaréa, on voyait les canonniers turcs tomber à leur poste, immédiatement remplacés par leurs camarades ; à 9 heures, beaucoup de pièces étaient démontées, et l'une d'entre elles continuait le tir, servie seulement par deux canonniers imperturbables. A 10 heures, le feu des Turcs avait cessé complètement et le tir en brèche succédait au tir à démolir, quand une détonation formidable secoua la terre ; une fumée épaisse et suffocante se répandit dans toute l'atmosphère en même temps que des débris de toute sorte retombaient en pluie dense dans les lignes françaises : la poudrerie du fort l'Empereur venait de sauter. Le brave Khozhadj, se voyant hors d'état de continuer la défense, avait cru enlever à l'assiégeant l'objet même de son attaque en détruisant le fort l'Empereur, après l'avoir évacué ; mais la poudrerie seule était en partie démolie, ainsi qu'une face de l'enceinte ; le fort restait debout, dominant la kasbah du dey et le fort Bab-Azoun.

Après les quelques instants d'étonnement qui avaient suivi l'explosion, les compagnies de tranchées s'étaient rapprochées du fort ; deux voltigeurs étaient parvenus au sommet de la brèche et voulaient signaler à leurs camarades que la citadelle était à nous ; après quelque hésitation, l'un d'eux enleva sa chemise et l'agita au bout de son fusil, arborant ainsi le drapeau blanc, qui était alors celui de la France. Le fort fut vite occupé et les pièces turques de la face sud-est ouvrirent le feu sur le fort Bab-Azoun, renforcé de deux pièces de campagne rapidement hissées en batterie.

Les envoyés du dey se présentèrent pour traiter : leurs offres se bornaient aux réparations dues pour l'insulte faite au Consul et au pavillon français, et au paiement des frais de la guerre. Le général de Bourmont exigea la reddition de la kasbah, des forts et du port ; les chefs de la ville, pour éviter le pillage d'Alger, offraient d'apporter la tête du dey sur un plat ; enfin, la capitulation fut signée, assurant le départ du dey avec sa famille et sa fortune personnelle, et garantissant le libre exercice de la religion musulmane, et le respect des personnes et des biens privés. Le consul d'Angleterre, Saint-John, avait vainement essayé de s'entremettre dans les négociations. Ainsi que le constatait le général en chef dans un ordre à l'armée, vingt jours avaient suffi « pour la destruction d'un État qui avait fatigué l'Europe pendant trois siècles ».

Après avoir sommairement organisé Alger, Bourmont fit occuper Bougie et Oran et donna au bey de Titeri (Médéa), la nouvelle investiture qu'il réclamait. Son bâton de maréchal lui parvint tandis qu'il revenait d'une visite à Blida, commencée en promenade militaire et terminée en retraite assez dure. La Métidja était peu sûre, et les soldats ne pouvaient se hasarder hors des avant-postes sans risquer d'avoir la tête tranchée par les pillards qui l'infestaient.

Le maréchal de Bourmont sentait bien la nécessité d'attacher les indigènes à notre cause, et le premier moyen était de leur ouvrir nos rangs. Il avait organisé un corps de 500 éclaireurs recrutés dans les tribus kabyles de Zouaoua : ce furent les premiers zouaves. Mais l'occupation française se limitait à la banlieue d'Alger, car l'attitude de l'Angleterre amena l'évacuation d'Oran et de Bougie, il était, en effet, prudent de ne pas diviser ses forces et offrir de faciles succès en cas de conflit. Cependant le prince de Polignac était arrivé à démontrer l'isolement de l'Angleterre, en appelant les représentants des puissances à une conférence à laquelle le gouvernement britannique devait refuser de prendre part. En même temps, il entamait à Constantinople des négociations avec la Porte, où notre ambassadeur, le général Guilleminot, sut obéir à l'esprit plutôt qu'à la lettre de ses instructions : il s'agissait d'offrir la régence au Sultan à de telles conditions, qu'il pût fort difficilement l'accepter. Servi au delà de ses désirs, le prince de Polignac était certain de se présenter à la conférence éventuelle dans des conditions très favorables. La révolution de juillet 1830 qui détrôna Charles X eut comme répercussion, en Europe, celles de Bruxelles et Varsovie, les mouvements révolutionnaires d'Allemagne, d'Italie, de Portugal ; l'Angleterre, comme l'avait prévu Polignac, était plus anxieuse d'éloigner la France d'Anvers que d'Alger, dont l'attention générale se détournait.

Mais il a paru nécessaire de s'étendre quelque peu sur cette expédition, qu'une diplomatie, résolue, adroite et prévoyante, a longuement préparée ; au point de vue militaire, elle reste comme un modèle de précision dont on a trop peu cherché à se rapprocher ; malgré les tâtonnements inévitables, son exécution est digne de la même admiration.

Quand le maréchal de Bourmont reçut l'ordre de changer de cocarde et de drapeau, il obéit stoïquement. Le 17 août 1830, à 8 heures du matin, le drapeau blanc fleurdelysé descendait lentement sur la kasbah d'Alger, où il flottait depuis le 5 juillet ; riche **aussi** d'une gloire ancienne, le drapeau tricolore fut hissé. Il devait présider à l'achèvement d'une tâche vaillamment commencée. Il est bien que, ce jour-là, sur la terre d'Afrique, les canons de l'armée et de la flotte les aient salués tous les deux.

La conquête de l'Algérie eut des commencements bien laborieux et bien pénibles. Oran et Bône avaient été occupées de nouveau. Mais ce dernier port, témoin de luttes parfois héroïques, était en contact avec les tribus kabyles, et il fut évacué à plusieurs reprises. Blida et Médéa étaient le but de colonnes assez fréquentes, opérations souvent heureuses, mais qui restaient sans lendemain. La première cause en était l'insuffisance des forces laissées sur la côte d'Afrique : au début, elle s'explique par l'incertitude de la situation européenne. Mais après le Congrès de Londres, cette cause avait disparu sans que les effectifs augmentassent. A la naissance d'une jeune colonie, la suite dans les idées est indispensable, et il importe avant tout de laisser au personnel directeur le temps de prendre l'expérience du pays et des habitants; or, le général Clauzel, qui avait succédé au maréchal de Bourmont dans le commandement de l'armée d'Afrique, fut remplacé, au bout de sept mois, par le général Berthezène, qui vit ses forces réduites à une division d'occupation d'environ douze mille hommes et rentra en France après dix mois de commandement. De 1830 à 1840, le commandement changea neuf fois de titulaire, et il y eut plusieurs intérims. Le choix du gouvernement portait d'ailleurs sur des officiers généraux qui, presque tous, ont marqué leurs traces par des mesures de détail, assez heureuses, mais aucun d'eux n'était en état de mener une opération telle que la pacification d'un grand pays.

Personne au gouvernement n'eut la conception d'ensemble qui devait présider à une organisation générale; au début, l'idée d'un chef unique et responsable s'imposait. Or, on voit le général commandant à Oran correspondre directement avec le ministre de la Guerre et prévenant ensuite tardivement le général qui commande à Alger; le président du Conseil, Casimir Périer, assume la direction des Services civils, alors embryonnaires, qui deviennent indépendants du commandement militaire d'Alger,

et même du ministre de la Guerre, et cet homme
d'ordre ne se doute pas que son intervention va
organiser le conflit d'autorité et l'anarchie. C'est
seulement en 1834 que le gouverneur général fut
nommé, avec tous les pouvoirs militaires et civils.

La cause première de tous ces retards dans
l'œuvre commencée, c'est l'indécision du Parlement.
Il eut dans son sein, jusqu'en 1840 et même après,
quelques intransigeants qui réclamaient l'évacuation : d'abord les fanatiques qui répudiaient l'héritage de la Restauration, sans vouloir en faire
l'inventaire ; puis les apôtres du recueillement
nécessaire dans la situation de l'Europe ; enfin les
théoriciens de l'économie politique qui déclaraient
que toute colonie était funeste à la métropole. En
face d'eux se dressaient les rares partisans de la
conquête totale, l'infime minorité des clairvoyants.
Entre les deux, la masse des indécis cherchait le
juste milieu et prônait une occupation restreinte
que les uns limitaient à Alger, les autres à quelques
ports de la côte et à leurs environs immédiats, les
plus hardis à quelques plaines fertiles. Les commissions parlementaires se succédaient en Algérie et
leurs avis, résultat de compromis, fixaient des
limites très étroites à l'occupation. Chacune de nos
entreprises coloniales a fait renaître la même que-
relle, envenimée par la politique intérieure, la
hideuse politique, qui nous a infligé tant de retards,
coûteux en vies humaines et en argent. Le même
problème s'est posé aux temps modernes à d'autres
peuples que le nôtre ; il est vieux comme la civi-

lisation. Une loi inéluctable veut que tout peuple
ayant pris pied sur un continent barbare aille
jusqu'à la mer ou jusqu'aux frontières d'un autre
pays civilisé ; parfois le gouvernement central essaie
d'arrêter la pénétration, mais il se trouve dans la
situation d'un homme qui voudrait maintenir une
lourde masse sphérique sur un plan incliné : il lui
faut déployer beaucoup plus de force pour arrêter
le mouvement, que pour le diriger. Maspéro en a
donné la raison dans son *Histoire ancienne des
peuples de l'Orient :* « C'est en vain que les États
policés prétendent demeurer en paix avec des
nations barbares auxquelles ils touchent. Sitôt qu'ils
ont décidé d'enrayer leurs progrès, et de s'imposer
des bornes qu'ils ne dépasseront plus, leur modération prend couleur de faiblesse ou d'impuissance,
les vaincus reviennent à l'assaut et ramènent la
civilisation en arrière ou l'obligent à marcher outre.
Les Pharaons n'échappèrent pas à cette fatalité de
la conquête (1)... »

Mais en France, sous la monarchie de Juillet,
l'hésitation des Chambres se communiqua forcément au gouvernement. Il faut attendre 1836 et
l'arrivée au pouvoir d'un véritable homme d'État
pour qu'elle cesse ; encore, pour ramener sa majorité, doit-il prendre quelques précautions oratoires
qui tiennent compte de son état d'esprit : « Certainement si Alger était à conquérir, oh ! je ne le

____

(1) *Histoire ancienne des peuples de l'Orient classique*, t. I,
p. 490. Le premier Empire Thébain.

conseillerais pas à la France, mais enfin nous y sommes. Lorsque l'expédition d'Alger fut résolue sous la Restauration, je fus du nombre de ceux qui la blâmèrent, et je crois que je rendrai le véritable sentiment de la France à cette époque, lorsque je dirai que tout le monde y vit avec effroi l'intention d'aller y forger des armes pour les reporter sur le continent français et attenter à nos institutions... J'applaudis au résultat, quoique j'eusse blâmé l'entreprise. Messieurs, les sentiments que j'éprouvai étaient ceux de toute la France et le sont encore. Il y a un sentiment profond que je défie les ennemis les plus acharnés de l'occupation de venir braver à la tribune ; je les défie de venir dire : « Abandonnez Alger ! » Élargissant le débat, Thiers concluait : « L'occupation restreinte, l'occupation réduite est un non sens. »

Il ne s'agissait plus que de trouver le chef qui fût en état de conquérir, de pacifier et d'organiser. Ce chef était sur place ; c'était le général de brigade Bugeaud, qui combattait alors en sous-ordre dans l'armée d'Afrique. Hostile à la conquête, il avait pris position à la Chambre des députés dont il faisait partie, mais, comme soldat, indiquait les moyens nécessaires pour arriver au résultat si le gouvernement en avait la volonté. Il a fait la guerre en Espagne, il a réfléchi, il s'est renseigné, et, dès son débarquement, il veut employer un nouveau système de guerre et avant tout donner aux troupes la mobilité. Il ne garde que les bagages indispensables et renvoie toutes les voitures, et même l'artillerie de campagne ; les pièces à dos de mules doivent suffire. Il constate la nécessité de cadres jeunes et de troupes entraînées, d'animaux de bât pour les transports ; dès ses premières opérations, il fait part au ministre de ses observations et n'hésite pas à dire : « Si l'on veut continuer l'occupation de l'Afrique, il faut prendre les moyens pour réussir, et ce sera une économie de temps et d'argent. Ce sont les demi-moyens qui ruinent. Il faut être fort ou s'en aller... Les régiments qui sont depuis deux ou trois ans dans ce pays commencent à être bons, mais aussi leur effectif est bien réduit : ...Il faut convenir que l'apprentissage coûte un peu cher. » Et quelques mois après il indique la solution : « Il faut pour l'Afrique des troupes constituées tout exprès et se sentant commandées par de jeunes chefs, ardents et vigoureux. Quelques jeunes gens se sont distingués en Afrique ; si vous conservez cette fâcheuse conquête (Bugeaud ne mâchait pas ses mots), il faut les avancer et leur donner le commandement des régiments d'abord, des colonnes plus tard. »

Peu à peu on s'oriente sur ces directions : la mobilité dans les colonnes, la spécialisation dans les troupes. Issus de la petite troupe créée par le maréchal de Bourmont, les zouaves se transforment et s'augmentent avec Lamoricière et Cavaignac, tous deux d'ailleurs officiers du génie ; la légion étrangère se crée et se développe ; les chasseurs de Vincennes et d'Orléans deviennent les chasseurs à pied, et dix de leurs bataillons se spécialisent en

lgérie avec plusieurs régiments d'infanterie de
gne et surtout d'infanterie légère ; les chasseurs
d'Afrique donnent sa cavalerie à la nouvelle armée.
Puis viennent les troupes indigènes, tirailleurs algé-
iens et spahis. Comme à cette époque l'avancement
se fait par régiment, et que le feu et la maladie créent
de nombreux vides, les récompenses sont proportion-
nées aux pertes — ce qui est très moral. Le rajeunis-
sement des cadres est assuré et l'avancement des régi-
ents restés en France ne souffre pas de la situation.
Toutes ces créations, commencées avant que
ugeaud prît les fonctions de gouverneur général, il
es continuera ; ses successeurs suivront la même
oie, et le développement de nos troupes indigènes,
u point de vue maintenant de la défense nationale,
st en pleine exécution.
Mais la théorie de l'occupation restreinte devait
rienter notre politique indigène dans la voie la
lus funeste. Au lieu d'imposer peu à peu aux
ribus divisées la soumission à notre autorité, en
heminant pied à pied, selon un plan bien net, et
n organisant le terrain conquis, nous nous sommes
is à la recherche de l'autorité avec laquelle un
raité pût être conclu, qui assurât la tranquillité
nos établissements. Cette autorité n'existait pas
t nous l'avons peu à peu créée ; comme elle ne
ouvait vivre que par la guerre, et la guerre contre
'infidèle, il fallut la combattre ; telle fut l'histoire
'Abd-el-Kader, qui pendant quatorze ans se con-
ond presque complètement avec celle de la con-
uête algérienne.

Abd-el-Kader était le troisième fils du marabo
très vénéré Nah-ed-Din, qui déclara la guerre sain
dans les tribus de Mascara en 1833, et vint à le
tête attaquer Oran. Après des assauts infructue
le vieillard présenta son fils comme son hérit
et son successeur. Abd-el-Kader avait alors ving
cinq ans ; c'était un saint et un lettré, qui av
fait deux fois le pèlerinage de La Mecque, un sava
qui avait étudié à Damas, et c'était aussi un c
de guerre intrépide et un cavalier infatigable.
noblesse de ses traits et son éloquence entraînar
en faisaient un manieur d'hommes ; son caract
chevaleresque, ses grandes manières, son art de
mise en scène assuraient son prestige sur ses co
patriotes et même sur ses ennemis.

Mais tout cet ensemble de qualités qui en f
sait un homme remarquable, ne suffisait pas à é
blir son autorité sur les tribus arabes ou ara
sées ; beaucoup d'entre elles lui refusaient obéissan
et les marabouts isolés et les grandes confrér
musulmanes ne répondaient pas à son appel.
échoua devant Mostaganem et fut battu sous Or
dans plusieurs rencontres.

Le génértal Desmichels, qui commandait cet
place, sous les ordres directs du ministre, entra al
en pourpalers avec lui et le 24 février 1834, si
un traité qui reconnaissait son autorité sur tou
la province d'Oran, sauf les trois villes d'Oran, M
taganem et Arzeu ; sans l'examiner suffisamment,
apposa en outre son cachet sur un texte arabe
étendait encore les domaines où l'autorité d'Ab

el-Kader était reconnue et les concessions de toutes
sortes. L'émir en profita aussitôt, poursuivit les
tribus fidèles à la France, prit possession de Médéa
et de Miliana.

Comme il émettait la prétention de se faire livrer
deux tribus réfugiées près d'Oran, le général Trézel,
successeur du général Desmichels destitué, conduisit
contre lui une colonne qui, après quelques succès,
éprouva un grave échec dans les marais de La
Macta, où elle laissa 263 morts (28 juin 1835).

Le maréchal Clauzel, revenu en Algérie comme
gouverneur, battit Abd-el-Kader dans la plaine du
Sig (3 décembre 1835), et détruisit les remparts
de Mascara, qui lui servait de capitale ; bien
que menée avec une certaine énergie, cette opération laissa intact le prestige de l'émir. Le nôtre
n'était pas intact et les loustics de l'armée, les
badauds parisiens, traitaient cette expédition de
« mascarade ». Pour le relever, le maréchal Clauzel
entreprit de marcher sur Constantine, sous la sug-
gestion de Yousouf. Venant de Tunis, Yousouf
avait rejoint l'armée d'Afrique peu après la prise
d'Alger ; il se présentait comme un véritable héros
de roman ; enlevé tout enfant à sa famille italienne
par les corsaires de Tunis, il avait été élevé avec la
famille du bey, et une intrigue de harem l'avait
forcé de fuir sous la protection de notre Consul
général, M. de Lesseps ; sa bravoure et sa faconde
avaient conquis à plusieurs reprises les généraux
français, et il avait pris sur le maréchal un ascendant
extraordinaire. Yousouf l'avait persuadé qu'il lui

suffisait de se présenter devant Constantine pour voir cette forteresse ouvrir ses portes et reconnaître pour bey le transfuge de Tunis qui gouvernerait ensuite le Beylick, sous le protectorat de la France.

Le maréchal Clauzel avait de grandes qualités militaires et il était plein de confiance en l'avenir de l'Algérie ; il se trouvait donc dans les meilleures conditions pour mener à bien sa tâche difficile, mais le moins qu'on puisse dire de lui c'est qu'il manquait de précision dans son imagination. Sa correspondance, ses ordres à l'armée, ses proclamations aux colons. les propos que nous rapportent les contemporains, étalent des événements une vision systématiquement optimiste qui l'entraînait aux illusions les plus dangereuses. La marche sur Constantine avait été autorisée et non ordonnée par le gouvernement, qui, sans assumer aucune responsabilité, avait témoigné sa satisfaction de cette initiative. Le duc de Nemours, fils du roi Louis-Philippe, suivait les opérations.

Le maréchal Clauzel partit de Bône avec 8 700 hommes, dont 1 300 indigènes, à travers un pays silencieux d'abord, puis désert ; du 8 au 20 novembre, les rigueurs de la saison rendirent la marche très pénible ; la veille de l'arrivée devant Constantine, l'ordre de l'armée avait prévu l'entrée dans la ville et sa répartition par quartiers entre les corps de la colonne, et pour la première fois témoignait de quelque prévoyance. Mais c'est à coups de canon que le maréchal Clauzel fut accueilli. Il n'avait pour répondre que six pièces de campagne, et dix de montagne, tout à fait insuffisantes pour faire brèche, rien qui ressemblât à un équipage de siège.

L'antique Cirta avait été bâtie sur une citadelle naturelle aux pentes rocheuses, presque verticales ; un pont romain, El-Kantara, assurait ses communications par-dessus le Rummel. Sur une seule face, une pente terreuse assez raide était à peu près accessible, mais des fortifications imposantes la défendaient. Le bey Ahmed tenait la campagne avec les Arabes des tribus voisines ; son lieutenant Ben-Aïssa défendait la place avec des janissaires recrutés dans tout l'Orient et à Tunis, les Maures de la ville et d'importants contingents kabyles.

La colonne emporta quelques constructions hors de l'enceinte ; l'artillerie put enfoncer la première porte, mais les reconnaissances montrèrent que la seconde restait intacte. Toutes les surprises de nuit échouèrent sous un clair de lune d'une parfaite clarté. Le 25, les munitions étaient épuisées et les vivres se faisaient rares. Après avoir enlevé une partie du convoi, la cavalerie arabe inquiétait le camp. Après une dernière tentative désespérée, il fallut se décider à la retraite.

Les premières marches furent terribles. Manquant de pain et surtout de cartouches, exténués par les fatigues subies sans préparation depuis le départ de Bône, décimés par la maladie et par le feu, les soldats subirent l'une des plus rudes épreuves des campagnes d'Algérie, où elles ne manquèrent pas. La faim, le froid, la vue des têtes coupées augmentaient leurs angoisses. Le maréchal Clauzel montra une calme intrépidité et un sang-froid admirable ; toutes ses qualités militaires s'étaient retrouvées devant le danger. Le duc de Nemours se portait sans affectation jusque sur la chaîne des tirailleurs, restant là « comme il devait y être, comme un homme qui ne s'en aperçoit pas », dit un témoin.

La troupe la plus solide se trouva naturellement à l'arrière-garde, car il fallut bien constater quelques défaillances. C'était un bataillon du 2e léger, qui avait à sa tête le commandant Changarnier, qui sut maintenir un ordre tel que son carré arrêta à plusieurs reprises la cavalerie arabe, grâce à des feux bien ajustés à courte distance. Sa résolution intrépide et son coup d'œil sauvèrent la colonne d'un désastre. Maussade et quelque peu frondeur en temps ordinaire, il trouvait dans les circonstances extrêmes, les mots qui vont au cœur des soldats et changent en héros les plus hésitants. Après la dernière charge de la journée, en se remettant en marche avec tous ses blessés, le commandant dit à ses hommes, radieux : « Mes amis, nous ne sommes que trois cents et ils sont six mille ; eh bien ! ils ne sont pas assez nombreux pour nous ! »

Mais tous n'avaient pas son sang-froid. Le surlendemain, le maréchal disait dans sa tente à quelques officiers : « Si je recevais une blessure, je me hâterais de mettre aux arrêts tous les officiers supérieurs en grade à Changarnier, ou plus anciens que lui. Si je suis tué, ma foi, dépêchez-vous de vous insurger et de décerner le commandement à Changarnier, sinon, vous êtes tous... perdus. »

La colonne, enfin délivrée de l'ardente poursuite des Arabes et des pillards kabyles, laissa un poste à Guelma où le colonel Duvivier sut improviser une base de ravitaillement et un centre d'influence qui servit grandement l'année suivante.

Bugeaud, ayant momentanément quitté son commandement à Oran pour occuper son siège de député, mit l'opinion publique en présence de l'inévitable alternative : ou la conquête totale, ou l'abandon total : « Il n'y a pas de système moyen... On ne fait pas une demi-guerre ; il faut la paix ou la guerre avec toutes ses conséquences. On dit qu'on ne veut pas de retraite ; il faut donc savoir organiser la victoire. »

Mais le ministère Molé venait de prendre le gouvernement et adoptait le système de l'occupation restreinte et du progrès pacifique. Le général de Damrémont succéda donc au maréchal Clauzel avec des instructions en conséquence. Toutefois, pour ménager le général Bugeaud qui eût été indiqué comme gouverneur général, il fut renvoyé à Oran avec les attributions les plus étendues : il était complètement indépendant du gouverneur général au point de vue militaire, et au point de vue politique ne lui devait que des informations de pure forme.

Les deux demi-gouverneurs prirent leurs fonctions en avril 1837. Les relations avec Abd-el-Kader, leur voisin commun, devaient forcément amener entre eux un conflit. Bugeaud le trancha d'autorité

en traitant avec l'émir, sans aucune entente ave
le gouverneur général, qu'il se contenta de préven
en des termes fort secs.

Ce fut le traité de la Tafna. par lequel l'émi
reconnaissait la souveraineté de la France et
Afrique, mais recevait l'administration directe d
territoires encore plus étendus que ceux que l
traité Desmichels lui avait reconnus. Bugeaud avai
cru nécessaire d'assurer momentanément la tran-
.quillité à l'ouest d'Alger, pendant l'opération pro-
jetée sur Constantine, pour réparer l'échec d
l'année précédente, et le gouvernement ratifia le
traité, après une discussion assez pénible à la
Chambre.

La deuxième expédition sur Constantine fut préparée avec le plus grand soin par le général de
Damrémont qui en prit le commandement ; le duc
de Nemours fut placé à la tête d'une des quatre
brigades. Le corps expéditionnaire ne comprend
pas plus de 9 000 hommes sur les 43 000 qui occupent l'Algérie. Cet effectif n'est guère supérieur à
celui qui a entrepris le premier siège, mais il comprend une grosse artillerie qui est largement approvisionnée. Les troupes, allégées de leur chargement
dans la mesure du possible, étaient pleines d'entrain.

Le 6 octobre à midi, elles étaient devant Constantine et les travaux d'approche commençaient
aussitôt. Un temps affreux gênait fort l'établissement des batteries. Leur feu, bien qu'il eût démonté
la plupart des batteries turques, restait insuffisant

pour ouvrir une brèche praticable et il fallait changer l'emplacement des pièces. Mais le conseil de guerre réuni en arrive à délibérer sur la levée du siège : le manque de fourrage et le froid avaient causé la mort d'animaux en assez grand nombre, et les moyens de transport allaient se trouver insuffisants pour enlever les blessés assez nombreux ; en cas d'échec, la situation eût été affreuse et d'ailleurs il ne restait plus que six jours de vivres. Heureusement, le général de Damrémont, qui avait eu le tort de laisser s'ouvrir une pareille discussion, se décida pour la continuation du siège.

Le 11 octobre, la brèche était ouverte et la place, sommée une dernière fois de se rendre, fit cette belle réponse : « Si les chrétiens manquent de poudre, nous leur en donnerons ; s'ils n'ont plus de biscuit, nous partagerons le nôtre avec eux ; mais tant que l'un de nous sera vivant, ils n'entreront pas dans Constantine. » Le lendemain matin, en reconnaissant la brèche, le gouverneur général de Damrémont était tué d'un boulet turc. Il tomba la veille de la victoire.

Le général Vallée, commandant l'artillerie, était le plus ancien et le remplaça, et prit les dispositions pour l'assaut. Le 13 octobre à une heure du matin, le tir en brèche reprit et les débris la rendirent bientôt praticable. Au point du jour, le tir reprit pour enlever les obstacles que la défense y accumulait, puis la mitraille la nettoya. A 7 heures, le duc de Nemours donna le signal de l'assaut.

Le colonel de Lamoricière, à la tête de la première

colonne, plante le drapeau des zouaves dans les décombres, sur la brèche, que franchissent les différents éléments, pour se répandre dans la ville selon les dispositions arrêtées par l'ordre d'attaque. Ils progressent lentement, dans un affreux chaos de rues barrées par des barricades, et de maisons éventrées. Une terrible détonation retentit, suivie de plusieurs autres : ce sont les dépôts de poudre qui sautent, renversant les assaillants sous les décombres. Les vêtements en flammes, la figure brûlée par les grains de poudre, Lamoricière sort de la fournaise, presque aveugle.

La seconde colonne pénètre par la brèche, sous les ordres du colonel Combes, mais par détachements successifs, afin d'éviter l'encombrement. Elle emporte une forte barricade, Combes reconnaît une seconde barricade ; il va rendre compte au général et au prince, et il ajoute : « Ceux qui ne sont pas blessés mortellement pourront se réjouir d'un aussi beau succès ; pour moi, je suis heureux d'avoir encore pu faire quelque chose pour le roi et pour la France. — Mais vous, colonel, s'écrie le duc de Nemours, vous êtes donc blessé ? — Non, monseigneur, je suis mort. » Et il tombe pour ne plus se relever.

La lutte de rues se poursuivait quand le général Rulhières alla remplacer le colonel Combes dans le commandement de l'assaut. Ce fut lui qui reçut un parlementaire apportant la reddition de la ville, terrorisée à la perspective du sac et du massacre que les habitants jugeaient inévitables. Il suffit de quelques heures pour la rassurer, de quelques jours pour qu'elle commençât à se relever de ses ruines.

La mort du général de Damrémont laissait vacant le poste de gouverneur général, et Bugeaud était sur place, à Oran. Mais l'emploi d'une forte personnalité, surtout si elle est particulièrement désignée pour la fonction qu'il s'agit de pourvoir, répugnera toujours à une autorité centrale qui craindra de paraître abdiquer entre ses mains et voudra garder l'illusion de tout diriger de loin. Le ministère se tira du cas imprévu qui se présentait en nommant le général Vallée gouverneur général par intérim. Il hérita du bâton destiné au général de Damrémont et prit alors ses fonctions à titre définitif.

Le nouveau maréchal passait pour le premier artilleur de l'Europe. C'était un caractère très droit, très tenace dans ses résolutions, qu'il prenait lentement ; il avait du commandement, don assez rare, qu'il exerçait avec une certaine rudesse. Mais il n'était nullement préparé à ses nouvelles fonctions, et les accepta à regret, après des instances réitérées ; bien qu'instruit et très travailleur, il pouvait bien difficilement, à soixante-quatre ans, assimiler des matières toutes nouvelles pour lui, et son esprit absolu lui enlevait la souplesse de conception indispensable dans une période de transformation.

Les discussions sur le traité de la Tafna montraient bien que la lutte était inévitable avec Abd-el-Kader. A son secrétaire français, Léon Roches, il disait sa volonté d'observer le traité, mais citait le Coran qui dit : « La paix avec les infidèles doit être considérée par les musulmans comme une trêve pendant laquelle ils doivent se préparer à la guerre. » Et il ajoutait : « Lorsque l'heure de Dieu aura sonné, ils me fourniront eux-mêmes des causes plausibles de recommencer la guerre. » Quand le Sultan du Maroc, Chérif (de la famille du Prophète) et chef de l'Islam dans le Moghreb, lui eut envoyé un burnous d'investiture, il sentit que la guerre sainte était toute proche ; une colonne de ravitaillement ayant passé sur une partie du territoire contesté, il la commença et le renforcement de l'armée d'Afrique devint nécessaire.

Mais le maréchal, toujours fidèle à son système, se bornait à l'occupation restreinte, en multipliant les postes détachés et les blockhaus, et ses opérations consistaient surtout en colonnes de ravitaillement. On lui doit quelques belles routes militaires qui ont contribué après lui à la mobilité des colonnes et à la colonisation. Dans l'organisation militaire, son hostilité envers les troupes indigènes, trop nouvelles pour lui, ne s'atténua qu'à cause du déplorable état sanitaire où la stagnation réduisit les troupes trop dispersées. Il eut jusqu'à 72 000 hommes sous ses ordres et, à part le beau combat dont le col de Mouzaïa fut le théâtre, il ne sut pas les employer. C'était le théoricien de la défensive qui croyait soumettre l'Afrique par les retranchements.

Bugeaud disait à la tribune de la Chambre des députés : « Voulez-vous rester imperturbablement en Afrique ? Eh bien ! il faut y rester pour faire quelque chose ; jusqu'à présent on n'a rien fait,

absolument rien. Voulez-vous recommencer ces dix
ans de sacrifices infructueux, en expéditions qui
n'aboutissent qu'à brûler des maisons et à envoyer
bon nombre de soldats à l'hôpital? Vous ne pouvez
continuer quelque chose d'aussi absurde... Il y a
un système qu'il faut absolument abandonner, c'est
le système de la multiplication des postes retranchés. Je n'en connais pas de plus déplorable ; il
nous a fait un mal affreux. C'est le système de la
mobilité qui doit soumettre l'Afrique... Il faut être
avare de retranchements et n'établir un poste que
quand la nécessité en est dix fois démontrée. »

Mais Thiers avait pris le pouvoir, et pour la première fois le ministre de la Guerre réclamait des
opérations actives ; il désignait le général de Lamoricière pour commander la division d'Oran sans
prendre l'avis du gouverneur général, et Lamoricière
commençait à remuer son monde. Le système des
camps retranchés et des blockhaus avait fait ses
preuves pendant trois années de commandement
succédant d'ailleurs à une semblable inertie. Le
29 décembre 1840, le ministère Soult-Guizot rem-
plaçait le maréchal Vallée par le général Bugeaud
dans le gouvernement général de l'Algérie.

La nomination du général Bugeaud devait être
accueillie avec défiance par les colons et par les
troupes d'Algérie ; il avait exprimé avec force sa
répugnance à l'œuvre que la France poursuivait,
et le traité de la Tafna avait paru pour beaucoup
comme le commencement d'un abandon. Aussi le

maréchal Soult, ministre de la Guerre et président du Conseil, fit suivre l'annonce de sa nomination par cette dépêche officielle : « Le général Bugeaud ne tardera pas à partir pour Alger. On ne doit pas inférer de sa nomination que l'occupation sera restreinte ; la campagne qui doit s'ouvrir au printemps prouvera le contraire. »

Le nouveau gouverneur général, à son débarquement, rassure la population civile dans une proclamation. Il rappelle, sans les désavouer, ses opinions antérieures, et il ajoute : « Le pays est engagé, je dois le suivre... Il faut que les Arabes soient soumis, que le drapeau de la France soit seul debout sur cette terre d'Afrique. Mais la guerre, indispensable aujourd'hui, n'est pas le but. La conquête serait stérile sans la colonisation. Je serai donc colonisateur ardent... L'agriculture et la colonisation sont tout un... »

Et il dit à l'armée : « Vous avez assez souvent vaincu les Arabes, pour les vaincre encore ; mais c'est peu de les faire fuir, il faut les soumettre... Je serai attentif à ménager vos forces et votre santé... C'est par des soins constants que nous conserverons nos soldats... »

Dans l'organisation militaire, il marche à grands pas dans la voie qu'il s'est tracée dès 1836. D'abord la mobilité des colonnes par la substitution des animaux de *bât*, à tous les charrois, l'allégement du fantassin, l'infanterie montée à mulet. Puis la suppression des deux tiers des postes et l'abandon de la défense en cordon : les places, au lieu de rester

de véritables camps retranchés, deviendront des
réduits ; les munitions et les vivres s'y entasseront.
pour servir de base au ravitaillement des colonnes.
(L'armée d'Afrique qui a 65 000 hommes à l'effectif au moment où Bugeaud en prend le commandement, en aura bientôt 107 000.) Les troupes de
nouvelle formation et surtout les troupes indigènes
se développeront de plus en plus ; les régiments
ont déjà l'autonomie, on leur assurera la spécialisation.

Celle du commandement est déjà assurée : Lamoricière, Changarnier, Cavaignac, Duvivier, Bedeau,
Randon, Martimprey, Négrier, ont déjà comme
successeurs désignés Pélissier, Canrobert, Charras,
Bosquet, Mac-Mahon, Ducrot, Margueritte, toute
une génération qui pointe, et vigoureusement.

Devant Bugeaud, Abd-el-Kader s'est organisé. Il
a 7 000 à 8 000 réguliers, fantassins kabyles recrutés
dans la montagne, cavaliers arabes, artilleurs turcs,
servant 14 canons de petit calibre ; il peut. grouper
100 000 irréguliers ; 200 000 fusils peuvent entrer
en ligne pour des actions simultanées. Son trésor
est de plus d'un million et demi ; la solde de ses
troupes lui coûte par mois une cinquantaine de
mille francs.

Notre politique en a fait une sorte de souverain,
qui, outre son prestige personnel, dispose d'une
force énorme que cette neutralité lui a donnée. Les
tribus craignent de retomber sous sa domination
après s'être soumises à l'infidèle.

La lutte durera sept ans, pendant lesquels il

gardera la même attitude intransigeante et la même
fierté. Chaque fois qu'il se présentera une chance
de succès, il affrontera la bataille ; vaincu, il cédera
le terrain sans jamais avouer sa défaite, en revenant
au contraire sur la colonne française pour simuler
une victoire ; tant que l'espace restera devant lui,
il gardera l'espoir du succès et il ne se rendra qu'ac-
culé entre nos colonnes et les troupes marocaines
devenues ses ennemis.

Dès 1841, Lamoricière a détruit tous ses établissements ; en 1842, Bugeaud reprend Tlemcen, illustré par la défense héroïque du capitaine Cavaignac
en 1836, et Bedeau en fait un des centres actifs d'où
rayonnent nos colonnes. En 1843, l'émir est dans
l'Ouarsenis que cerne Bugeaud. Le 10 mai de cette
année-là, le duc d'Aumale, avec 500 cavaliers, enlève
sa Smala, défendue par 3 000 hommes et qui comprend 50,000 hommes ; et le jeune prince montre
un coup d'œil, une décision et une audace qui font
de cette journée une des plus belles de ces campagnes. Cette action a porté un coup terrible au
prestige de l'émir. La domination française s'étend
largement dans les trois provinces et cerne la grande
Kabylie.

Au Maroc, où Abd-el-Kader a trouvé asile et
réconfort à plusieurs reprises, le Sultan le juge enfin
un rival possible, qui serait redoutable ; mais le Chérif,
chef de l'Islam au Moghreb, ne peut lui laisser le
prestige de combattre seul l'infidèle. La fondation
du poste français de Djemma-Ghazaouat, sur la
frontière marocaine, est l'occasion d'un conflit, qui

se règle sur terre par la bataille de l'Isly. La formation en *tête de porc*, la pointe du quadrilatère allongée en avant, invulnérable de toutes parts, assure la victoire de Bugeaud contre les tourbillons tumultueux de la cavalerie marocaine. Moins de 10 000 Français avaient vaincu 70 000 Marocains et c'est aux acclamations de toute la France que le roi nomme le maréchal Bugeaud duc d'Isly.

En même temps le prince de Joinville bombardait Tanger et Mogador. En Angleterre, l'opinion publique s'inquiétait fort de ces victoires. Le gouvernement tory, qui avait protesté dès le début contre l'action de la France, faisait entendre un langage inquiétant ; heureusement lord Aberdeen, le même ministre des Affaires étrangères qui, en 1830, avait montré tant d'hostilité à l'occupation d'Alger, défendit avec habileté la cause de la paix. Un traité fut signé à Tanger par lequel la France ne réclamait aucune acquisition territoriale ; mais la France et le Maroc mettaient hors la loi Abd-el-Kader.

Chassé du Maroc où il était déchu de tous ses titres d'émir, commandeur des croyants, khalifat du Sultan, et El-Hadj, et même privé de la particule Abd, notre irréconciliable ennemi reprit la campagne. En 1845, il anéantit, près du marabout de Sidi-Brahim, 350 chasseurs à pied, dont l'héroïque résistance est restée légendaire. Mais il fut rejeté au Maroc, cette fois en fugitif.

L'année 1846 fut une des plus actives ; dix-huit colonnes traquèrent Abd-el-Kader sorti de son repaire, et par deux fois il faillit être pris. Le maréchal duc d'Isly commanda en personne plusieurs des opérations qui se déroulèrent jusque dans la Mitidja. Bugeaud, caporal à Austerlitz, sous-lieutenant à Iéna, colonel sur les Alpes en 1815, restait avant tout un soldat vigoureux toujours prêt à donner de sa personne. Il rejeta une fois de plus au Maroc son ennemi à bout de ressources.

Mais Bugeaud, pour achever son œuvre, demanda vainement au ministre l'autorisation de réduire enfin la grande Kabylie. Il avait toujours signalé cette nécessité : « C'est un témoin vivant de notre impuissance, disait-il en 1845, de notre respect pour les gens forts, et cela diminue notre force morale. »

Mais l'opinion à la Chambre était hostile à toute nouvelle expédition et le gouvernement hésitait à passer outre. Ne pouvant obtenir carte blanche, Bugeaud donna sa démission. Il avait présidé pendant six ans et demi aux destinées de l'Algérie. La colonie française a senti à ce moment qu'elle lui devait l'existence et entoure encore sa mémoire d'un véritable culte.

Son successeur le duc d'Aumale fut le digne continuateur de son œuvre. Sous son commandement, le général de Lamoricière recevait la soumission d'Abd-el-Kader qui, chassé du Maroc, traqué par nos colonnes contre une frontière devenue impénétrable, se rendit enfin.

Mais pour terminer l'œuvre de Bugeaud, la conquête totale, il fallut d'abord en finir avec la résistance des Ksours, concentrée à Zaatcha, puis réduire enfin la grande Kabylie, et cette tâche ne fut terminée qu'en 1854 par l'expédition du maréchal Randon : elle eut son épilogue au combat d'Icheriden.

Le récit de la pénétration du Sahara nous entraînerait trop loin. Ce fut une œuvre lente, un peu saccadée, où les oscillations de la politique intérieure avaient leur part. Mais elle est terminée. La police du désert est faite par des compagnies montées à chameau, qui assurent la sécurité des caravanes contre le pillage de plus en plus rare des nomades. La paix française règne de la Méditerranée au Niger.

Jetons un coup d'œil sur l'état actuel de l'Algérie. La population d'origine européenne dépasse 800 000 habitants dont un peu plus de la moitié sont Français ou francisés ; ce sont en général des méditerranéens : Espagnols dans le département d'Oran, Italiens ou Maltais dans celui de Constantine, en grande majorité Français dans celui d'Alger. Vingt à vingt-cinq pour cent des mariages européens sont contractés entre conjoints de nationalités différentes ; la natalité est sensiblement plus forte qu'en France, la mortalité est faible ; la race qui croît et prospère sur ce sol reçoit de l'Europe méridionale des apports assez nombreux qui n'en altèrent pas le fond. Néanmoins, il faut veiller à son assimilation : l'école et le régiment doivent y travailler. Les étrangers ont été très utiles à la colonisation et sont reconnaissants au pays où ils ont trouvé protection et accueil cordial. Leur attitude pendant la dernière guerre a été très bonne.

La méthode et la suite dans les idées ont long-temps manqué à la colonisation de l'Algérie. Par deux fois l'Afrique a parcouru le cycle complet qui va de la colonisation étatiste et officielle à la colonisation individuelle et libre, et toutes les expériences ont été refaites au moins deux fois. Ce fut toujours la terre des projets. Les débuts ont été entravés par l'insécurité et aussi par l'influence de l'État qui craignait d'engager sa responsabilité en encourageant les colons. Les nouveaux arrivants étaient la proie des spéculateurs ; dans les environs des villes, les terrains changeaient de propriétaires en montant de prix, mais restaient incultes.

Un peu plus loin, les titres de propriété pullulaient de telle sorte que dans la plaine de la Mitidja on vendait une étendue de terre qui dépasse sept fois sa superficie. Pourtant, un certain nombre de domaines s'y créent, fort étendus, et les capitaux commencent à s'engager, mais ces initiatives individuelles se ralentissent au bout de quelques années.

Il paraît démontré que le colon ne peut réussir sans un appui sérieux de l'État, qui délivrera des concessions ou bien constituera la propriété européenne, assurera sa sécurité et aidera les débuts de sa mise en valeur : c'est la colonisation officielle qui, tentée par le maréchal Clauzel et le maréchal Vallée, est organisée complètement par le maréchal Bugeaud à partir de 1841. Des villages sont établis

autour d'Alger, sur trois lignes concentriques. Le
maréchal Bugeaud projetait une colonisation militaire à la romaine qui eût couvert les frontières
du territoire exploité par les colons civils. Mais
ses projets ne reçurent jamais l'approbation du
gouvernement. Après lui, la colonisation officielle
continua par l'arrivée des ouvriers provenant des
ateliers nationaux fermés en 1848, et par la création de centres urbains serrés autour des garnisons
importantes, Orléansville, Miliana, Médéa, Sidi-Bel-
Abbès, etc. En 1851, la population française et la
population européenne étrangère atteignirent chacune 65 000 habitants environ.

Le régime des concessions est ensuite modifié, il
permet l'accession à la propriété, donc l'hypothèque
ou même la vente. Les immigrants sont groupés
de préférence par nationalité ou par province française ; peu à peu l'État tend à restreindre son concours.

Puis apparaît chez Napoléon III la conception
fausse du royaume arabe, qui, avec l'Empire français, n'a guère de commun que la personne du souverain. La frontière s'établit entre le territoire de
colonisation et le territoire des tribus, et on leur
reconnaît des droits de propriété auxquels elles
n'avaient jamais songé. De grandes compagnies
deviennent propriétaires de domaines considérables
à charge d'exécuter des travaux importants qui
leur sont aussi utiles qu'à la collectivité, mais qui
nécessitent une surveillance constante ; ce système
n'obtient que des résultats insignifiants.

La troisième République revient à la colonisation étatiste. Elle offre des terres aux Français d'Alsace et de Lorraine qui fuyaient la domination de l'étranger et ce geste généreux correspondait à un sourd instinct de conservation qui s'était éveillé dans la race menacée. Il fallait durer... Par voie de conséquence, on revient au programme de Bugeaud. Puis les grands rapports parlementaires interviennent, avec l'envoi de commissions qui ont le grand avantage de faire voyager les membres du Parlement, et je n'essayerai pas d'en raconter l'histoire.

Mais un regard rapide nous montre les progrès accomplis, à travers tant de vicissitudes. Permettez-moi de vous donner quelques chiffres, où j'essayerai de ne pas me noyer tout en les mettant à l'échelle. Il y a en Algérie des ports nombreux et bien outillés ; celui d'Alger, qui paraissait trop vaste il y a trente ans avec ses travaux nouveaux, va tripler d'étendue grâce à 180 millions de travaux. Ce sera le plus beau de tout le continent africain. Trois mille kilomètres de chemin de fer sillonnent le territoire, avec des milliers de kilomètres de routes magnifiques. Des travaux hydrauliques captent les torrents des montagnes, en utilisent la force et surtout la fécondité : cette œuvre, commencée depuis deux mille ans, vient de recevoir une nouvelle impulsion. Nous avons vu que la population européenne est de 800 000 habitants ; son activité économique s'exprime dans le commerce général de la France, qui est d'une cinquantaine de milliards, par un chiffre de 4 milliards et demi, donc supérieur à cette proportion ! La production du blé est de 2 millions et demi d'hectolitres ; le vin donne 4 millions et demi d'hectolitres valant près de 300 millions ! L'alfa nous donne la pâte à papier, dont le besoin est de plus en plus impérieux ; le commerce des fruits est en voie d'accroissement, mais il pourrait être beaucoup plus considérable. Les mines de fer, de phosphate, de lignite, sont en exploitation florissante, mais elles sont susceptibles d'un grand développement.

Il y a là une source de richesses considérables que le travail obstiné met au jour, augmente sans cesse, créant des produits nouveaux et aussi des sources de consommation nouvelle, donc une multiplication d'échanges qui s'accroît constamment.

Mais je n'ai point parlé des indigènes, qui sont près de cinq millions, et dont le nombre augmente plus rapidement que celui des Européens. En ce moment une barrière les sépare de nous, qu'il faut constater à regret, l'Islam, mais qu'on ne peut songer à supprimer. Dans quelle mesure l'Islam peut-il évoluer et prendre la forme de civilisation qui est la nôtre ? C'est le secret de l'avenir. Mais nous pouvons aider cette évolution par notre attitude conciliante, respectueuse du dogme, par nos égards pour l'indigène dont le travail aide largement à nos efforts pour l'exploitation de ce sol.

Il faut que les populations arabes et berbères sentent bien nos sentiments pour elles ; elles nous ont donné 170 000 soldats qui ont figuré au premier rang dans nos divisions de choc et ont largement versé leur sang avec le nôtre. Nous ne l'oublierons jamais. Cent mille indigènes de l'Afrique du Nord servent dans notre armée active, au même titre que les soldats français. Ce sont là des liens permanents. Par la connaissance de notre langue, par l'assistance médicale, nous devons continuer à les rapprocher de nous. C'est un problème bien compliqué et bien angoissant que de faire vivre sur la même terre deux populations aussi différentes que l'européenne et l'indigène, qui doivent croître ensemble et se développer dans un commun idéal.

Les Romains avaient résolu ce problème, infiniment plus simple à leur époque. Osons dire avec tout le respect et toute la reconnaissance dus à ces grands maîtres, que nous les avons dépassés : en trente ans, toute l'Algérie était conquise, mais le cœur des Berbères reste à prendre, la durée de notre œuvre est à ce prix.

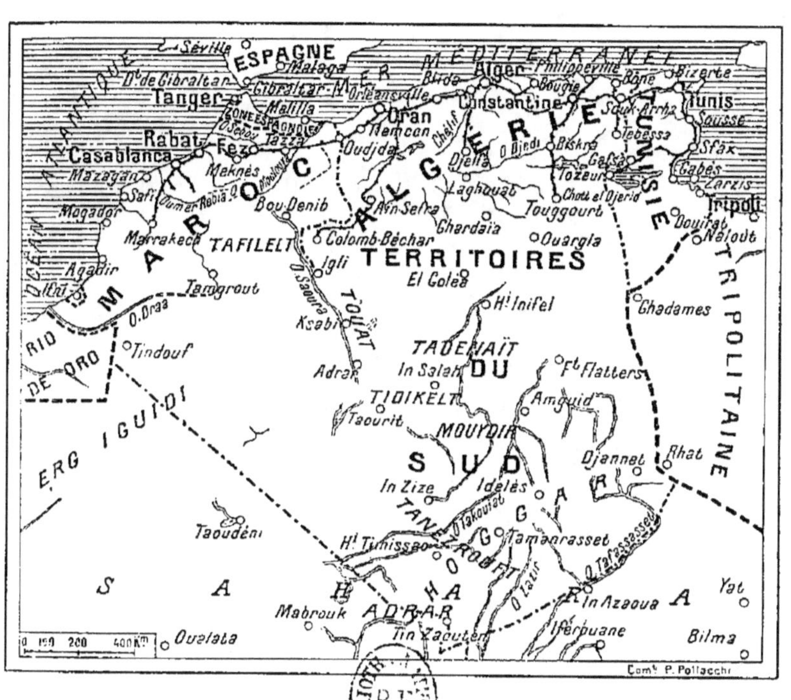

AFRIQUE SEPTENTRIONALE FRANÇAISE

(Berbérie)

II

LA TUNISIE

Nulle terre n'a été plus disputée que celle de la Tunisie actuelle : c'est la rançon de sa situation privilégiée au centre de la Méditerranée, qui a vu naître les premières civilisations ; c'est la rançon aussi de ses côtes accueillantes, de ses frontières partout accessibles, enfin de sa richesse et de sa fertilité.

Nous ne savons presque rien des Libyens qui la peuplaient, que par les marchands phéniciens qui vinrent établir leurs comptoirs près de leurs villes, ou créer des établissements nouveaux où les indigènes se groupèrent. D'où la naissance de Tunès (Tunis), Hippozarite (Bizerte), Utique, Hadrumète (Sousse).

C'est au huitième siècle avant notre ère que Didon, fuyant Tyr où son frère venait d'assassiner son époux, vint avec une importante émigration fonder Carthage (Kart-ago), la forteresse de la mer. Cette colonie absorba toutes les autres et supplanta la métropole ; son pouvoir, essentiellement maritime et mercantile, s'établit sur les côtes et les îles de la Méditerranée occidentale. En Sicile, elle lutta contre les Grecs, contre Pyrrhus, puis contre Rome, qui finit par l'abattre, après trois longues guerres.

La domination romaine a laissé dans cette région des restes admirables : monuments, villas, aqueducs, routes, camps, puits, plantations encore visibles. Par la superficie cultivée, les ruines et le témoignage des auteurs anciens, on calcule que la population du pays était le quadruple de ce qu'elle est aujourd'hui. Néanmoins il ne faut pas oublier qu'elle n'a jamais été complètement soumise ; la conquête romaine fut une œuvre de longue haleine ; les indigènes se mêlèrent aux guerres civiles qui précédèrent l'établissement de l'Empire et les insurrections furent ensuite très fréquentes et souvent violentes. La turbulence des Berbères ne désarma jamais et leur conversion au christianisme amena bientôt des hérésies qui servaient de prétexte à de nouvelles insurrections, accompagnées de massacres et de pillages. Heureusement ces soulèvements gardèrent toujours un caractère local et l'anarchie de la race l'empêcha de trouver des chefs capables d'incarner son besoin d'indépendance. Mais la paix romaine, qui régnait dans toute l'Europe méridionale et occidentale, ne fit en Afrique que de trop rares apparitions.

Au cinquième siècle de l'ère chrétienne, l'invasion des Vandales trouva des complices dans la population indigène, qui d'ailleurs se révolta promptement contre ses nouveaux maîtres.

Sous Justinien, après un siècle de barbarie, Bélisaire vint rétablir la domination byzantine,

qui, malgré des troubles croissants, redonna à
l'Afrique quelques lustres de prospérité, répartis
sur un nouveau siècle de durée. Le patrice Grégoire, qui s'était proclamé indépendant de Byzance,
traita avec la première invasion arabe, qui consentit
à épargner la Proconsulaire, moyennant un fort
tribut ; les invasions arabes se multiplièrent jusqu'à
celle d'Okbah, qui fonda la ville sainte de Kairouan
en 670. La lutte fut très vive entre les Arabes envahisseurs et les Berbères autochtones ; la dynastie
arabe des Aglabites, puis celle des Fatémides, rétablit
un ordre relatif, sous l'autorité nominale des Khalifes
de Bagdad.

Puis vint la dynastie berbère des Zirides, dont
les premiers souverains gouvernèrent au nom des
Fatémides, retournés en Égypte. Elle s'émancipa
et en fut punie par l'invasion hilalienne qui mit le
comble à l'anarchie. Les Berbères vinrent du Maroc,
imposant un gouverneur qui fonda la dynastie
des Hafsides.

Les Normands, les Français de saint Louis, les
Espagnols et les Turcs se disputèrent les côtes
tunisiennes. Enfin les Turcs l'emportèrent et la
Régence fut longtemps gouvernée par un pacha
qu'élisaient les janissaires pour trois ans ; le pacha
fut remplacé par un dey nommé à vie, avec un bey
pour commander son armée et un capitaine-raïs
sa marine, rivale de la marine algérienne dans
la piraterie en Méditerranée. Le bey supplanta le
dey et le capitaine-raïs et il devint bientôt un souverain héréditaire. Hussein ben Ali, renégat corse,

fonda la dynastie actuelle en 1705. Après avoir passé par les mêmes vicissitudes que nous lui avons vu traverser à Alger, la domination turque prenait à Tunis une forme plus stable. Dans les deux ports, c'est un pouvoir étranger qui s'était établi, et qui s'entourait d'un personnel étranger. Le dirvan de 30 ou de 300 membres qui l'assistait parfois était uniquement composé d'agas et de janissaires, Turcs ou renégats européens ; on peut dire que tous les peuples de la Méditerranée y étaient représentés, sauf les indigènes de l'Afrique septentrionale. — Moustapha le Kaznadar, qui gouverna effectivement la Tunisie comme premier ministre sous trois beys successifs, de 1837 à 1873, était un esclave grec affranchi.

Le bey Ahmed, qui choisit le Kaznadar, visita la France sous Louis-Philippe et se montra accessible à l'influence européenne. Le marché des esclaves fut fermé et les ingénieurs français levèrent la première carte régulière du pays ; Mohamed, successeur d'Ahmed, fut un grand bâtisseur et restaura les aqueducs romains de Carthage. Il promulgua une constitution, le *Pacte fondamental*, qui resta lettre morte, mais marque néanmoins des tendances relativement libérales.

Son héritier, Mohamed es Sadock, paraissait dans les mêmes dispositions : il demanda une mission militaire française et il établit le service militaire obligatoire, afin d'avoir à sa disposition une force nationale pour assurer l'ordre dans le pays.

Mais le Kaznadar avait engagé la Tunisie dans

la route bien tentante de l'emprunt, qui donne au souverain absolu des moyens illimités de réaliser les fastueuses fantaisies de l'Orient, route glissante dont la descente rapide aboutit à l'inévitable abîme de la ruine et de l'intervention étrangère. La population était en outre saignée à blanc et les tribus échappaient par la révolte à des impôts sans cesse croissants. Pourtant le bey empruntait toujours et ne payait jamais. Une commission financière européenne fut constituée en juillet 1869 ; la dette de 160 millions fut réduite à 125 millions, avec un intérêt fixé à 6 250 000 francs. Mais les rivalités divisèrent les membres de la commission, les représentants européens et les ministres du bey. Car tous les problèmes se tiennent, et c'est en vain qu'on cherche à résoudre indépendamment les unes des autres les questions financières et les questions politiques.

« Nous sommes dans la nécessité d'occuper la Régence dans un avenir peu éloigné, écrivait et répétait depuis 1870 le consul général de France à Tunis. Je ne crois pas que cette occupation puisse désormais être évitée. »

*
* *

L'établissement du protectorat français sur la Régence de Tunis marque le début de l'expansion coloniale européenne, destinée à prendre dans les dernières années du dix-neuvième siècle un développement si considérable. Cette grande œuvre s'accompagna pour la France de multiples complications qui affectèrent ses relations avec les puissances étrangères et sa politique intérieure : ce double aspect apparaît dès la première entreprise et vaut qu'on l'examine.

L'action de la France à Tunis fut envisagée en 1878 au congrès de Berlin, qui suivit la guerre turco-russe ; ce n'est pas sans une certaine hésitation que la France était venue reprendre sa place dans le concert des grandes puissances et elle avait spécifié qu'au Congrès il ne serait question ni des affaires d'Occident, ni de l'Égypte, ni du Liban, ni des Lieux Saints. Mais certains de ces sujets réservés avaient été examinés dans les conversations hors séance ; l'occupation de Chypre consentie à l'Angleterre lui donnait la maîtrise de la Méditerranée orientale et son annonce avait amené une pénible surprise chez les plénipotentiaires français, qui envisagèrent de quitter le Congrès. Lord Beaconsfield et lord Salisbury examinèrent alors avec M. Waddington, qui représentait la France comme ministre des Affaires étrangères, la question méditerranéenne ; en Égypte, ils admirent que les droits des deux puissances étaient égaux et que rien ne pouvait modifier cette situation ; au Liban, la prépondérance de la France était reconnue et « l'Angleterre n'y porterait aucun préjudice ». Mais ce fut lord Salisbury qui jeta la question tunisienne sur le tapis : « Vous ne pouvez laisser Carthage aux mains des Barbares, » dit-il brusquement à M. Waddington. Il affirma que l'Angleterre était résolue à n'opposer aucun obstacle à la politique française dans ce pays : « Faites là-bas ce qui vous paraîtra bon, ajoutait-il, ce n'est pas notre affaire. »

Lord Beaconsfield était premier ministre, lord Salisbury détenait le portefeuille des affaires étrangères : ils engageaient le gouvernement de la reine, qui avait été évidemment consulté. Le prince de Bismarck, président du Congrès, le dominait complètement, et il était évidemment d'accord avec eux. Bismarck a raconté à M. de Blowitz son entretien avec lord Beaconsfield à la veille du Congrès de Berlin : « Vous devriez, au lieu de contrecarrer la Russie, en venir à une entente avec elle ; vous devriez la laisser à Constantinople, prendre vous-même l'Égypte. La France recevrait Tunis ou la Syrie comme compensation. » (Voir le *Times* du 4 avril 1881.) En somme, on comprend le point de vue de l'Angleterre, qui prenait Chypre, et donnait à la France une créance hypothétique sur la Tunisie. L'opposition faite pendant vingt ans à la conquête de l'Algérie avait cessé ; l'occupation de la Tunisie ne faisait que consolider l'établissement voisin ; au contraire, il eût été impolitique de favoriser l'Italie, et de donner à la même puissance les deux rives du détroit entre la Sicile et la Tunisie. Malte n'est plus qu'une sentinelle, tout au plus une grand'garde, car sa valeur stratégique a bien diminué depuis que les flottes modernes ne peuvent plus trouver dans sa rade qu'un mouillage insuffisant.

Saisi de la question, le conseil des ministres français réserva sa réponse et aucun acte du Congrès, aucune convention anglo-française ne vint sanctionner ces propositions. Mais à son retour à Paris, M. Waddington en prit acte dans deux dépêches que le marquis d'Harcourt, notre ambassadeur à Londres, soumit à lord Salisbury. La première de ces dépêches enregistrait l'accord au sujet de l'Égypte et du Liban. La seconde, du 26 juillet 1878, concernant la Tunisie, était ainsi conçue :

« Notre attention (celle de lord Salisbury et celle de M. Waddington) s'est portée sur la Régence de Tunis. Lord Salisbury, *venant spontanément au-devant des sentiments qu'il nous supposait*, donna à entendre de la manière la plus amicale et dans les termes les plus explicites, que l'Angleterre était résolue à n'opposer aucun obstacle à notre politique dans ce pays. D'après lui, ce serait à nous à régler, à notre convenance, la nature de nos relations avec le bey et à les étendre si nous voulions. Le gouvernement de la reine *acceptait d'avance toutes les conséquences que le développement naturel de notre politique pouvait avoir sur la destinée définitive de la Tunisie :* « — Faites de Tunis ce qui « vous paraîtra bon, dit Sa Seigneurerie ; l'Angle-« terre ne vous fera pas d'opposition et respectera « vos décisions. » A Berlin, le comte Beaconsfield me confirma ce langage ; et nous ne pouvons en conséquence douter de l'accord complet des vues des deux membres du gouvernement britannique en ce qui concerne cette question. »

A ces dépêches, lord Salisbury répondit :

« Le sujet auquel se réfère M. Waddington fut

traité *plus d'une fois*, dans les conversations très satisfaisantes que j'eus avec lui à Berlin... Le gouvernement de Sa Majesté a témoigné sa très vive satisfaction du succès des expériences tentées par la France en Algérie et de la grande œuvre de civilisation qu'elle accomplit en ce pays. Elle n'a jamais méconnu que la présence de la France sur cette côte, soutenue comme elle l'est par des forces militaires imposantes, doit avoir pour effet de lui donner quand elle le jugera convenable, le pouvoir d'exercer une pression avec une force décisive sur le gouvernement de la Tunisie. C'est un résultat que le gouvernement britannique *a depuis longtemps connue inévitable* et qu'il a accepté sans répugnance.

« L'Angleterre n'a pas en cette région d'intérêts spéciaux qui puissent l'amener à voir avec appréhension ou avec défiance légitime l'influence et l'expansion de la France. En ce qui concerne un événement qui peut être éloigné, je dirai donc seulement qu'il n'altérera pas l'attitude de l'Angleterre. Elle continuera de reconnaître, comme elle fait maintenant, les résultats naturels du voisinage d'un pays puissant et civilisé comme la France, et n'a pas à formuler de contre-réclamation... »

Il convenait de prendre quelques précautions du côté de l'Italie, où les informations de la presse avaient fait croire que le prince de Bismarck, au Congrès de Berlin, aurait offert la Tunisie au comte Corti, son représentant. Dès le 13 octobre 1878 M. Waddington chargea le marquis de Noailles, notre

ambassadeur à Rome, de dissiper tout malentendu
à cet égard :

« Rien de ce qui se passe à Tunis ne peut être
indifférent au gouvernement français ; aussi, depuis
longtemps, a-t-il considéré la Régence comme un
pays destiné à graviter dans l'orbite des intérêts
français et devant être soumis à notre influence...
Il est absolument nécessaire que le gouvernement
italien se pénètre bien de cette idée que l'Italie ne
peut caresser de rêves de conquête en Tunisie sans
se heurter à la volonté de la France et sans risquer
de conflit avec elle. »

Ainsi prévenue des dispositions françaises, l'Italie
ne pouvait se faire beaucoup d'illusions sur l'attitude de l'Angleterre, car le député Damiani disait
à la Chambre quelques mois après, le 21 juillet 1879 :
« L'Angleterre laisse faire la France à Tunis. »

L'Allemagne, d'autre part, ne sentant alors
aucun besoin d'action extérieure, devait voir sans
déplaisir son ennemie d'hier s'engager dans la voie
de l'expansion coloniale où elle pourrait trouver
une sorte de consolation et un dérivatif. L'Autriche-
Hongrie et encore plus la Russie restaient indiffé-
rentes : la question étaitdonc entièrement déblayée
au point de vue international.

Sur place, notre consul signalait depuis 1871 la
nécessité de l'intervention française. Le pouvoir
beylical s'affaiblissait tous les jours, incapable
d'assurer l'ordre sur sa frontière algérienne, le
paiement de sa dette et la mise en valeur de son

sol fertile où les entreprises européennes s'étaient
multipliées. L'anarchie et la ruine étaient immi-
nentes. Depuis 1874, la France était représentée
par le consul Roustan, l'un de ces « agents d'Orient »
qui gardaient la tradition de la grandeur nationale et
le sens de l'action. Il eut d'abord à lutter contre
son collègue anglais, M. Wood, en place depuis
vingt-trois ans, dont l'hostilité contre les intérêts
français alla jusqu'à l'imprudence : loyalement,
le gouvernement britannique n'hésita pas à désavouer M. Wood et à le remplacer. Mais le consul
italien, M. Macio, soutenu à Rome par certaines
personnalités politiques, était un adversaire beaucoup plus actif. Voies ferrées, port, lignes télégraphiques, concessions de terrain, tout était
matière à conflit. Un journal arabe imprimé en
Sardaigne était distribué à profusion dans la Régence et excitait la population contre les Français. Les incidents se multipliaient, envenimés par
les journaux d'Europe, et il devenait indispensable
de mettre fin à ces complications sans cesse renais-
santes.

En France, l'opinion publique était mal renseignée,
et toute expédition lointaine évoquait celle du
Mexique, restée justement impopulaire ; on attri-
buait aux campagnes d'Algérie l'insuffisance du
commandement français pendant la guerre et on
voulait oublier que dans le grand désastre Chanzy
et Faidherbe, deux Africains, avaient, du moins,
sauvé l'honneur. « Ce n'est pas, disait-on, pour la
compromettre dans des entreprises exotiques que

la France venait de reconstituer sa force militaire. »
Ces préventions obscurcissaient le sentiment de
dignité nationale qui commençait à poindre.

Les hésitations du gouvernement durèrent près
de quatre années. Au printemps de 1881, le ministre des Affaires étrangères, pensant avoir
« épuisé les moyens diplomatiques », parlait d'expédition au Conseil des ministres ; mais M. Jules
Ferry, président du Conseil, lui répondait : « Une
affaire à Tunis, dans une année d'élections !
mon cher Saint-Hilaire, vous n'y pensez pas. » Le
général Farre, ministre de la Guerre, était parmi
les moins belliqueux. M. Jules Grévy, président de
la République, se montrait très froid ; si son frère,
successeur du général Chanzy au gouvernement
général de l'Algérie, poussait à l'action en plaidant
pour les intérêts de ses colons et pour le prestige
de notre domination, que notre inertie menaçait
aux yeux des indigènes algériens, M. Wilson tra-
vaillait ouvertement contre le projet (1).

Par bonheur, au quai d'Orsay, le directeur des
affaires politiques, le baron de Courcel, jugeait
que son devoir ne se bornait pas à convaincre son
ministre par la présentation des rapports lumineu-
sement rédigés par M. Roustan à Tunis. Son sens
des réalités lui montrait les faits à travers les
papiers ; puisque l'obstacle à l'action de la France
en Tunisie venait de l'opinion, il cherchait à la

(1) Gabriel HANOTAUX, *Histoire de la France contempo-
raine,* t. IV, p. 386-391, 639-666, 692-698, 709-712.

convaincre, frappait à toutes les portes et en dernier
lieu s'adressa à la personnalité qui avait une influence prépondérante sur les milieux dirigeants,
la presse et le monde parlementaire.

M. Léon Gambetta, président de la Chambre, se
montrait alors plus qu'hésitant. Le baron de Courcel
raconte ainsi dans ses *Souvenirs* la démarche décisive qu'il fit auprès de lui :

Mon audience fut fixée à sept heures du matin. Me
voilà donc, par une belle matinée de printemps, franchissant le court espace de la rue de l'Université qui
sépare le ministère des Affaires étrangères de la prési-
dence de la Chambre. A cette heure, la rue était déserte,
mais déjà baignée par les rayons d'un soleil étincelant.
Le cœur me battait fort. L'incertitude, le secret même
de la démarche me harcelaient de scrupules. Car il avait
fallu ne rien dire à M. Barthélemy Saint-Hilaire, qui se
serait gendarmé, et il me semblait que je trompais la
confiance à laquelle avait droit mon excellent chef.
Introduit auprès de M. Gambetta, il me reçut avec
affabilité, satisfait en apparence et un peu flatté de
ma démarche. J'entrai vite en matière. Le ton dont je
lui parlai était nouveau pour lui... Il m'écouta avec
une attention soutenue, me suivant, comme si je l'in-
troduisais dans un cercle supérieur d'idées, pendant que
je développais les avantages, la nécessité d'une action
prompte en Tunisie, l'honneur qui en rejaillirait, l'espèce de baptême diplomatique qu'en recevrait cette
République qu'ils avaient l'ambition d'instituer, les
dispositions favorables, mais peut-être éphémères des
puissances, etc... Sous l'air de réserve dont il ne se
départit pas, dans ce premier entretien, je sentis l'intérêt que mes paroles éveillaient en lui... Son regard
s'éclaircit, sa physionomie devenait plus curieuse et

plus confiante. Son patriotisme ardent, son amour de l'action, sa large intelligence, son désir des choses élevées et toute la générosité de sa nature se trahissaient peu à peu dans ses traits, avec la satisfaction d'échapper, ne fût-ce que pour quelques instants, au bas souci des intrigues parlementaires, son amère pitance quotidienne. Quand je sortis, après une longue audience de plus de deux heures, je commençai de respirer.

M. Gambetta m'avait donné rendez-vous pour le surlendemain, dans l'après-midi... Il se montra plus expansif, entrant dans mes idées et les discutant. Je n'eus pas de peine à triompher de ses objections, surtout au point de vue italien... Lorsque je le quittai, cette seconde fois, j'avais cause gagnée. Dès lors, tout me devint aisé. Je sentis partout la main de Gambetta, son activité, son rayonnement et, en même temps, sa sollicitude, sa prévoyance, son remarquable don d'autorité. Personne ne songea plus à m'objecter les élections de l'automne. M. Jules Ferry se décida à son tour. Son rôle dans l'affaire ne se dessina qu'à la fin, mais il fut essentiel ; il endossa les responsabilités suprêmes avec une décision dont il a mérité de garder l'honneur (1).

Il était temps, car les événements marchaient et allaient imposer la décision si bien préparée. Le 31 mars, la nouvelle arriva à Paris d'une incursion exécutée dans la province de Constantine par une bande de montagnards Kroumirs. Cinq soldats français avaient été tués et cinq blessés. Après cette escarmouche exploitée comme un succès, les bandes s'étaient considérablement renforcées. Or en Algérie la situation avait cessé d'être brillante : le massacre de la mission Flatters au Sahara, l'insurrec

(1) *Souvenirs inédits* du baron DE COURCEL.

tion des Ouled sidi Cheik et de Bou Amama mar-
quaient une fâcheuse diminution de prestige à
laquelle le remplacement du général Chanzy par
un gouverneur civil n'était pas étranger, il faut
bien le dire. Il fallait frapper vite et fort.

Le 4 avril, le gouvernement mettait les Chambres et le pays en présence des faits qui nécessi-
taient le rétablissement de l'ordre sur la frontière
algérienne et une action en Tunisie même pour
empêcher le retour de ces fâcheux événements ;
peu après, les crédits nécessaires à l'expédition
étaient votés par la Chambre entière, sauf quelques
abstentions, et par le Sénat à l'unanimité.

Le gouvernement anglais, antérieurement informé, ne fit aucune objection. A Berlin, le prince
de Bismarck déclara à l'ambassadeur comte de
Saint-Vallier « qu'on n'apporterait aucun obstacle
à notre action, quel qu'en fût le caractère, et s'agît-
il même d'une annexion ». Les protestations de la
Turquie tombèrent au milieu de l'indifférence
générale et ses velléités d'armements devant l'attitude résolue de la France.

En Italie, le président du Conseil, M. Cairoli,
n'avait pas tenu compte des déclarations très nettes
de notre ambassadeur, le marquis de Noailles, et
s'était fait des illusions singulières sur l'attitude
des autres puissances. Devant le mécontentement
de la Chambre italienne, il démissionna, reprit le
pouvoir après une quinzaine de jours, puis se retira
définitivement quand la situation fut complètement éclaircie.

Le corps expéditionnaire se composa de 31 000 hommes : 23 000 envoyés de France, 8 000 pris dans les troupes d'Algérie (dont cinq bataillons de tirailleurs). Il fut réuni à Soukharas le 20 avril sous les ordres du général Forgemol de Bostquénard, et franchit la frontière le 24. La colonne du nord, commandée par le général Delbecque, devait pacifier le massif de la Kroumirie et marcher sur Tunis ; avec la colonne du sud, le général Logerot opérait dans l'intérieur. M. Roustan n'avait pu obtenir la collaboration des troupes beylicales à ces mouvements, mais elles devaient se retirer devant les troupes françaises, dont la marche imposante ne rencontra qu'une résistance insignifiante.

Le 1er mai, l'escadre de l'amiral Conrad débarquait à Bizerte un corps de 8 000 hommes sous les ordres du général Bréart qui, le 8, se dirigea sur Tunis. Le 11, les forces françaises se concentrèrent devant la capitale.

Le 12, M. Roustan, qui n'avait cessé de montrer une décision et un sang-froid admirables, demanda au bey une audience pour le général Bréart, qui fut reçu avec une certaine hésitation, bien compréhensible. Le général présenta au bey le traité rédigé à Paris, qui plaçait la Régence sous le protectorat français, et le souverain y apposa son cachet dans la journée. La mise en scène dans ses moindres détails et le texte du traité qui forma depuis lors la charte de la Tunisie, avaient été arrêtés à Paris par le baron de Courcel, qui nous

a appris dans quelles conditions il avait obtenu
l'assentiment du gouvernement :

Il s'agissait de rédiger les instructions que Roustan
aurait à communiquer au général Bréart. Je trouvai
Ferry et Barthélemy Saint-Hilaire dans le cabinet de
celui-ci, et assez embarrassés... Ces messieurs me deman-
dèrent de tenir la plume et je m'assis au bureau du ministre, dans le fauteuil de Guizot et de Drouyn de Lhuys,
pour dresser les instructions qui devaient donner Tunis
à la France, pendant que Ferry et Barthélemy Saint-Hilaire, dans une agitation visible, arpentaient ensemble, à
grands pas, le cabinet ministériel. Je commençai d'écrire,
me dictant tout haut, à moi-même, chaque phrase et
entraînant l'assentiment des deux ministres : ce ne fut
pas sans avoir à vaincre encore quelques résistances.

Il leur semblait énorme que l'on prescrivît au général
Bréart de débarquer avec une escorte armée et en
nombre, d'éviter tout esclandre, il est vrai, mais d'en-
tourer silencieusement le château de Ksar Saïd, résidence du bey, puis de se présenter devant Son Altesse
à l'heure de l'audience demandée d'avance par Roustan,
de parlementer avec Elle, en lui témoignant tous les
égards, tous les respects possibles, de lui soumettre le
projet de traité, comme seul moyen de mettre fin aux
malentendus, et, en cas de dénégation, de révéler la
présence des troupes ; enfin, si les refus persistaient, de
déclarer au bey qu'il cessait de régner et que l'héritier
du trône, dont nous nous étions assuré le concours, était
appelé à sa place. Cette procédure sommaire, aux moyens
extrêmes de laquelle il ne fut d'ailleurs pas besoin de
recourir, nous était imposée par la force des circonstances... Que de complications pouvaient naître d'ater-
moiements qui exposeraient peut-être à une trop forte
épreuve les bonnes volontés sur lesquelles nous comp-
tions ! Engagés dans l'affaire, si nous hésitions à la terminer, nous risquions de tout perdre.

Enfin, M. Barthélemy Saint-Hilaire signe la dépêche. Le télégraphe l'emporte à Tunis et les événements se déroulent comme il avait été prévu...

Le traité fut approuvé à la Chambre par 430 voix contre une, à l'unanimité au Sénat. Mais l'opposition ne désarmait pas et ces opérations si bien conduites à tous égards étaient l'objet de critiques systématiques et d'intarissables plaisanteries. Le déploiement de gros effectifs avait amené une soumission à peu près sans combat, et l'on se demandait pourquoi tant de troupes contre si peu d'ennemis. Un des résultats obtenus par l'expédition était la protection des entreprises françaises en Tunisie, construction de chemins de fer et de ports, mise en valeur du terrain : la malveillance prétendit que le but même de notre action était, avant tout, financier, et que la décision avait été achetée. On critiquait l'intendance, l'organisation, le commandement. Le chiffre des pertes par maladie était élevé, mais la fièvre typhoïde est, dans l'Afrique du Nord, une maladie militaire que nos troupes y ont introduite et elle les y a ravagées en Algérie, en Tunisie et plus tard au Maroc, jusqu'à ce que nos médecins militaires aient trouvé le sérum préventif qui en protège l'homme sous tous les climats. Aussi le gouvernement est-il pressé d'en finir avec la question tunisienne. Il commit la faute de réduire prématurément l'effectif du corps d'occupation à 15 000 hommes. Il faut d'ailleurs constater que cette faiblesse eut comme conséquence un redoublement de critiques, cette fois justifiées.

contre son imprévoyance, et qu'elle augmenta encore l'impopularité de l'entreprise : le président du Conseil devient *Ferry le Tunisien*, comme il sera plus tard *Ferry le Tonkinois*.

Aussitôt la résistance s'organisa. Elle partit du sud, où l'action des troupes françaises n'avait pas eu le temps de se faire sentir, gagna Gabès et Sfax, puis la ville sainte de Kairouan. En même temps, la situation empirait en Algérie. Le gouvernement nomma le général Saussier commandant du 19e corps à Alger, qui envoya la colonne Négrier mettre fin à l'insurrection des Ouled sidi Cheik et à celle de Bou Amama, et qui prépara en même temps des opérations actives en Tunisie. L'amiral Garnault va bombarder Sfax et le prend d'assaut. Gabès est emporté ; l'escade française se montre sur toute la côte. Mais l'intérieur reste troublé. Le gouvernement a compris sa faute et médite de la réparer, mais il lui faut attendre les élections avant d'agir.

La Chambre est élue le 4 septembre. Aussitôt, la nouvelle expédition s'organise. Elle disposera de 50 000 hommes, assurés par la création d'un bataillon de marche dans 84 régiments de la métropole ; cet artifice laissait intacte la mobilisation. La concentration est achevée à la fin de septembre, et c'était bien tard, car depuis trois semaines l'aqueduc de Tunis était coupé et les trains arrêtés sur la ligne ferrée entre Bône et Tunis.

Le général Saussier prend comme objectif la ville sainte de Kairouan, fondée par Sidi Okba. Une colonne part de Tebessa, dans la province de Constantine, le 16 octobre, sous les ordres du général Forgemol ; une autre de Tunis le 17, sous le commandement du général Logerot ; une troisième colonne de Sousse, avec le ravitaillement de l'ensemble, commandée par le général Étienne. Le 26 au matin, la colonne de ravitaillement arrive la première devant Kairouan ; ses cavaliers reconnaissent la ville sainte et font le tour de l'enceinte crénelée qui domine au loin la plaine dénudée : les portes sont fermées, mais la garnison paraît fort tranquille. Un interprète s'approche et frappe une porte du pommeau de son sabre ; la porte s'ouvre, le drapeau blanc est hissé, la ville se rend sans conditions. Le général Saussier arrive dans l'après-midi avec la colonne de Tunis, le général Forgemol le lendemain avec la colonne de Tebessa.

Le grand coup était porté : ce grand déploiement de force organisée avait suffi. Les colonnes volantes parcourent ensuite toute la Régence sans rencontrer de résistance. Quelques bandes sont rejetées dans le territoire turc de Tripolitaine, d'où elles harcèleront encore longtemps les postes du sud, mais elles sont sans communication avec l'intérieur, et à la fin de l'année la Régence est entièrement soumise.

En résumé, c'est l'occupation de Chypre par l'Angleterre qui l'a amenée à faire envisager à la France l'occupation de la Tunisie. L'hésitation du gouvernement français a duré près de quatre ans ; elle était motivée par l'état de l'opinion publique.

Il a fallu l'action tenace du baron de Courcel pour
la faire cesser en France ; les querelles du consul
italien à Tunis et les incursions des Kroumirs
ont déclenché le mouvement que M. Jules Ferry
a osé décider.

La première opération militaire a été bien préparée et bien exécutée. Le gouvernement a commis
une faute en réduisant prématurément les effectifs ;
il a accru son impopularité au lieu de la faire cesser
et il a dû ensuite agir avec des forces beaucoup
plus considérables. Le choix d'un chef énergique et
expérimenté a assuré le succès complet de cette
seconde expédition.

*
* *

Le traité du Ksar Saïd ou du Bardo, qui a ins-
titué le protectorat français sur la Tunisie en
mai 1881, reste encore sa charte constitutionnelle ;
le bey règne et les troupes françaises occupent et
protègent ses États, la France garantit l'exécution
des traités passés antérieurement avec les puissances
étrangères et assure la représentation diplomatique
à l'extérieur. Le résident général est l'intermédiaire
entre le gouvernement français et les autorités
tunisiennes « pour toutes les affaires communes
aux deux pays. » Enfin, l'article VII a spécifié que
« les deux gouvernements fixeront, d'un commun
accord, les bases d'une organisation financière de
la Régence qui soit de nature à assurer le service de
la dette publique et à garantir les droits des créan-
ciers de la Tunisie. » Le traité a été complété, ou

plutôt expliqué, en 1883, par une convention maintenant l'administration indigène, sous réserve d'un contrôle exercé par l'autorité française.

Le résident général, représentant de la France, est le ministre des Affaires étrangères du bey et président du Conseil des ministres et chefs de service ; il est assisté d'un haut fonctionnaire des Affaires étrangères délégué à la Résidence générale ; le général commandant la division d'occupation est ministre de la Guerre, le vice-amiral préfet maritime de Bizerte est ministre de la Marine ; ils sont sous la direction du Résident général ainsi que tout le personnel métropolitain. Le directeur des finances est Français, ainsi que les directeurs de services qui n'existaient pas dans l'ancienne organisation tunisienne : travaux publics, enseignement, agriculture. Le premier ministre tunisien réunissait sous sa direction l'Intérieur et la Justice ; il a fallu tolérer longtemps cette confusion des pouvoirs exécutif et judiciaire, qui répugne à l'ordre européen, mais qui est bien dans l'esprit du Coran ; comme elle a dans la société musulmane encore plus d'inconvénients que dans la nôtre, le Résident général actuel a réussi à la faire cesser sans heurt et a ensuite supprimé le secrétaire général français qui tenait dans sa main toutes les affaires indigènes, non sans quelques inconvénients assez sérieux. La magistrature française assure la justice à nos nationaux et aux nationaux étrangers.

Auprès des fonctionnaires tunisiens et des chefs arabes, un corps de contrôleurs civils français s'assure que l'administration du pays applique les décrets du bey et les ordres de l'autorité supérieure et veille discrètement au maintien de l'honnêteté financière et des lois de l'humanité. Cette tâche délicate est fort bien remplie.

A toutes les époques, la nécessité de consulter les négociants français s'est imposée dans les ports étrangers, et dès 1577 les dix principaux d'entre eux se réunissaient en « Assemblée du corps de la nation » toutes les fois que le consul jugeait à propos de les convoquer « pour le bien général et particulier ». Chaque année, ils élisaient un « député de la Nation », de compétence très étendue, véritable adjoint permanent du consul, qui l'accompagnait aux audiences du bey « dans toutes les occasions utiles ». Cette organisation existait d'ailleurs dans toutes les échelles de Barbarie comme dans celles du Levant, et on saisit toute l'autorité et toute la compétence qu'elle conférait au représentant du roi de France.

« L'Assemblée du corps de la nation » persista après l'établissement du protectorat. Mais le nombre de nos nationaux et la diversité des affaires traitées la rendit bientôt insuffisante. Le ministre-résident Cambon la remplaça à Tunis par une chambre de commerce. Le développement de la colonisation amena la création successive d'autres chambres de commerce, puis de chambres d'agriculture, de chambres mixtes réunissant les deux attributions, enfin d'une chambre des intérêts miniers.

En 1892 les délégués de ces chambres formèrent

une commission consultative, à laquelle s'adjoignirent en 1896 les chefs de service et des membres élus par la délégation des électeurs non commerçants et non industriels, qui n'étaient pas encore représentés. En 1905, les membres furent élus par le suffrage universel direct, et en 1907 un décret introduit dans la conférence consultative une section indigène de seize membres, dont un israélite, choisi par le résident général. En même temps, la commission consultative, dont le rôle se limitait à des avis sur les questions d'intérêts divers qui pouvaient lui être soumises par le résident général, vit ses attributions singulièrement augmentées par l'examen du budget qui lui fut obligatoirement soumis. Sans doute, la commission consultative n'était pas une assemblée politique et ses votes ne comportaient aucune sanction obligatoire ; mais le fait d'être appelée à délibérer et à donner son avis sur l'assiette de l'impôt et sur les dépenses publiques la faisait collaborer directement avec le gouvernement de la Régence.

Avant d'être transmis au quai d'Orsay, les avis de la commission consultative étaient soumis à un *Conseil supérieur du gouvernement* qui se compose des ministres et de six délégués choisis par la commission, trois français et trois indigènes.

Mais la commission consultative ne tarda pas à réclamer de nouvelles prérogatives ; tous les partis politiques, toutes les chambres de commerce et d'agriculture dont elle était sortie appuyaient ses revendications. D'autre part, le temps faisait son œuvre ; les loyalisme montré par le populations indigènes pendant la grande guerre et leur conduite sur les champs de bataille obligeaient à envisager la possibilité de leur conférer des droits politiques, et par conséquent l'urgence s'imposait de commencer leur éducation à cet égard. En juillet 1922, une série de décrets donnèrent de larges satisfactions à ces vœux en même temps qu'au besoin de décentralisation qui s'était fait sentir.

A la base, d'abord, 59 centres urbains ou communes jouissaient d'une certaine autonomie administrative, d'un budget géré par leurs mandataires ; mais rien n'existait pour les populations agricoles ou pastorales dont le territoire entoure ces communes. Les 29 caïdats de la Régence (les territoires du Sud exceptés) ont reçu *un conseil de caïdat*, conseil rural dont l'organisation laisse intacte celle des municipalités déjà existantes. Ce sont les notables de chaque sous-circonscription (cheikat) qui élisent deux d'entre eux, pour former cette assemblée, qui se trouve ainsi composée de 30 à 50 membres. Le caïd la préside, assisté du contrôleur civil. Le conseil de caïdat examine toutes les questions d'intérêt local, routes, forage des puits ou captage des sources, culture et élevage, hygiène, assistance publique, etc... Il examine les moyens financiers — centimes additionnels, taxes spéciales — qui permettent les améliorations dont bénéficierait le district. Il donne son avis sur les questions qui lui sont soumises par le gouvernement.

Réforme de capitale importance, les ruraux indigènes sont conviés à choisir parmi eux leurs représentants, et ces conseils, uniquement composés d'indigènes, avec le seul contrôleur civil pour guide, vont donc discuter de leurs affaires, prendre contact avec les nécessités, ne plus compter uniquement sur le beylick ou le doula ; constatons, d'autre part, que le produit de l'impôt est employé dans l'intérêt général.

Les caïdats ont été groupés en cinq régions : Bizerte, Tunis, le Kef, Sousse et Sfax, qui ont été dotées chacune d'un *conseil de région*, dont les membres sont élus par les conseils de caïdats et les municipalités et les chambres d'agriculture et de commerce. Chaque conseil se compose de 21 membres, 11 Français et 10 indigènes. Il joue dans la région le même rôle que le conseil de caïdat dans son district ; il peut donc se créer des ressources nouvelles et les répartir ; il répartit aussi les crédits sur le budget de l'État, qui y sont inscrits par région. Il peut, en outre, contracter des emprunts.

La Commission consultative est remplacée par le *Grand Conseil*, composé de deux sections. La section française est formée de 44 membres : 21 délégués économiques désignés par les Chambres de commerce et d'agriculture, 23 délégués élus au suffrage universel par région, au scrutin de liste. Les pères d'au moins quatre enfants disposent d'une voix supplémentaire. et cet essai de vote familial mérite d'être signalé : trop modeste pour être efficace, cette disposition paraît prise à titre d'indication en faveur des familles nombreuses, particulièrement nécessaires en Tunisie, mais elle devra être complétée.

La section indigène se compose de 18 membres, dont 3 israélites : 10 sont élus par les conseils de région à raison de deux par conseil, 4 sont désignés par les Chambres économiques indigènes, 2 par les communautés juives, 2 choisis par le gouvernement parmi les notables des territoires militaires. Dans cette section, il faut le signaler, ce sont les indigènes ruraux qui désignent pour les trois quarts les membres du grand conseil.

Le grand conseil garde le même caractère que la commission consultative qu'il a remplacée : il examine tout le budget, sauf quelques chapitres réservés, comme la liste civile du bey et les crédits particulliers de la Résidence générale, mais il ne le vote pas. Le ministre des Affaires étrangères de la métropole a gardé le privilège de la dernière approbation, avec les amendements qu'il peut juger convenables. En outre, les décisions du conseil sur les questions de sa compétence deviennent obligatoires si les deux sections votent de même, et l'administration est tenue de répondre à ses questions et de discuter ses vœux au lieu que les questions et les vœux de la commission consultative n'étaient souvent suivis d'aucun effet.

Par les décrets de juillet 1922, le protectorat, sans quitter le caractère qu'il tient du traité du Bardo, s'engage résolument dans la voie des réformes ; il amorce la décentralisation et il commence l'éducation civique des indigènes.

*
* *

Si nous comparons sommairement la situation actuelle de la Régence et son état au moment où s'est établi le protectorat, nous prenons une idée du chemin parcouru et des progrès réalisés.

En 1881, les entreprises françaises géraient les 260 kilomètres de chemins de fer construits par elles et par les entreprises italiennes. Avant la grande guerre, la Tunisie disposait de 1 900 kilomètres de voies ferrées ; la grande guerre a arrêté les travaux à peu près complètement, et n'a permis que la continuation de quelques voies : en 1918, le réseau s'étendait sur 2 000 kilomètres. Le dernier emprunt consacre 141 millions à son achèvement.

Au moment de l'établissement du protectorat, 4 kilomètres de routes mettaient en communication le palais du Bardo, résidence du Bey, avec Tunis, sa capitale. Il y a maintenant 4 200 kilomètres ; l'achèvement du réseau routier, dont l'importance s'accroît par le développement de la circulation et des transports automobiles, exigerait 2 400 nouveaux kilomètres, sur lesquels 750 sont en construction.

Les lignes télégraphiques s'allongent sur 5 000 kilomètres, portant 10 000 kilomètres de fil. Le fil téléphonique a 4 300 kilomètres. Le service postal satisfait largement à tous les besoins ; il a délivré en 1920 plus de onze cent mille mandats, d'une valeur totale de 315 millions. Les colis postaux, dont les indigènes font grand usage, ont dépassé en 1920 le nombre de 630 000, pesant 5 millions de kilogrammes, et valant plus de 40 millions.

Le service des eaux se limitait en 1881 à l'alimentation de Tunis ; il dessert maintenant 40 villes ; une centaine de points d'eau ont été organisés sur les routes, avec des barrages et des puits artésiens pour les irrigations nécessaires à l'agriculture.

Les grands ports de Tunis, Bizerte, Sousse et Sfax ont été aménagés par d'importants travaux ayant coûté 24 millions et demi ; un million a été dépensé à l'aménagement des ports secondaires. La côte est entièrement balisée et éclairée. Les communications maritimes avec l'Algérie et le cabotage sont convenablement assurés.

Après avoir examiné sommairement l'outillage économique et les moyens de transport, jetons un coup d'œil sur la situation agricole.

Les céréales restent la principale culture de la Tunisie, et couvrent plus d'un million d'hectares, dont 125 000 appartiennent à des Européens. La grande colonisation française a rendu en Tunisie l'important service d'augmenter du simple au triple le rendement de l'hectare, et d'assurer des récoltes même pendant les années de sécheresse. Pour obtenir ces résultats, il a fallu des études approfondies et des expériences multipliées sur de vastes espaces. L'espèce convenable à chaque terrain et à chaque climat a été déterminée, les semences sélectionnées, les appareils modernes introduits (charrues, herses, rouleaux) ; les façons à donner au sol très différentes selon sa nature, les engrais, le roulement nécessaire entre les cultures pour conserver à la terre sa fertilité et éviter les inconvénients de la sécheresse... comment demander tout cet ensemble et surtout comment l'attendre de l'indigène, qui a même perdu la tradition de la saine agriculture introduite en Tunisie par les Maures émigrés d'Espagne? Les machines modernes et l'assolement quadriennal ne sont pas encore à sa portée.

Le blé tunisien est un des meilleurs du monde ; comme on le moissonne en juin, il arrive sur le marché français au moment où la récolte de l'année précédente est épuisée et avant la récolte de l'année courante. Sur une production qui varie entre un million et demi et trois millions de quintaux, la France importe de 200 000 à 300 000 quintaux — qui concurrencent avantageusement le blé d'Amérique. — Mais la Tunisie reste déficitaire et doit réimporter environ 400 000 quintaux par an, venant actuellement d'Amérique. Il y a donc grand avantage à augmenter sa production et à développer les procédés de culture qui ont fait leurs preuves : c'est par le développement des connaissances chez les indigènes, par la formation de sociétés coopératives agricoles, par la création d'écoles, qu'on pourra y arriver.

En 1881, la vigne ne couvrait que 1 700 hectares,

qui produisaient surtout du raisin de table ; elle
s'étend actuellement sur plus de 23 000 hectares et
augmente sa superficie de 800 ou 900 hectares
chaque année. Pendant les dernières années, la production a été en moyenne de 500 000 hectolitres,
dont la France consomme environ la moitié. Quelques crus de vin blanc sec et de muscat tranchent
seuls sur cette production d'une bonne qualité
courante.

L'ancienne province proconsulaire, la Tunisie
actuelle, était couverte d'une forêt d'oliviers. Les
premières invasions arabes chevauchèrent sous leur
ombre de Gabès à Gafsa. Mais les Arabes hilaliens en détruisirent la plus grande partie : dans
la région de Sbeïtla, par exemple, qui comptait
40 000 habitants et 400 000 oliviers, on ne trouve
plus que quelques centaines de pasteurs.

Les Maures andalous replantèrent environ 3 millions de pieds ; les plantations reprirent vers Sfax
au milieu du dix-huitième siècle. Bref, à l'établissement du protectorat, 7 millions d'oliviers
ombrageaient 170 000 hectares. La colonisation française a étendu largement les olivettes, qui comptent
12 millions d'arbres plantés sur 300 000 hectares.
Les deux tiers seulement sont en plein rapport, et
les plantations continuent, en sorte que la récolte,
qui produit environ 250 000 quintaux d'huile,
augmentera certainement ; la moitié de ces huiles
sont importées en France. Très soigneusement
préparées, elles sont de qualité exceptionnelle.
Comme l'olivier ne commence à rapporter qu'à

sa dixième année, cette culture nécessite une mise de fonds assez importante. Elle est très rémunératrice : on calcule qu'en moyenne un arbre d'une vingtaine d'années rapporte 35 francs et vaut 300 ou 400 francs.

Il existe en Tunisie 75 000 chevaux, 30 000 mulets et 160 000 ânes, 540 000 bœufs, deux millions de moutons, 300 000 chèvres, 19 000 porcs. Mais il semble qu'on pourrait tirer meilleur parti de l'élevage, qui ne donne qu'une exportation assez irrégulière, dont la valeur ne dépasse pas le total de 7 à 8 millions.

La pêche fait vivre 5 000 Italiens et 7 000 Tunisiens ; elle donne naissance à un commerce assez important de poissons séchés et de conserves.

L'exploitation des mines est dès maintenant une des plus importantes richesses de Tunisie, et paraît appelée à un développement très considérable. Les phosphates tiennent la tête avec une extraction totale, de 1896 à 1921, de 22 millions de tonnes, dont la valeur dépasse le demi-milliard. Leur découverte date de 1885 et elle est due à un vétérinaire principal de l'armée, M. Philippe Thomas. C'est seulement en 1893 que le Protectorat fit appel à l'industrie privée pour leur mise en valeur, et en 1895 que fut créée la compagnie des phosphates et des chemins de fer de Gafsa. La richesse de ce gisement est pratiquement indéfinie, et l'extraction n'est limitée que par l'état du marché mondial et de la main-d'œuvre. L'emploi des phosphates dans l'agriculture s'étend de plus en plus ; l'excellente qualité des phosphates tunisiens et les conditions très économiques de l'exploitation font de cette entreprise une source très importante de richesses pour la Tunisie. Dès maintenant ses redevances rapportent, chaque année, au budget plus d'un million. Cinq autres gisements sont en exploitation.

Le fer, le plomb et le zinc se rencontrent en de nombreux endroits ; le cuivre et le manganèse sont plus rares. Des mines sont ouvertes et ont donné déjà 6 millions de tonnes de minerai, valant 350 millions de francs.

L'œuvre économique du protectorat peut s'exprimer par deux chiffres : en 1881, le commerce extérieur de la Tunisie était de 23 millions ; en 1922, il dépasse un milliard, dont 60 pour 100 avec la France.

L'œuvre financière se résume de la même manière. Le budget était de 37 millions en 1887 ; il s'est équilibré chaque année en laissant des excédents de recettes souvent considérables, et il était en 1921 de 246 millions.

Au point de vue intellectuel et moral, des efforts ont été tentés, qui demandent aujourd'hui à être complétés. L'instruction publique et l'assistance médicale sont l'objet d'un effort constant. Tous les enfants peuvent recevoir une bonne instruction secondaire. Le nombre des enfants des écoles primaires est de 47 000, instruits par des maîtres français, avec quelques adjoints indigènes. Les écoles coraniques ont 21 000 élèves, mais elles

échappent au contrôle des fonctionnaires français :
il serait souhaitable que l'enseignement du français
y devînt obligatoire, et quand l'École normale aura
formé un nombre suffisant d'instituteurs, on pourra
le demander, tout en évitant de paraître s'im-
miscer dans cet enseignement dogmatique. L'enseignement professionnel semble insuffisamment
assuré. Aux Européens comme aux indigènes, il
manque des écoles d'agriculture avec un terrain
d'expériences qui permettent de former un personnel de direction qui serait si utile à l'amélioration
des procédés de culture, surtout pour les indigènes.

L'assistance publique a eu pour objet au début
du protectorat de prendre contact avec la population indigène et de lui témoigner la sollicitude
de la nouvelle administration : d'où le grand développement des infirmeries indigènes et des dispensaires de l'intérieur, qui ont plus tard pris le
nom d'hôpitaux, sans disposer des moyens matériels
qui justifieraient cette appellation. En Tunisie,
il n'existe guère comme hôpitaux réellement com-
plets que l'*hôpital civil français* (360 lits) et l'hôpital
Sadiki (250 lits), et c'est tout à fait insuffisant. Tout
un plan d'organisation est à l'étude, mais dès maintenant l'assistance médicale a un grand effet moral
sur les indigènes. En ce qui les concerne, il reste à
créer les écoles de sages-femmes et à répandre les
notions de puériculture qui diminueraient la mortalité infantile des indigènes, aujourd'hui très
inquiétante.

Le service militaire obligatoire avait été proclamé en Tunisie en 1837 et organisé en 1860 par une mission militaire française : il existe d'ailleurs dans tous les pays musulmans, et cette obligation n'a rien d'incompatible avec le Coran, bien au contraire ; et à ce propos, on doit rappeler qu'il a fallu la guerre mondiale pour faire tomber les difficultés que son application suscitait en Algérie, et qu'au Maroc, où ces difficultés ne se présentent pas, nous reculons devant cette nécessité avec une singulière faiblesse. La présence sous nos drapeaux donne aux indigènes la connaissance de notre langue et de nos idées ; une instruction bien comprise peut faire de l'ancien tirailleur un utile agent de la civilisation européenne. La Tunisie a donné à la France pendant la grande guerre 63 000 soldats dont 10 500 ont été tués. Cette perte d'un septième est la même que pour les troupes européennes de la France : tous ont lutté avec le même courage (1).

*
* *

Si nous considérons dans son ensemble l'œuvre de la France en Tunisie, nous constatons qu'elle n'a pas failli au mandat qu'elle avait assumé : elle est vraiment la nation protectrice. Les progrès accomplis sont indéniables, éclatants. Ils font honneur

______

(1) Il ne faut pas prolonger cette comparaison et dire que la Tunisie a fait les même sacrifices que la métropole, qui a mobilisé 20 pour 100 de la population et perdu 1 habitant sur 28, alors que la Tunisie a mobilisé 3 pour 100, et perdu 1 homme sur 200 habitants.

aux administrateurs et aux colons qui les ont réalisés. Leur œuvre, comme toutes les œuvres coloniales, a été l'objet de critiques violentes, systématiques, et la calomnie ne les a pas épargnés. L'autre danger colonial, peut-être pire, c'est la louange hyperbolique, l'optimisme officiel et officieux, dont l'encens, même fort grossier, endort les administrations les plus vigilantes ; heureusement, une critique avertie l'a écarté de la Tunisie (1). Après avoir dit le bien réalisé, il faut exposer le mieux qui reste à faire ; après avoir retracé la très bonne situation de la Régence, il faut signaler les dangers qui peuvent la menacer et les moyens qui s'offrent d'y parer.

Tout d'abord, le développement de l'instruction agricole doit augmenter beaucoup le rendement de la terre. La création d'écoles d'agriculture et de champs d'expériences doit permettre aux indigènes de tirer du sol une moisson à peu près égale à celle des propriétés européennes, aux colons français d'augmenter encore l'efficacité de leurs procédés. La décentralisation, qu'a annoncée l'organisation des caïdats, doit obtenir ce résultat.

Il est surprenant que la Tunisie ne produise que la moitié des fruits qu'elle consomme, alors que son climat et son sol conviennent aux meilleurs espèces : des essais concluants le montrent.

La Tunisie ne peut importer en franchise dans

(1) Lire notamment *La Tunisie après la guerre*, par Rodd Balek, publication du Comité de l'Afrique française, qui l'a inséré dans sa Revue en 1919-1921.

la métropole qu'une certaine quantité de produits :
cette barrière douanière a fait son temps. Les brèches
qui lui ont été faites en 1896 ont fait passer de
12 pour 100 à 60 pour 100 la proportion du commerce
métropolitain dans le total de son commerce extérieur ; or, en Algérie, cette proportion est de 80 pour
100. En appliquant les mêmes méthodes, on
arriverait certainement au même résultat, également souhaitable pour la France et pour la Tunisie.
Allons plus loin. Que le même régime fiscal soit
appliqué aux deux pays, et la barrière douanière
entre l'Algérie et la Tunisie sera supprimée : toutes
deux en bénéficieront très largement. S'ils dépendaient du même ministère, cette suppression se
serait imposée depuis longtemps. Faudrait-il en
conclure que le ministère de l'Afrique du Nord est
devenu indispensable?

La grande colonisation a rendu en Tunisie des
services inappréciables, que seule elle pouvait
rendre parce que seule elle disposait des capitaux et
des larges espaces nécessaires à tous les essais. Son
maintien est nécessaire, et son développement
souhaitable. Mais il y a place à côté d'elle pour cette
petite colonisation qui, à travers beaucoup de
vicissitudes, a procuré à l'Algérie des groupements
français suffisamment compacts pour assimiler
les colons étrangers et donner à la prédominance
française les solides points d'appui qui assurent
son avenir. La petite colonisation y commença
avec la conquête ; elle marcha du même pas, surtout avec Bugeaud, si fier d'avoir triplé le nombre

des colons français en trois ans de gouvernement (1).
Interrompue de 1860 à 1871, elle reprit immédiatement après la guerre. De 1871 à 1895, elle installa
sur 640 000 hectares, 13 300 familles formant une
population de 54 000 Français. Rien de pareil en
Tunisie ni au Maroc.

La collaboration de l'élément indigène est à
développer par tous les moyens. L'instruction est
le premier de tous, mais il n'est pas le seul, et son
emploi exclusif et maladroit formerait des déclassés
et des mécontents et irait à l'encontre du but à
atteindre : l'union de tous pour le bien général. La
connaissance du français par les indigènes, la connaissance de l'arabe par les Européens, doivent
être poursuivies concurremment : il faut d'abord se
comprendre. Mais pour travailler ensemble, l'instruction doit avoir un but pratique, professionnel,
qui n'exclut d'ailleurs nullement la culture supérieure pour quelques individus d'élite qui viendront suivre les cours de nos Universités en France.

Les décrets de juillet 1922 vont préparer les
indigènes à l'exercice de leurs droits politiques en
les faisant délibérer sur leurs intérêts immédiats ;
c'est le maximum de ce qui était possible dans leur
état actuel ; peut-être aurait-on pu entrer dans cette
voie beaucoup plus tôt, mais il serait déplorable
d'essayer de rattraper le temps perdu en doublant
les étapes. Le parti *jeune tunisien* paraît s'en rendre

---

(1) Le maréchal Bugeaud le constatait en 1844 dans un
discours prononcé au banquet que le commerce de Marseille
offrit au vainqueur de l'Isly.

compte. Le mouvement pour réclamer le *destour*, une constitution basée sur le suffrage universel égal pour tous avec assemblée souveraine et gouvernement responsable devant elle, a troublé un moment le pays à la suite des agissements où la main de l'étranger s'est trop évidemment montrée. Le tempérament tumultueux et anarchique du Berbère n'est pas en état de supporter sans adaptation l'usage de la liberté ; sous l'empire romain, l'hérésie des Circoncellions a semé l'Afrique de ruines et d'effroyables massacres ; plus tard, l'hérésie musulmane des kharédjites amena les mêmes conséquences ; les querelles politiques produiraient le même résultat, à moins que des marabouts fanatiques ne suppriment toute discussion politique pour ramener une fois de plus la pure doctrine, avec des ruines plus complètes et des massacres plus épouvantables. La Tunisie a besoin, pour longtemps encore, d'un principe d'autorité indiscutable ; sa dynastie est devenue nationale, puisque le souverain actuel est le dixième de sa race, et la puissance protectrice doit continuer à montrer sa force afin d'enlever toute tentation aux éléments de désordre.

L'Afrique septentrionale contient 12 millions d'habitants, dont un million d'Européens, sur lesquels 700 000 sont Français.

Dans le département d'Oran on trouve 10 Français en face de 5 Européens étrangers et de 46 indigènes.

Dans le département d'Alger, 10 Français en face de 2 Européens étrangers et de 77 indigènes.

Dans le département de Constantine, 10 Français en face de 2 Européens étrangers et de 170 indigènes.

En Tunisie, 10 Français en face de 20 Européens étrangers et de 380 indigènes.

Au Maroc, 10 Français en face de 20 Européens étrangers et de 1580 indigènes.

Sans doute, les situations ne sont pas comparables, car la conquête de l'Algérie a été terminée depuis 1857 ; l'occupation de la Tunisie date de 1881 et la conquête du Maroc Sud, qui marque l'étape décisive dans l'empire chérifien, est de 1912. Mais le peuplement, qui commence seulement à entrer dans nos préoccupations en Tunisie, aurait dû marcher beaucoup plus vite, et il est bien certain qu'il devrait être en très bonne voie au Maroc où s'offraient de grandes facilités.

En Tunisie, la petite colonisation réclame un nombre de concessions plus considérable que celui qui lui est réservé ; les lots, trop peu nombreux, sont distribués aux colons tunisiens en grande majorité ; tout en ne les excluant pas, il faudrait cependant se souvenir que le but est d'attirer de nouveaux émigrants, et par conséquent de leur réserver une place prépondérante, les deux tiers des lots comme en Algérie. Quand il s'agit de favoriser les familles nombreuses, le tour de choix commence à partir de 3 enfants pour les colons tunisiens, et seulement de 6 enfants pour les immigrants français. Il est bien évident que de telles anomalies n'indiquent pas une volonté bien forte de favoriser l'immigration.

La petite colonisation demande évidemment plus
de soins que la grande, surtout dans ses débuts,
mais elle est d'autant plus indispensable que le
peuplement français a été très fortement éprouvé
par la guerre, c'est-à-dire par la crise agricole qui
a suivi l'armistice. A ce moment, le blé avait triplé,
le vin quintuplé, l'huile sextuplé ; ces hauts prix
s'étaient répercutés sur celui de la terre et beaucoup
de colons en ont profité pour vendre et retourner
en France. Les colons italiens avaient été beaucoup moins atteints ; l'Italie, entrée dans la guerre
neuf mois plus tard que la France, n'a mobilisé ses
classes anciennes qu'après Caporetto, et les colons
maltais n'avaient subi aucune perte ; ce sont les
colons étrangers et les indigènes qui ont racheté les
terres désertées par les propriétaires après fortune
faite. Le gouvernement du protectorat, qui aurait
pu s'entremettre, racheter, garder ce domaine à
la colonisation française, est resté complètement
indifférent à ce mouvement, qui s'est produit aussi
en Algérie et en Indo-Chine, bien qu'à un moindre
degré. Le domaine français a ainsi perdu 80 000 hectares sur 540 000, et la grande colonisation l'a
moins bien gardé en Tunisie que la petite colonisation en Algérie. La nécessité de prendre des précautions pour les changements de propriétaires
doit dominer l'attribution des concessions.

D'après le recensement de 1921, la population
de la Tunisie est de 2 millions d'habitants, dont
156 000 Européens, qui comptent 54 500 Français,
85 000 Italiens, 13 500 Maltais. La population fran-

çaise avait augmenté chaque année de 1 500 unités entre 1896 et 1901, de 2 000 par an de 1901 à 1906, de 2 500 de 1906 à 1911. Pendant les années de guerre et d'armistice, elle aurait dû augmenter de 2 500 à 3 000 par an, gagner, par conséquent, 25 000 ou 30 000 de 1911 à 1921 : le gain n'a été que de 8 400. C'est donc un manque à gagner d'une vingtaine de mille.

La population française est de composition très particulière : 36 pour 100 des Français sont nés en Tunisie, 45 pour 100 en Algérie, 18 pour 100 seulement en France. Les mariages mixtes, surtout entre Français et Espagnoles ou Maltaises, sont très fréquents. Il se forme en Afrique septentrionale une race latine très voisine de la nôtre, mais qui tend à se différencier forcément par le mélange des sangs et plus encore par l'influence du milieu (1). La répartition particulière du peuplement français résulte de l'organisation du pays. La nation protectrice contrôle l'administration indigène et assure des services spéciaux ; les fonctionnaires absorbent 25 pour 100 de la population, le commerce 40 pour 100, l'agriculture 13 pour 100 seulement, et c'est le résultat de la grande colonisation.

Le nombre des Italiens, qu'on évaluait parfois comme beaucoup plus considérable — on donnait même le chiffre de 130 000 — paraît bien celui que donne la statistique générale, vérifiée par celle des

----

(1) Voir *le Sang des Races* et *la Cina,* deux beaux romans de Louis BERTRAND.

professions à un millier près. Plus de la moitié de ces Italiens sont nés dans la Régence. C'est surtout la Sicile qui fournit les contingents agricoles, et la Sardaigne des ouvriers mineurs ; travailleurs, économes, ils sont un précieux élément de colonisation. Les israélites de Toscane sont nombreux et tiennent d'importantes maisons ; de tout temps, les Juifs livournais ont négocié en Barbarie. Mais beaucoup d'entre eux ne sont Italiens que depuis un temps relativement très court. Pourtant, ils forment la majorité de la Chambre de commerce italienne à Tunis. Plus de la moitié des Italiens sont nés sur le sol de la Régence ; l'arrêt des grands travaux pendant la guerre a suspendu l'immigration des ouvriers, et ce fait a diminué de 3 000 environ l'ensemble des nationaux italiens.

La question italienne ou sicilienne se pose forcément en Tunisie, du fait de la prépondérance numérique de ces éléments. Deux facteurs extérieurs la font paraître, par moments, beaucoup plus difficile qu'elle n'est sur place. D'abord les rapports entre la France et l'Italie, que les négociations pour le traité de Versailles ont inutilement tendues, d'où l'idée de certains ministères italiens de montrer les moyens d'action dont ils disposaient pour créer à la France des difficultés. Obligés de céder sur des points qu'ils considèrent comme essentiels pour leur pays, ces gouvernants voulaient donner quelques satisfactions aux nationalistes intransigeants, qui affirment que la Tunisie est une colonie italienne gouvernée par des Français et réclamaient

volontiers toute l'Afrique du Nord, en même temps
que la Corse, Nice, etc... D'autre part, en traitant de multiples questions, les gouvernants français jugeaient utile de faire au gouvernement de
Rome quelques concessions qu'ils jugeaient sans
importance et cédaient sans trop de difficulté
sur des points pourtant essentiels, comme celui de
la naturalisation pour les petit-fils d'Italiens nés
en Tunisie, de pères également nés en Tunisie.

Un mouvement un peu factice s'est organisé à
ce propos. On a parlé d'un *Parliamento* qui réuni-
rait les représentants des 7 ou 8 millions d'Italiens
habitant hors de la métropole pour défendre leurs
intérêts. Le premier examen de la comparaison
entre la façon dont les hôtes sont traités par les
différentes puissances est tout à l'avantage de la
France. En particulier, le *jus solis* est de règle
pour les naturalisations, automatiques presque
partout dès la première génération. J'ai vu les
colonies italiennes de la République Argentine et
j'ai été frappé de leur loyalisme local qui s'allie
avec un patriotisme très sincère. Mais c'est dès
la première génération que les jeunes Italiens nés
en Argentine sont déclarés Argentins et astreints
au service militaire. Nous devons traiter les colons
italiens avec une extrême bienveillance, car ils
rendent d'excellents services et assurent pour une
large part la mise en valeur de la Régence. Ils doivent, à la troisième génération, devenir citoyens de
cette collectivité nouvelle, et les rapports francs et
cordiaux entre les deux sœurs latines doivent ex-

clure toute arrière-pensée. Le gouvernement italien est entre des mains énergiques et son légitime souci de la grandeur romaine est au-dessus de tout soupçon de faiblesse : il n'a plus besoin de cacher des concessions de fond sous des intransigeances de pure forme, nuisibles à la Tunisie, nuisibles aussi aux Italiens de la Régence.

La grande guerre a apporté un nouvel élément de concorde et de fraternité ; tous les anciens combattants sentent et proclament le lien qui les unit. Je me souviens avec émotion de la réception que m'ont faite à Tunis en 1921 mes frères d'armes du Chemin-des-Dames... Ceux-là peuvent marcher leur route, et écouter en souriant les leçons de patriotisme que leur infligent doctement quelques-uns de leurs nationaux...

Tous les colons sentent le bienfait de la force française, de l'ordre latin restauré. Ils savent quels désordres accompagneraient un amoindrissement de l'autorité qui leur garantit la sécurité et le développement de leur œuvre.

Reste la deuxième cause de friction, le voisinage de la Tripolitaine. Dès août 1914, et avant même d'entrer dans la guerre, l'Italie se recueillit et concentra ses forces dans les ports. L'évacuation des postes de l'intérieur fut accompagnée d'insurrections qui forcèrent certaines garnisons à se réfugier en territoire français. La frontière du Sud Tunisien, découverte par ce repli, fut en butte aux invasions des Germano-Turcs et des Senoussistes, et leur résista victorieusement.

A l'armistice, le gouvernement italien pensa pouvoir inaugurer une sorte de gouvernement du pays par les indigènes, d'où le *Statuto*, qui créa une chambre élue au suffrage universel de tous les habitants, sans distinction de race ou de religion. Après une période d'attente et de surprise, les postes italiens furent attaqués, plusieurs des garnisons faites prisonnières ; à la suite d'essais de répression malheureux, il fallut constater l'impossibilité d'appliquer le *Statuto*, et revenir à la période des opérations militaires qui, bien organisées, rétablissent l'ordre en ce moment en Tripolitaine. En somme, sous une forme moderne, ces essais rappellent ceux de l'empire arabe en Algérie, le traité de la Sickat, les tentatives pour organiser l'intérieur de l'Algérie sous le protectorat d'Abd-el-Kader. Ils confirment une fois de plus le principe que les Romains ont reconnu, après les Pharaons d'Égypte : l'occupation restreinte est impossible ; un peuple civilisé, quand il a mis le pied sur un continent barbare, s'avance fatalement jusqu'à ce qu'il rencontre le territoire d'un autre peuple civilisé ou une barrière infranchissable, mer ou désert. Nous ne pouvons que nous réjouir des succès remportés par nos compagnons d'armes de la grande guerre et souhaiter un prompt rétablissement de l'ordre dans la colonie voisine. Devant l'Islam aussi, dans la paix comme dans la guerre, l'unité de front s'impose.

En résumé, la mise en valeur de la Tunisie est en très bonne voie, et dès maintenant elle a cessé d'être au premier plan des préoccupations immédiates. Les progrès de la colonisation, malgré les vicissitudes de la guerre, sont très satisfaisants ; ils réclament une plus large utilisation de l'élément indigène.

C'est le peuplement français et le développement de la petite colonisation qui doivent être l'objet de toutes les sollicitudes.

III

Le Maroc forme le versant atlantique de l'Afrique septentrionale. Trois chaînes de montagne sensiblement parallèles à la côte — moyen Atlas — grand Atlas — petit Atlas — le séparent du Sahara et de l'Algérie. D'où l'unité de ce pays, d'où son histoire. La Tunisie, qui lui semble symétrique dans la Berbérie, est accessible de partout, par ses côtes accueillantes sur la plus belle des mers et par toutes les routes qui sillonnent ses plaines ; seule la trouée de Taza, la route de Fez à Oudjda, ouvre la porte du Maroc, défilé encaissé entre des montagnes abruptes ; la côte atlantique est inhospitalière, et borde l'immense océan redouté des anciens navigateurs. Aussi la race berbère, mélange initial de beaucoup d'autres, n'a-t-elle subi que peu des contacts si nombreux, quelques-uns si profonds, qui ont marqué dans l'antiquité le reste du Moghreb.

Les Carthaginois y eurent quelques comptoirs, *Tengris*, qui est maintenant Tanger, et *Sala* le

(1) Conférence prononcée à la *Société des Conférences*, le 7 mars 1923.

Salé qui est en face de Rabat. Les Romains ont colonisé en partie la Maurétanie tingitane, mais ils ont évité la montagne et se sont arrêtés dans le Sud aux environs de Rabat : leur capitale Volubilis présente des ruines dignes du peuple-roi, mais on recherche vainement dans le reste du Maroc les traces imposantes que leur longue domination a laissées en Tunisie et en Algérie. Les Byzantins n'occupèrent que Tanger et Ceuta.

Au septième siècle, la première incursion arabe s'étend sur toute l'Afrique septentrionale, mais il en reste peu de traces. Au huitième, les Arabes reviennent ; ils ne montent pas dans la montagne, mais l'Islam en commence l'ascension. A la turbulence des nouveaux convertis, ils donnent en aliment l'Espagne à conquérir ; la discorde naît, les sectes déchirent les croyants, les Arabes sont vaincus, mais ils ont laissé chez les Berbères la religion du Prophète et la soif des conquêtes.

Un descendant du prophète, Idriss, réunit quelques tribus et fonde la dynastie des Idrissides (neuvième et dixième siècles) qui bientôt dégénère et disparaît dans les querelles entre Omméiades et Fatimides. C'est alors qu'apparaît Yousouf Ben Tachefine, l'homme de la tente saharienne, ardent guerrier et religieux austère, qui, venu des bords du Sénégal, fonde à Marrakech la première dynastie berbère, celle des Almoravides. Appelé en Espagne par les Arabes amollis, il y promène sa garde noire, et il règne de l'Èbre au Sénégal, de l'Atlantique à la Mitidja. Ses successeurs dégénérés disparaissent sous l'assaut d'une autre dynastie berbère, celle des Almohades, qui descend de la montagne pour la réforme des mœurs et le retour à la pureté de la foi primitive. Son fondateur Abd-el-Moumène reprend tout l'empire des Almoravides et l'étend jusqu'à Tripoli. Ce fut un grand souverain, organisateur, charitable et relativement tolérant. L'un de ses successeurs bâtit la Giralda de Séville, la Tour Hassan de Rabat et la Koutoubia de Marrakech, témoignages encore visibles d'une civilisation avancée. Les premiers Almohades eurent toutefois le tort d'appeler de la Tunisie les Arabes hilaliens qui l'avaient envahie, et d'introduire ainsi au Maroc cet élément d'anarchie (1). Mais il fallait une main de fer pour gouverner à cette époque un empire aussi étendu ; il s'émietta bientôt : l'Espagne s'en détacha, puis les royaumes de Tunis et de Tlemcen.

Les derniers Almohades furent détrônés par une dynastie nouvelle, celle des Mérinides, originaires du Tafilalet, qui reconstitua leur empire. Elle périclita à son tour. A la fin du quinzième siècle, l'occu-

(1) Dernières paroles d'Abd-el-Moumène à son fils : « Éloignez de l'Ifrykia les Arabes, transportez-les en Moghreb et en Espagne, et employez-les comme corps de réserve dans toutes vos guerres » (1163). Dans les mêmes circonstances, son successeur s'exprime ainsi : « De toutes les actions de ma vie, je n'en regrette que trois : la première, c'est d'avoir introduit dans le Moghreb les Arabes de l'Ifrykia ; la deuxième c'est d'avoir bâti la ville de Rabat, pour laquelle j'ai épuisé le trésor public ; la troisième, c'est d'avoir rendu la liberté aux prisonniers d'Alarcos, parce qu'ils recommenceront » (1199).

pation des principaux ports par l'Espagne et le Portugal provoqua un mouvement à la fois religieux et national, qui eut pour conséquence un changement de dynastie. Les chérifs saadiens, venus aussi du désert pour rétablir la religion et chasser les chrétiens, firent d'abord la guerre sainte.

Mais, au début du dix-septième siècle, les Marabouts voulurent rétablir à leur tour la pureté de la foi périodiquement menacée et suscitèrent une nouvelle dynastie, celle des chérifs alaouïtes, qui règnent actuellement sur le Maroc. Cette dynastie lui donna dès le début un grand souverain, Moulay Ismaïl, contemporain de Louis XIV et son imitateur. Son œuvre considérable s'étendit à tous les domaines; il a conquis et pacifié tout le Maroc, au moyen de sa garde noire, puissant instrument de guerre et aussi de politique ; son parc et son palais de Meknès copient Versailles et il demanda la main de la princesse de Conti, fille de Mlle de Lavallière et du grand roi. Mais ce long et grand règne n'eut pas de lendemain. Il faut attendre le règne de Moulay Hassan pour retrouver quelque grandeur dans l'empire.

En 1845, après la victoire de l'Isly et l'action de notre flotte à Tanger et à Mogador, le traité de Tanger avait réglé les rapports de la France avec le Maroc. Mais la frontière occidentale de l'Algérie n'avait été déterminée que dans la partie septentrionale et le Sultan du Maroc était bien incapable de faire régner l'ordre dans les tribus qui l'avoisinaient. Le droit de suite, à plusieurs reprises (1), nous avait amenés à aller poursuivre les pillards et à les châtier sur le territoire marocain, et nos colonnes devaient ensuite se replier. Notre ministre des Affaires étrangères préférait d'ailleurs renoncer au droit de suite exercé sur place et présenter nos réclamations à Fez par la voie diplomatique : or, si la bonne volonté du Sultan était intermittente, son impuissance par contre était constante. Son pouvoir ne dépasse pas le Blad-el-Maghzen (Pays du gouvernement) qui, au dix-neuvième siècle, est limité aux ports, aux trois capitales, et à quelques tribus de la plaine : le reste du Maroc est le Blad-es-Siba (Pays de l'insoumission).

En 1903, le gouverneur général de l'Algérie, M. Jonnart, fut attaqué au col de Zénaga par une petite bande et, à la suite de cet incident, le colonel Lyautey fut chargé de pacifier le Sud Oranais (2) :

(1) 1852, colonne du général Montauban contre les Beni-Snassen.

1859, expédition du général de Martimprey contre les Beni-Snassen.

1870, colonne du général de Wimpfen sur le Haut-Guir.

De 1892 à 1898, le Sultan essaie de rétablir l'ordre et y réussit à peu près, mais l'occupation du Touat et du Tidikelt par la France en 1900-1901 change son attitude ; ses émissaires excitent les tribus au lieu de les calmer ; le poste de Timimoun est attaqué par les Beraber. L'assassinat d'un Français oblige la France à une démonstration navale. En 1902 trois accords règlent la police de la frontière, y délimitent une zone neutre et y ouvrent des marchés.

(2) Création du poste de Colomb-Béchar en 1903 — Fortassa et Berguent en 1904 — Organisation du territoire d'Aïn-Sefra.

les progrès de la colonisation algérienne ne pouvaient continuer à s'arrêter devant les incursions des pillards dont l'audace et l'insolence venaient de dépasser toute limite.

Le colonel Lyautey, élève du général Galliéni et son collaborateur immédiat au Tonkin et à Madagascar, prouvait par ses débuts qu'il méritait toute confiance ; il n'en fut pas moins tiraillé entre les commandements d'Alger et d'Oran, entre les bureaux du quai d'Orsay et de la rue Saint-Dominique ; néanmoins, par son action personnelle, il obtint d'importants résultats. Mais le Sultan voyait son autorité décliner de plus en plus, menacée par un usurpateur, le Rogui, dont il ne vint à bout que difficilement.

L'intervention de la France au Maroc se présentait alors comme une nécessité et se heurtait au veto de l'Angleterre et aux susceptibilités de l'Espagne qui, après avoir perdu toutes ses colonies, aurait vu à regret l'influence prépondérante de la France, déjà sa voisine au nord, s'étendre sur les côtes marocaines, en vue des côtes méridionales de l'Espagne. La question marocaine faisait partie d'un ensemble dont le ministre des Affaires étrangères Delcassé aborda la solution : il s'agissait de rapprocher la France de ses voisins latins et de l'Angleterre, tâche ardue au lendemain de Fachoda. Grâce à la volonté du roi Édouard VII, M. Delcassé arriva à une série d'accords qui réalisaient ce projet d'une importance capitale pour l'équilibre européen (1). Le Maroc en particulier devait être partagé en deux zones d'influence équitablement réparties entre la France et l'Espagne, dans le cas où sa situation se trouverait modifiée ; la souveraineté du Sultan, l'intégrité de son territoire étaient garanties. Les clauses économiques de ce traité avaient été notifiées aux puissances et l'Allemagne en particulier n'avait vu aucune objection à cette partie des accords qui lui avait été communiquée.

Trois mois après, le point de vue allemand avait changé. La défaite de la Russie par les Japonais à Moukden mettait hors de cause pour longtemps l'alliée de la France (4-9 mars 1905). L'empereur Guillaume II, en croisière de plaisance dans la Méditerranée, débarquait à Tanger — contre son gré, nous a-t-il révélé depuis dans ses Mémoires, et sur la volonté expresse de son chancelier (31 mars 1905). « Ma visite à Tanger, dit-il dans un de ces sensationnels discours dont il a toujours revendiqué le monopole, a pour but de faire savoir que je suis décidé à faire tout ce qui est en mon pouvoir pour sauvegarder effectivement les intérêts de l'Alle-

______

(1) Accord du 1er novembre 1902 avec l'Italie, souligné en 1903 par un échange de visites entre le roi Victor-Emmanuel III et le président Loubet. Négociations dès 1902 d'un accord avec l'Espagne qui lui eût cédé tout le Maroc Nord, y compris Fez et Casablanca : heureusement cet accord, où aucun Africain n'avait collaboré, resta en suspens par suite d'un changement ministériel à Madrid : il fut repris en 1914 sur des bases bien meilleures pour la France, et aussi pour l'Espagne qui, l'événement l'a prouvé, se serait épuisée sans exercer d'action utile sur un tel territoire.

magne au Maroc. » Et le 12 avril le chancelier de
Bülow, accusant la France d'avoir tenu l'Allemagne à l'écart dans ses pourparlers avec le Maroc,
proposait aux puissances la réunion d'une conférence pour décider des réformes à réaliser dans
l'Empire chérifien. Malgré l'opposition de M. Delcassé, qui dut se retirer, le président du Conseil
Rouvier accepta le principe de cette conférence, qui
se réunit à Algésiras. Elle établit « l'internationa-
lisation » du Maroc, mais admit cependant la
situation particulière de la France, sa voisine. L'Allemagne n'avait satisfaction qu'en partie et restait
mécontente ; en outre son attitude arrogante avait
alarmé l'Europe ; la France était humiliée d'avoir
dû se priver des services du bon Français, du bon
Européen qui venait de nouer les liens de l'Entente
cordiale. L'action de la France, il est vrai, se trouvait singulièrement entravée par les engagements
pris à Algésiras ; mais d'autre part l'action des
émissaires allemands sur les tribus allait exciter le
fanatisme musulman contre tous les étrangers, et
particulièrement contre nos nationaux, et forcer la
France à une série de démonstrations militaires qui,
tout en respectant l'acte d'Algésiras, amèneront
l'établissement du protectorat français sur le
Maroc.

En 1907, c'est d'abord le massacre du docteur
Mauchamp à Marrakech qui motive l'occupation
d'Oudjda et les opérations du général Lyautey chez
les Beni-Snassen. Puis le massacre de neuf Européens à Casablanca amène le bombardement de cette

ville et le débarquement d'un corps expéditionnaire commandé par le général Drude en janvier 1908. Ce n'était pas la paisible population de Casablanca qui avait massacré nos ouvriers, c'étaient les indigènes des tribus ; ils vinrent attaquer nos troupes ; il fallut se défendre, puis aller châtier les agresseurs. Mais les instructions restrictives venues de Paris ramenaient nos colonnes dans leurs lignes après chaque opération : méthode coûteuse et stérile.

En janvier 1907, le général d'Amade reçoit enfin le commandement du corps expéditionnaire qui avec 15 000 hommes, doit assurer la pacification de la Chaouïa ; cette tâche est d'autant plus difficile que les méhallas du prétendant Moulay Hafid, révolté contre son frère le sultan Abd-el-Aziz, rôdent aux confins de la Chaouïa et y maintiennent le désordre, l'anarchie et la résistance aux Français. Il reste très gêné par les ordres qui viennent de Paris, où l'on continue à croire que les colonnes vivantes sont comme des pions inertes qui se manœuvrent sur un insensible échiquier, alors qu'elles opèrent dans le plus impressionnable des pays.

Toutes ses forces réunies, le général d'Amade bat les Hafidiens, et crée des centres régionaux d'où rayonnent ensuite les petites colonnes de pacification ; il revient aux colonnes importantes chaque fois qu'il est nécessaire et les tribus, rassurées par ses succès et par son attitude énergique, prennent confiance dans sa force, dans sa justice, dans sa bonté, et se soumettent sans réserve ; bientôt la

pacification peut marcher de front avec l'organisation du pays. Il a donné à notre action au Maroc
une base sérieuse, qui met à la disposition de nos
colonnes ses ressources en grains, en moyens de
transport, et aussi en guerriers qui deviennent nos
auxiliaires, et c'est là un symptôme qui ne trompe
pas. Bientôt nous serons bien heureux, dans les
circonstances graves qui vont venir, de trouver la
fidèle Chaouïa, ferme comme un roc. Le général
d'Amade a fait mieux que remplir la mission dont
il était chargé, et il convient de s'en souvenir.

Son successeur le général Moinier continua sa
tâche. Moulay Hafid avait détrôné Abd-el-Aziz en
faisant appel au fanatisme et aux passions xéno-
phobes. Mais il comprend dans une certaine mesure
le parti qu'il peut tirer de l'acte d'Algésiras. Tantôt
il se rapproche de la France, tantôt de l'Allemagne,
et il a parfois la tentation de prendre la tête d'un
mouvement général contre tous les Européens. Les
effets de sa politique cauteleuse sont aggravés par
l'indécision du gouvernement français, qui cède à
l'opposition parlementaire en réduisant les effectifs,
et hésite devant toute intervention, même pour
l'établissement d'un plan économique. La confusion est à son comble, et l'Empire chrérifien, dont
l'Europe vient d'établir laborieusement le statut,
penche vers l'anarchie totale. Car le Sultan est
menacé par l'insurrection des tribus plus encore
que par un nouveau compétiteur, Moulay Zin.

Moulay Hafid réclame l'aide de troupes françaises, et le général Moinier reçoit l'ordre de marcher

sur Fez avec une dizaine de mille hommes (1). Les deux premières colonnes progressent sans trop de difficultés, et les tribus rebelles ont réservé toutes leurs forces pour attaquer le lourd convoi qui leur paraît plus vulnérable. Mais elles tombaient mal : c'est le colonel Gouraud qui l'escorte, et il leur inflige de lourdes pertes. Dès que le général Moinier a concentré ses colonnes à Fez (21-26 mai 1911), il commence les opérations qui dégagent cette capitale et sa ligne de ravitaillement. La rébellion paraît apaisée. Il revient à la côte, obéissant aux ordres du gouvernement qui semble croire que l'ordre est rétabli au Maroc : c'était faire preuve, comme on l'a souvent répété, « de plus de bonne foi que de perspicacité ».

Dans l'Est marocain, le général Toutée, disposant de 12 000 hommes, s'est porté sur la Moulouya avec instruction de ne pas franchir cette rivière — partout guéable en cette saison — mais qui paraît sur la carte une barrière facile à indiquer. Il y est journellement attaqué sans pouvoir riposter et ses pertes dépassent celles des colonnes Moinier qui ont livré une douzaine de combats.

Mais l'attitude si modérée de la France ne désarme pas l'Allemagne, qui envoie à Agadir un petit

(1) Les instructions du général Moinier portaient : 1º que nous ne devions rien tenter qui puisse nuire à l'indépendance du Sultan, ni diminuer le prestige de sa souveraineté ; 2º que nous ne nous proposerions pas une nouvelle conquête des territoires marocains qui serait contraire aux intérêts de notre politique ; 3º que les opérations militaires devraient être aussi réduites que possible et rapidement menées.

bâtiment de guerre « pour aider et secourir, en cas de besoin, les sujets et protégés allemands, et pour veiller en même temps aux intérêts allemands, qui sont considérables dans cette région », dit l'ambassadeur d'Allemagne à notre ministre des Affaires étrangères. C'était le coup de poing sur la table. En même temps, le sous-secrétaire d'État aux Affaires étrangères Zimmermann annonçait à Berlin au président de la Ligue pangermaniste l'intention du gouvernement de se saisir de la riche province du Souss et de ne plus la rendre.

L'Angleterre témoignait la volonté très nette de prendre part à toute discussion sur le Maroc et paraissait très décidée à soutenir le point de vue français. Au début, la perspective d'un conflit avec l'Allemagne à propos du Maroc avait laissé incrédule l'opinion publique, dont la tranquillité avait fait place à une résolution très ferme. Transportant alors sous les tropiques le terrain de ses prétentions, l'Allemagne réclama au Congo des compensations pour l'échec de ses visées sur le Maroc. Le président du Conseil M. Caillaux, traitant directement avec Berlin par-dessus la tête du ministre des Affaires étrangères M. de Selves, admit ce point de vue et céda un territoire assez important au nord du Gabon, ainsi que deux antennes ou ventouses qui prolongeaient le Cameroun allemand jusqu'au Congo et s'allongeaient menaçantes vers les possessions belges. L'Afrique équatoriale française se trouvait ainsi coupée en deux, et une rectification de frontière vers le Tchad paraissait une compensation bien faible à nos concessions. Le protectorat sur le Maroc était reconnu, mais grevé de lourdes hypothèques économiques et politiques.

Ce traité fut accueilli avec un égal mécontentement par les deux États. La France ne comprenait pas pourquoi elle était obligée de payer par une cession de territoire les droits qu'elle tenait de sa situation géographique reconnus par l'acte d'Algésiras ; l'Allemagne, qu'une politique uniquement européenne avait longtemps éloignée de l'Afrique, y voulait prendre une place correspondant à sa population surabondante et à son industrie pléthorique, en profitant au besoin des efforts déjà faits par les autres nations. Les deux nations ne pouvaient s'entendre, pas plus en Afrique qu'en Europe.

La stagnation que notre gouvernement s'était imposée au Maroc devait porter ses fruits. Après un demi-repos de quelques mois, les tribus s'étaient de nouveau soulevées au commencement de 1912 et menaçaient les communications de nos postes, nous obligeant à de rudes opérations. Le 17 avril, les troupes chérifiennes de Fez se révoltent et massacrent leurs instructeurs français ; plus de quatre-vingts des nôtres ont péri. De hauts fonctionnaires du Maghzen ont excité les soldats à la rébellion et au massacre, des contingents des tribus berbères les appuient. Le général Brulard, puis le général Moinier, prennent successivement le commandement des renforts accourus en hâte ; mais la révolte s'étend et le 24 mai, au moment où arrive à Fez le général Lyautey nommé résident général, la situation est très grave. C'est par une bataille de trois jours que le général Moinier délivre la capitale, attaquée sur toute son enceinte par les tribus berbères sommairement organisées. Enfin les assaillants vaincus disparaissent le 1er juin, sous les coups du général Gouraud qui ensuite pacifie et organise la région.

Mais si le nord du Maroc commence enfin à respirer, un grand danger s'élève vers le sud, qui pourra menacer bientôt tout l'empire chérifien. L'anarchie générale, les discordes de l'Europe imprudemment étalées, les excitations allemandes qui ont soulevé la haine contre tous les chrétiens, enfin les intrigues mêmes du Sultan, ont découragé les derniers partisans de la dynastie saadienne. C'est alors que du Sahara vient, comme au moyen âge, un marabout dont la mission est de chasser les chrétiens et de rétablir le culte dans sa pureté primitive.

Ma-el-Aïnin, marabout de la Seguiet-el-Hamra, très vénéré au Maroc pendant le règne des trois précédents sultans, avait été battu et chassé de la Mauritanie par le colonel Gouraud. Il se disait de la famille chérifienne et son fils El-Hiba, héritier de son pouvoir spirituel, s'était proclamé sultan à Tiznit. Tout le Souss s'était soumis et, franchissant le Grand Atlas au Col d'Ameskroud, il avait subjugué la plaine de Marrakech et s'était établi dans la capitale du Sud, fondée par Yousouf Ben Tachfine dont de tels débuts rappelaient la glorieuse histoire. Il y avait fait prisonniers le consul de France Maigret et son chancelier, ainsi que le commandant Verlet-Hanus et quatre officiers de la mission militaire française : cette capture rehaussait encore le prestige du prétendant et rendait notre action indispensable, mais très délicate.

Il était bien évident que le prétendant El-Hiba ne resterait pas à Marrakech ; la mission qu'il s'est donnée de libérer de la souillure chrétienne l'empire marocain rénové, l'oblige à marcher contre nous. Aussi le général Lyautey me place avec une colonne à une étape au sud de Mechra-Ben-Abbou, qui était alors notre dernier poste. Je couvrais ainsi la frontière de la Chaouïa restée fidèle. Les forces qu'il me confie augmentent rapidement jusqu'à l'effectif de 3 500 hommes, tandis qu'une colonne de 1 500 hommes couvre, sur ma droite arrière, le territoire des Doukkala dont, par une tournée pacifique, je venais de calmer l'agitation naissante.

Je m'étendrai un peu sur ces opérations assez intéressantes par leur conception, leur exécution et leurs résultats. Voici donc la colonne du Sud rassemblée à Souk-el-Arba-des-Skours, le 15 août, au milieu de tribus d'attitude très indécise. Le camp est solidement établi, en carré, avec des retranchements sommaires ; il contient des puits et une petite colline, excellent poste de commandement, et, au besoin, réduit de la défense. Les gens d'El-Hiba, les hommes bleus, viennent de Marrakech appeler les tribus aux armes, et il faut protéger les convois de ravitaillement. L'armement moderne, par la puissance de ses feux, rend le camp à peu près inexpugnable, mais il faut vivre, et puis, si nous restons immobiles, les harkas d'El-Hiba auraient beau jeu de passer à l'Est ou à l'Ouest, pour aller ravager les fidèles tribus de la Chaouïa : non seulement il faut vivre, mais se remuer, et chaque fois qu'un rassemblement ennemi est signalé, — et il nous reste assez de partisans dans le voisinage pour nous renseigner exactement, — un détachement part du camp et va bousculer l'adversaire.

Quelques jours se passent en escarmouches, petites attaques du camp facilement repoussées, ou bien coups de boutoir offensifs sur les groupements qui se forment à notre portée. Le général Lyautey me mande à Mechra-Ben-Abbou : il écarte l'idée d'une marche sur Marrakech, que je considère comme inévitable, et va tenter de négocier avec le prétendant pour obtenir à prix d'argent la libération des prisonniers.

Mais le lendemain, au commencement de l'après-midi, des renseignements certains me montrent une colonne importante, venant de Marrakech, qui vient s'installer dans la journée à 12 kilomètres de mon camp. Or, la colonne des Doukkala, qui ne comprend que 1 500 fusils, est en marche pour me rejoindre. Je ne suis pas assez certain de la transmission de mes ordres pour manœuvrer les deux colonnes, à 40 kilomètres de distance, tandis que la harka de Marrakech, qui a fait son étape dans la matinée, restera à son campement jusqu'à demain matin : demain matin, elle se dirigera vraisemblablement sur la colonne française qui est la plus faible, pour l'attaquer en pleine marche. Ce sera un combat de mouvement, sans préparation, et même si j'arrive à temps pour y prendre part, ce qui est bien douteux, je ne puis escompter de grands résultats. La prise d'un camp est au contraire un résultat certain, qui frappe l'imagination des indigènes et démontre le succès aux yeux des plus incrédules. Puisque la harka de Marrakech a commis l'imprudence de placer le sien à ma portée, je vais l'attaquer immédiatement : demain matin, il serait probablement trop tard.

Je fais ces réflexions pendant que les renseignements se précisent, et je calcule que les indigènes qui les apportent pourront me servir de guides. Dès la certitude acquise sur la position du camp et les voies d'accès, je donne mes ordres : tous les impedimenta de la colonne vont se rassembler sur le piton qui domine le camp français et, à 5 heures du soir, nous voilà en route.

Après une heure de marche, quelques coups de feu sont échangés à l'avant-garde : c'était probablement l'ennemi qui venait reconnaître notre camp. Encore une heure, et la colonne est complètement entourée, et la nuit vient. Le combat s'engage, assez vif, et nous poussons sur le camp une marche imperturbable. Il faut s'arrêter une demi-heure pour rallier les unités dispersées, mais la fusillade éclaire la position de nos troupes ; quand nous arrivons sur le camp, les canons crachent de longues flammes. A dix heures du soir, deux bataillons sénégalais l'abordent, baïonnette au canon, en poussant d'affreux hurlements dont retentit toute la montagne. La colonne se rallie promptement à ce signal imprévu, mais efficace, et nous campons au milieu des tentes, non pas certes en carré, mais en polygone irrégulier, fermé partout : toutes les unités sont là et nous n'avons que quelques blessés, pas un mort.

Le jour nous montre toute l'étendue du camp abandonné, qui est très considérable. Nous saisissons des tentes, des vivres abondants, de nombreuses caisses de cartouches, puis nous nous mettons en route pour rallier la colonne des Doukkala. L'ennemi se rassemble peu à peu dans ce pays très coupé et très difficile, et le combat reste assez vif, jusqu'à ce que nous ayons gagné la plaine. Les deux colonnes campent ensemble le 23 août et rejoignent, le lendemain, le camp de Souk-el-Arba, sans recevoir un coup de fusil.

Mais je sais que le khalifat du prétendant est campé à Ben-Guérir, à six heures dans le Sud, et qu'il y rassemble une nouvelle colonne. Il a avec lui les contingents de toutes les tribus du Maroc méridional et quelques hommes venus du désert de Mauritanie, montés à chameau, vêtus de bleu, la figure voilée, les cheveux longs, dont l'aspect frappe les Marocains qui, eux, sont habillés de blanc, le crâne rasé, et qui ne connaissent que le cheval comme monture de guerre.

Le général Lyautey m'appelle de nouveau à Mechra-Ben-Abbou. Il est heureux du succès remporté à Ouham, qui pourtant n'a rien de décisif, puisque le khalifat est à une étape de moi. Si ce chef de guerre a la moindre idée militaire, il va masquer mon camp par un gros détachement qui me harcèlera, me privant des renseignements que les gens du pays, bien traités, m'apportent en ce moment ; puis il passera à l'Est ou à l'Ouest et ira ravager la Chaouïa. Je me mettrai à sa poursuite, mais rien ne pourra l'empêcher de razzier effroyablement ; quel recul pour notre prestige dans l'esprit des indigènes que nous n'aurons pas su protéger ! Quel recul aussi pour l'organisation du pays, et pour la colonisation qui commence ! La marche en avant s'impose.

— Pour vous envoyer à Marrakech, me dit le général Lyautey, il faudrait vous donner dix mille hommes et en mettre autant sur votre ligne de ravitaillement. Or, je n'ai pas vingt mille hommes disponibles.

— J'aurais été à Marrakech avec mes 3 500 hommes, et j'en ai maintenant 5 000, répliquai-je. Et je vous demande très instamment de ne créer aucun poste derrière moi. En arrivant à Marrakech, j'aurai passé sur le ventre de toutes les tribus dont les contingents sont réunis à Ben-Guérir. El-Hiba aura fui honteusement, et je l'aurai poursuivi tambour battant. Ce serait amoindrir le prestige de ma colonne que de supposer que son ravitaillement puisse être attaqué. J'enverrai mes convois sans escorte dans tous les ports et on ne touchera pas un poil de mes chameaux.

— Otez-vous de la tête l'idée de cette marche sur

Marrakech, me dit le résident, vous n'irez jamais.

— Mon général, j'exécuterai toujours vos ordres et vos instructions dans leur lettre et dans leur esprit. Mais comme vous m'ordonnerez certainement avant dix jours d'aller à Marrakech, je m'y préparerai avec un tel soin que je pourrai partir aussitôt réception de votre ordre.

Là-dessus nous allons visiter sous sa tente le khalifat du Sultan, en tournée pacifique dans les tribus de l'Ouest de la Chaouïa, et que j'avais recueilli. Le vénérable et pacifique chérif, à barbe blanche et à lunettes d'or, s'écria dès la conversation commencée : « El-Hiba l'imposteur a dans sa possession sept Français, un consul, un commandant à quatre galons ! *Consoul! Consoul!* » Et l'on sentait dans cette exclamation tout le prestige de la représentation diplomatique, toute la majesté de l'Europe vis-à-vis des Marocains. — « Pour notre peuple, c'est plus que s'il t'avait pris soixante canons ! Il tient Marrakech, la capitale du Sud, son Dar-El-Maghzen, les femmes du Sultan ! Tu dois partir sur-le-champ, quoi qu'il puisse arriver de tes frères prisonniers. Il ne les lâchera que si tu vas à Marrakech ; sinon, jamais ! »

Nous sommes revenus en silence, car j'avais bien soin de ne pas effacer la trace de cet éloquent discours, beaucoup plus convaincant que tous mes raisonnements, puisque le vieux chérif mettait en scène le prestige du Sultan, qui venait de monter sur le trône, et aussi celui du nouveau résident.

Le lendemain matin, je regagnais le camp, qui

avait été assez vivement attaqué en mon absence.
Des nouvelles imprécises nous venaient de Marrakech sur le sort de nos compatriotes. J'ai donc
poussé jusqu'à Ben-Guérir, détruit la harka et poursuivi ses débris avec toute ma cavalerie, un peloton sénégalais monté à cheval et une section d'artillerie. J'ai prescrit de tirer à toute volée, vers
le Sud, pour prolonger la poursuite, puis je suis
revenu dans mon camp par un itinéraire latéral,
afin de reconnaître le pays et de pacifier les abords
de la région que je traverserai bientôt.

L'effet de ce succès avait été considérable : les
fuyards étaient revenus à Marrakech dans le plus
grand désordre, et la réaction contre El-Hiba prenait confiance. Les gens de Marrakech prétendaient
même avoir entendu les coups de canon qui avaient
accompagné la poursuite. El-Hiba avait affirmé
que les canons français cracheraient de l'eau ou bien
chanteraient les louanges d'Allah, que leurs fusils
ne lâcheraient que des scarabées inoffensifs, et l'on
voyait bien qu'il avait menti. Il disait qu'il allait
marcher à la tête des victorieux, et il restait paisiblement dans le Dar-El-Maghzen. Et les hommes
bleus s'amollissaient dans les délices de la capitale,
toutes nouvelles pour les gens du désert. Sans doute,
la suppression des impôts non prévus par le Coran
avait produit son effet magique — escompté d'ailleurs par tous les réformateurs de l'Islam — mais
les impôts avaient été remplacés par une foule des
pires exactions, défendues par le Coran, celles-là.

Alors tous les personnages importants de la capi-

tale, le pacha, les chérifs, les grands caïds, écri-
virent lettres sur lettres pour hâter notre marche,
décrivant les souffrances de la population et son
désir d'une prompte délivrance et s'engageant à
protéger nos compatriotes. Deux rekkas (courriers)
loqueteux m'apportèrent presque en même temps
cette correspondance, que la T. S. F. transmit au
résident général. Il me demanda comment j'envi-
sageais la situation, et vous devinez ma réponse;
avant même de l'avoir reçue, il m'envoya son ordre :
« Allez-y carrément. » Cette éloquence toute militaire lui ouvrit immédiatement les portes de l'Académie française.

Le général Lyautey vint le lendemain, 4 septembre, passer en revue la colonne du Sud, dont
les 5 000 hommes, aguerris par les fatigues et
trempés par les combats, étaient très beaux à voir.
Sensible à de tels spectacles, il a rappelé depuis
son mot à l'un des officiers qui l'accompagnaient :
« Celle-là, on la sentira passer ! » Le surlendemain 6,
à la pointe du jour, devant Sidi-Bou-Othman, l'ennemi était signalé ; j'ai fait halte et j'ai pris les
dispositions de combat : en carré, la première face
composée d'une mince ligne de tirailleurs, face en
avant, les mitrailleuses aux angles, avec les soutiens de l'artillerie, puis derrière elle, au centre, la
réserve, la cavalerie, le convoi : 1 500 mulets et
2 000 chameaux.

Le combat s'engage dans une plaine entièrement
dénudée, que sillonnent seulement quelques ravins
creusés par les pluies d'orage, à sec en cette saison :

les collines des Djebilet forment le fond du tableau.

A peine en marche nous apercevons, sur un front de plus de quatre kilomètres, une masse grouillante de 15 000 burnous blancs, fantassins et cavaliers mêlés, avec des bannières éclatantes qui jalonnent la ligne. La marche se poursuit dans le plus grand ordre, de part et d'autre. Une pause, puis la marche reprend. Je confirme l'ordre d'ouvrir le feu seulement à mon commandement. L'interprète me prévient que des caïds qui m'accompagnent viennent d'échanger entre eux leurs impressions : « C'est la baraka d'El-Hiba ; les fusils des Français ne peuvent partir. » Certain de la puissance du feu, je voulais le commencer le plus tard possible, afin de tenir longtemps sous la mitraille les groupes tourbillonnants de l'ennemi. Jamais avec une jeune troupe je n'aurais pu marcher ainsi sans tirer, et j'admire que la harka ait eu assez de discipline pour ne commencer le feu qu'à 1 400 mètres environ. Nous avons pu nous arrêter, mettre les pièces en batterie aux emplacements favorables, grouper le convoi dans un repli du terrain, et c'est à moins de mille mètres de l'ennemi, dont le feu commençait à être efficace, que j'ai fait le signal convenu : douze cents fusils, huit mitrailleuses, douze canons éclatèrent en même temps, donnant à leur tir le maximum de rapidité. Sous ce déluge de projectiles, la ligne ennemie partit contre nous avec un courage magnifique, les cavaliers au galop, suivis de fantassins qui courent de toute la vitesse de leurs jambes. Mais cet élan s'arrête au bout de cent mètres ; les cavaliers tourbillonnent, puis se remettent en ordre derrière les fantassins et s'écoulent sur le flanc de la colonne ; une partie de l'artillerie garnit les faces latérales, et la face arrière, qui est aussi attaquée.

Le carré arrêté fait feu des quatre faces. Les troupes excitées ont mis baïonnette au canon ; sur la face droite, une compagnie sénégalaise part à la charge, et des officiers d'état-major vont au galop l'arrêter : l'heure de l'assaut n'a pas sonné et aucune ardeur intempestive ne doit briser la belle ordonnance de la colonne, qui lui permet de résister à toutes les étreintes.

Le carré reprend lentement sa marche. Nous voici en vue du camp de la harka, dont les tentes innombrables sont encore dressées. L'effort ennemi se porte surtout sur la face arrière, qui paraît évidemment reculer. Mais le feu diminue un peu d'intensité. Il est neuf heures. Quelques tentes commencent à s'abattre ; c'est l'aveu de la défaite. Le moment est venu de porter le coup décisif. La cavalerie se forme sur trois lignes : partisans et goumiers marocains, spahis, chasseurs d'Afrique français, quatre cents chevaux sous les ordres du capitaine Picard. Elle part au trot vers le camp marocain, qui est à quatre kilomètres, puis prend le galop et s'abat comme une trombe au milieu des tentes, sabrant ceux des défenseurs qui résistent : cent ennemis sont à terre, deux canons, des caisses d'obus et de cartouches, deux étendards sont pris, le camp enlevé. Une batterie la suit au trot, escortée par le peloton de tirailleurs sénégalais à cheval et le carré s'avance. Nous n'avons eu que deux tués et vingt-trois blessés.

C'est à dix heures et demie que l'ennemi renonce à la lutte, et que s'éteint le feu ; à onze heures, la colonne est rassemblée dans le camp ennemi. Elle a parcouru 75 kilomètres en trente heures et, après cinq heures d'un ardent combat, elle trouve vides les puits qu'ont asséchés la harka ennemie et notre cavalerie. Les deux dernières nuits se sont passées presque sans sommeil, et, même si nous pouvions reprendre la marche, nous n'atteindrions pas Marrakech avant le coucher du soleil. Il faut s'arrêter, dormir, laisser l'eau revenir dans les puits ; on boira cette nuit et on repartira demain au jour.

Mais le but de l'opération est la délivrance des prisonniers. Si El-Hiba a le temps de réfléchir, de prendre ses dispositions avant que la ville soit prévenue, il emmènera dans sa fuite ces précieux otages. Il faut arriver sur les talons des fuyards, accroître l'affolement général, donner à nos amis le sentiment de notre présence qui leur inspirera le courage nécessaire pour sauver nos compatriotes, au besoin malgré El-Hiba.

J'ai donc formé sous les ordres du commandant Simon, qui commande aujourd'hui une division dans la Ruhr, un détachement léger avec deux escadrons, les goumiers, une section de 75 et le peloton monté sénégalais, six cents chevaux, et je l'ai lancé sur Marrakech. A la nuit noire il était sur les bords de l'Oued-Tensift, où il fallut s'arrêter.

Dans la nuit, le contact est pris avec la ville. A l'aube, deux coups de canon signalent la colonne qui part au trot : les obus tirés à six mille mètres ont passé par-dessus la ville, et tous les habitants les ont vus ; ils sont « gros comme des chevaux et rouges comme du feu ». El-Hiba prit alors la fuite, en abandonnant ses prisonniers, qui furent immédiatement délivrés.

Cet après-midi-là, je recevais dans mon camp, sous les murs de Marrakech-la-Rouge, la députation des notables que m'amenait El-Hadj-Tami-El-Glaouï qui prit la parole au nom de tous : « Nous remercions d'abord le gouvernement français, puis Sa Majesté le Sultan, puis encore une fois le gouvernement français, et nous remercions le colonel Mangin, qui nous a délivrés d'El-Hiba l'imposteur. »

Mes instructions m'ordonnaient de ne pas dépasser Marrakech vers le Sud, et même de revenir en arrière si, après avoir délivré les prisonniers, je ne trouvais pas, dans les populations, des éléments sérieux sur lesquels je pusse m'appuyer. Nous avions été appelés par les notables, qui étaient certainement les porte-parole du peuple tout entier ; nous arrivions en vainqueurs ; tous s'empressaient autour de nous. Mais il fallait songer au lendemain.

Si je laissais El-Hiba s'établir paisiblement à proximité de Marrakech, il y rallierait ses contingents du Sud, et, comme la crédulité des Marocains est infinie, il ne tarderait pas à redevenir inquiétant. Et puisque je ne pouvais ni dépasser Marrakech ni mettre mes avant-postes dans une ville de cent mille âmes, j'ai utilisé la bonne volonté des grands caïds — surtout celle des Glaoua — et leur ai confié la tâche de poursuivre El-Hiba avec les gens de leurs tribus. Ils ne prendraient pas le marabout qui, quoique déchu de son prestige temporel et de ses prétentions au trône du Sultan, gardait son caractère religieux, mais ils le maintiendraient loin de la capitale, hors de la plaine du Haouz que les habitants pourraient cultiver tranquillement. El-Hiba apparaîtrait aux yeux des Marocains comme un aventurier traqué au nom du Maghzen par les contingents des tribus, opérant en harka sans l'aide des Français ; son influence s'en trouverait encore diminuée. C'est ainsi que commença le système des harkas qui s'est considérablement étendu depuis 1912. Dès cette époque, il me permettait de maintenir El-Hiba au sud du Grand Atlas, assiégé dans Taroudant.

Pour profiter de notre victoire, il fallait se montrer dans les tribus, recueillir leur soumission au nouveau Sultan, organiser le pays. J'ai donc été de Marrakech à Mogador, puis à Demnat, parcourant le pied du Grand Atlas sur une longueur de trois cents kilomètres. En moins de trois mois, la superficie du Maroc occupé avait doublé.

Les forces qui l'occupaient, en y comprenant les garnisons des ports, ne dépassaient pas 7 000 hommes : il fallait dix fois davantage pour garder le Maroc du Nord de superficie égale. Pourquoi cette

différence? D'abord et avant tout parce que le
Maroc du Nord avait été occupé à la suite d'actions
morcelées, saccadées, intermittentes, ralenties par
les hésitations inévitables de notre politique extérieure et aussi par celles de notre politique intérieure, celles-là nuisibles sans nécessité. C'est bien
malgré nous que nous avancions, et d'un pas incer-
tain, poussés, ballottés au hasard des circonstances;
dans le Maroc du Sud, au contraire, notre marche
rapide est impérieusement commandée par la capture de nos nationaux; après quelques combats
heureux, l'ennemi se présente dans la plaine, en
masses profondes, fanatisées, et il nous offre l'occasion unique d'une éclatante victoire, dont il ne reste
plus qu'à récolter les fruits. En outre, alors que,
dans le Nord, nous trouvons une poussière de tribus,
arabisées dans la plaine, ou berbères dans la montagne, mais sans chef naturel d'importance, ensemble
anarchique et tumultueux, à la merci des premiers
aventuriers venus, nous trouvons au Maroc du Sud
une féodalité puissante, héréditaire, dont les chefs
s'offrent à nous : au lieu d'une masse inorganique,
insaisissable, voici des matériaux solides qu'on
peut employer sur-le-champ à une construction
ordonnée ; en limitant la comparaison au point de
vue de l'organisation, on peut dire que c'est dans
le Nord la Gaule d'avant César et, dans le Sud, c'est
la France du moyen âge. Aussi nous voyons la
politique des grands caïds et le système des harkas
s'installer de plus en plus dans les années suivantes.
Tous deux s'incarnent particulièrement dans la

personne d'El-Hadj-Tami-El-Glaouï, chef de guerre et politique avisé (1).

Ce n'est pas que cette organisation soit très facile à manier, surtout dans les débuts. Son emploi réclame un personnel de choix, et la moindre faute est punie, d'où les incidents de Mogador et l'affaire de Dar-El-Kadi. J'allais me rendre sur place, quand le résident général y envoya le général Franchet d'Espérey, commandant les troupes du Maroc occidental, avec des renforts de Casablanca : c'était bien préférable à tous égards, et une action militaire et politique menée avec autant d'adresse que que de vigueur résolut rapidement cette difficulté passagère, qui aurait pu s'aggraver.

Au commencement de 1913, les confins sud-est de la Chaouïa étaient fort menacés par les tribus du Tadla et les Berbères de la montagne. Une colonne y avait été concentrée, mais son chef jugeait insuffisantes les forces mises à sa disposition, les seules dont crût pouvoir disposer le résident général. Il m'envoie en prendre le commandement. Ce serait abuser de l'autobiographie que de vous narrer les épisodes de cette campagne. En quelques mots, je dirai que j'ai cherché à séparer la plaine de la montagne ; puis, les tribus de la plaine une fois soumises, à infliger une sévère leçon aux montagnards ;

(1) Lire à ce sujet les deux beaux livres *les grands Seigneurs de l'Atlas*, par les frères THARAUD, et *Marrakech sous les Palmes*, par A. CHEVRILLON, et surtout *A la conquête du Maroc Sud avec la colonne Mangin 1912-1913)*, par le capitaine CORNET (Plon, 1914).

j'avais appelé à moi une colonne venant directement de Marrakech, faisant ainsi la liaison avec la capitale du Sud ; j'aurais voulu me lancer vers le Nord, et rétablir ainsi la liaison entre Fez et Marrakech, ligne de rocade que tous les grands sultans ont toujours cherché à maintenir et qui est comme l'épine dorsale de leur empire. Mais le général Lyautey jugea que c'était aller trop vite en besogne et préféra attendre l'année suivante, 1914, qui vit non seulement cette liaison, mais aussi celle qui, par Taza, ouvrait les communications avec l'Algérie : le général Gouraud rompt la résistance des tribus Tsoul, dans deux beaux combats, et fait sa jonction avec le général Baumgarten qui, parti de la Moulouya, a occupé Taza. Il faudra ensuite organiser le territoire nouvellement soumis et assurer la sécurité de ses communications que nous venons d'ouvrir.

Mais voici la Grande Guerre. Le gouvernement, qui antérieurement n'avait envisagé de la part des troupes du Maroc qu'une coopération insignifiante, réclame brusquement du général Lyautey le retour de 36 bataillons qu'il désigne parmi les unités les plus solides de son armée : « Le sort du Maroc se réglera en Lorraine », dit le ministre des Affaires étrangères. « L'occupation du Maroc devra se réduire à celle des principaux ports du Maroc et si possible à la ligne de communication Kénifra-Meknès-Fez-Oudjda. Tous les ports secondaires et marches avancées devront être momentanément évacués. » Le 29 juillet, le résident général exposa au gouvernement les très graves inconvénients de l'éva·

cuation, mais les ordres furent maintenus, fort heureusement, car ces belles troupes, arrivant toutes fraîches sur le champ de bataille de la Marne, y jouèrent un rôle capital. Alors le général Lyautey, d'accord avec tous ses lieutenants qu'il a réunis le 30, les généraux Brulard et Henrys, les colonels Peltier et Gueydon de Dives, prit la décision virile de garder intacte toute la ligne de ses postes avancés, prenant sur la côte ou dans l'intérieur les renforts à diriger vers la France. Cette conception hardie sauva le Maroc : l'évacuation aurait amené une marche en avant des tribus insoumises et compromis ainsi l'embarquement des renforts ; c'eût été la ruine de tous nos établissements. Bientôt d'ailleurs l'arrivée de bataillons territoriaux vint montrer aux Marocains que la France n'abandonnait pas le Maroc, comme la propagande allemande en répandait le bruit. Leur âge et leur capote d'uniforme, qui est dans l'Afrique du Nord l'apanage des légionnaires, donnaient à nos « pépères » le prestige inattendu de guerriers éprouvés. Puis vinrent de jeunes bataillons sénégalais, promptement aguerris ; de nouvelles levées augmentèrent les goumiers marocains. Bref, l'effectif des troupes se reconstitua et oscilla pendant la guerre entre 80 000 et 90 000 hommes. En même temps, les harkas furent plus nombreuses et mieux organisées.

La défense redevient agressive sur tous les fronts, et l'occupation française ne cesse de s'étendre, établissant en même temps l'autorité du Sultan. Les tribus les plus éloignées, qui n'ont jamais obéi à aucun de ses prédécesseurs, lui rendent hommage. Au Nord, nous nous approchons de la zone espagnole, d'où les intrigues allemandes arment contre nous Abd-El-Malek, fils d'Abd-El-Kader, Raïssouli et tous leurs dissidents ; le couloir de Taza s'élargit au Nord et au Sud ; en même temps, toute la ligne de la Moulouya est occupée et les communications s'établissent entre le Maroc occidental et le Maroc oriental vers Kasbah-El-Maghzen ; nous commençons à franchir l'Oum-Er-Rebbia ; au Sud, la colonne Poeymirau a conquis en 1916 le Tafilalet, à la suite d'opérations très rudes. Malgré El-Hiba et son frère Merrebbi-Rebbo, qui commandait la harka de Sidi-Bou-Othman, et qu'aident les Allemands par le port espagnol de Tarfaïa, les harkas d'El-Hadj-Tami atteignent l'Oued Todra et occupent tout le haut bassin de l'Oued Daddès ; elles ont franchi le Souss et s'étendent sur les pentes du Petit Atlas jusqu'au sud de Tiznit, touchant aux possessions espagnoles d'Ifni sur la côte de l'Atlantique, et au désert du Sahara à l'intérieur.

Quelle est l'étendue de l'espace qui reste à occuper au Maroc? A quel moment pouvons-nous avoir de bonnes raisons locales pour y réduire l'effectif de nos troupes? Le résident général a tracé les limites de ce qu'il appelle « le Maroc utile », laissant provisoirement de côté les régions peu productives — ou qui semblent telles en ce moment — et dont la possession ne paraît nécessaire ni à la sécurité, ni à la mise en valeur de l'empire chérifien.

Au Nord, le couloir de Taza doit être plus largement dégagé, puisque des événements récénts le montrent fort peu sûr. Donc la soumission des tribus voisines de la zone espagnole s'impose ; de même, les Berbères de la montagne entre cette route et la Moulouya sont encore rebelles au Maghzen et cette petite Kabylie devra être réduite. A l'Est, la vallée de l'Oum-Er-Rebia doit s'ouvrir aux entreprises européennes et un chemin de fer y devient nécessaire. Les hautes vallées de la Moulouya et de l'Oued El-Abid qui couvrent cette région sont, dit le résident général, *le Château d'Eau du Maroc*, sources de richesses et d'énergie à exploiter. Notre action devra les maîtriser et dès l'an dernier le mouvement a été amorcé par les belles opérations du général Daugan, qui vient d'occuper l'important marché de Ouaouizert. Le maréchal Lyautey pense que, sauf événement imprévu avec lequel il faut toujours compter, ce programme si sage pourra être réalisé en 1923.

Nous aurons alors enserré de trois côtés les territoires de la tribu des Berabers, la plus importante du Maroc, et même de l'Afrique septentrionale. En partie sédentaires, mais surtout nomades, les Berabers étendent leur protection ou leurs pillages jusqu'aux environs de Tombouctou. Les nombreuses fractions dont elles se composent sont souvent en guerre, mais elles sont capables de se réunir pour la bataille sous un chef commun, nous dit le Père de Foucauld (1), dont les renseignements ne nous

____

(1) Vicomte Ch. DE FOUCAULD, *Reconnaissance au Maroc*, p. 362 et suiv. — *La vie de Ch. de Foucauld,* par René BAZIN.

ont jamais trompés ; et la tribu compte 25 000 ou
30 000 fusils. Il restera là un inconnu assez redoutable, et nous éprouverons sans doute une fois de
plus que « l'occupation restreinte est impossible »,
comme disait Thiers en 1836, comme le répétait le
général Bugeaud dix ans après à propos de la
Kabylie, pour ne prendre d'exemples que dans
l'Afrique du Nord. Mais on peut penser que, si les
circonstances sont favorables, nous pourrons mettre
un temps dans la progression inévitable. Nous allons
occuper le *Maroc utile*, mais avec la certitude d'avoir
à occuper assez prochainement un *Maroc indispensable*, il ne faut pas s'y tromper.

C'est seulement un rapide coup d'œil que nous
pouvons jeter sur le Maroc moderne, et cette hâte
est bien fâcheuse, car il présente un spectacle qui
mérite une longue et réconfortante contemplation.
Tout en haut le Sultan, qu'on appelle Sidna
(Majesté), et qui reste entouré de toute la pompe
de ses prédécesseurs. Tout se fait en son nom et
il légifère souverainement par dahirs chérifiens, qui,
comme nos anciennes ordonnances royales, constituent la législation. Conformément au traité de
protectorat, ces dahirs sont promulgués par le
maréchal résident général, mais théoriquement c'est
un simple enregistrement. Le Sultan n'est pas seulement le successeur des grands sultans Moulay
Ismaïl et Moulay Hassan, régulièrement élu par les
ulémas parmi les descendants du prophète, c'est le
chef de la religion et c'est en son nom que se dit

la prière. Il est donc revêtu d'un prestige incomparable et il domine de très haut les monarques protégés par des puissances européennes dans le monde. L'application du traité est ici, non seulement un acte de bonne foi, mais un acte de bonne politique ; les réformes de l'Empire, et même les mesures de détail, se présentent comme l'émanation de la volonté souveraine ; l'autorité française se borne à des suggestions et à un contrôle discret, elle s'efface dans toute la mesure du possible.

Le résident général rend au Sultan tous les hommages prescrits par les règles strictes du protocole — la *kaïda*. Il est le ministre des Affaires étrangères et le ministre de la Guerre du Sultan. — Le Maghzen, mot qui correspond au personnel gouvernemental et au gouvernement lui-même, existe réellement et ses fonctionnaires remplissent toutes les fonctions administratives et judiciaires. Auprès du résident général, un personnel civil français assure le contrôle de l'administration marocaine ; dans la zone de l'intérieur, des contrôleurs le renseignent et guident les fonctionnaires marocains. Dans la zone des opérations, et dans les régions non encore complètement pacifiées, les officiers de renseignements — les bureaux arabes — remplissent cette tâche.

Les villes sont dotées d'assemblées délibérantes dont les attributions rappellent celles de nos conseils municipaux ; une large place y est réservée à l'élément indigène ; les intérêts corporatifs sont débattus également entre indigènes compétents, et peu à peu se répand la pratique d'une collaboration entre l'élément français et l'élément marocain. Une compréhension réciproque prend naissance qui atténue les préjugés et qui écarte les malentendus. Dans les pays berbères, le droit coutumier est appliqué ; la Djemma — assemblée des notables — conserve tout son pouvoir traditionnel. Il serait évidemment très fâcheux, sous prétexte de symétrie et de nivellement, de contribuer à arabiser les Berbères. Dans certaines tribus, la pratique de l'Islam se mélange de croyances locales qu'il faut respecter. Beaucoup de montagnards ignorent l'arabe : plutôt que cette langue, enseignons-leur la nôtre.

J'ai dit toutes les différences entre le Maroc du Nord et celui du Sud. Notre politique indigène en tient largement compte. Les grands caïds viennent de nous rendre de tels services, nous en attendons tant d'autres que nous devons beaucoup de ménagements à ces grands seigneurs féodaux. Toutefois, il faut s'efforcer de réduire au minimum les abus qu'un tel régime comporte, et c'est là une tâche très délicate. Dans le Nord également la surveillance des pachas et des petits caïds n'est pas une sinécure. Ce n'est pas en un jour qu'on transforme la moralité de toute une classe, de tout un peuple. C'est peu à peu, par un travail constant et tenace, puis par des exemples, qu'on peut obtenir des résultats.

L'instruction publique est en voie de développement constant ; les écoles sont fréquentées par

toutes les races et toutes les classes de la population
et ne peuvent suffire au nombre des élèves. Le
désir de s'instruire, d'apprendre le français est
dans toutes les familles. Enseignement primaire,
supérieur, tous les cours sont suivis avec avidité.

Les œuvres d'assistance médicale et d'hygiène
publique nous rapprochent de l'indigène en nous
faisant aimer. Le personnel, tant civil que militaire, y remplit un rôle de premier plan avec un
dévouement qui est apprécié de tous. Il s'exerce
partout où existe un médecin, mais l'organisation
spéciale de ces services emploie 75 médecins ; je
ne puis vous noyer dans les chiffres des hôpitaux
pour les grandes villes, des infirmeries indigènes
pour les centres moins importants. Je dirai seulement que le budget est de onze millions et demi,
et qu'il est prévu 40 millions pour les constructions nouvelles sur le prochain emprunt.

Puisque j'ai cité ce chiffre, je dois ajouter que le
Maroc, ainsi d'ailleurs que toutes nos colonies et nos
pays de protectorat (1), paie sur ses recettes toutes
ses dépenses civiles, qui sont actuellement de trois
cents millions, et contribue à ses dépenses militaires
pour une somme de 44 millions : ce protectorat donne
ainsi le bon exemple à nos colonies dont la contribution est beaucoup moins forte et pourrait être
sensiblement augmentée, je le dirai en passant.
Nos troupes du Maroc coûtent 430 millions, et les

(1) Sauf en Afrique équatoriale, où tous les budgets sont
déficitaires, excepté celui du Tchad qui a longtemps bénéficié du régime militaire.

réductions d'effectif doivent réduire cette dépense d'une trentaine de millions chaque année. — Pour savoir ce que le Maroc a coûté à la France, il faut, du total de toutes ses dépenses militaires, retrancher ce que les troupes auraient coûté si elles étaient restées en France ou en Algérie ; on arrive ainsi à un chiffre de 1 milliard 200 millions : vraiment on ne peut dire que c'est trop cher.

Mais comment décrire les effets d'une activité qui déborde de toutes parts? Comment vous montrer ces villes qui naissent, ces ports, ces routes, ces chemins de fer, ces industries qui se développent depuis la guerre, ces mines de phosphate, ces forêts de chênes-lièges et de cèdres, ces études sur les monuments antiques et sur l'art marocain, toute l'organisation de la vie sociale aidée de la manière la plus intelligente et la plus pratique? Toute cette œuvre magnifique porte bien le cachet de son créateur, le maréchal Lyautey.

IV

L'AFRIQUE NOIRE (1)

Par son isolement géographique et par ses formes massives, l'Afrique se présente sur la mappemonde comme un continent bien à part. Trois fois plus vaste que l'Europe, il n'est réuni à l'ancien monde que par un isthme étroit, que la civilisation moderne a coupé ; une seule des mers qui l'environnent, la Méditerranée, était fréquentée par les anciens navigateurs, mais un obstacle presque infranchissable la remplace pour l'isolement de l'Afrique Noire, c'est le Sahara. Les océans l'entourent d'un autre obstacle, la Barre : les grandes profondeurs du large cessent brusquement tout près de la côte, les lentes oscillations verticales des masses profondes se transmettent à une colonne d'eau relativement faible, qui est alors agitée beaucoup plus violemment ; il se produit un ressac, une haute lame en forme de rouleau très difficile à franchir ; il y a parfois deux et même trois ressacs selon que le fond de la mer présente un, deux ou trois changements de pente ;

(1) Conférence prononcée à la *Société des Conférences* le 14 mars 1923.

le passage de la Barre demande des embarcations de forme spéciale et des équipes de pagayeurs particulièrement exercés et conduits par des chefs expérimentés.

Ces côtes inhospitalières ne présentent que des lignes droites ou des courbes à peine sensibles, aucune anfractuosité ; aussi leur longueur est faible par rapport à la superficie du continent. En Europe, un kilomètre de côte correspond à 300 kilomètres carrés de terre ferme, à 400 dans l'Amérique du Nord, à 700 dans l'Amérique du Sud, à 1 100 en Afrique.

Voilà la barrière maritime. Mais il en est une autre. Livingstone a comparé l'Afrique à une auge gigantesque, parce que sa côte est entourée de montagnes, sorte de rebord d'un plateau dépourvu de toute notable dénivellation. Elle est comme concentrée vers l'intérieur et les fleuves qui l'arrosent et ne se résignent à se jeter dans l'océan qu'après un cours très sinueux, rencontrent vers leur embouchure un haut obstacle à franchir, qu'ils ont dû lentement ronger pour s'y frayer un passage ; et ils forment alors une ou plusieurs chutes ou cataractes, ou bien des séries de rapides. Le réseau des fleuves africains est absolument séparé de la mer.

Donc en Afrique l'influence de la mer est nulle sur les communications et sur le climat ; elle joue partout ailleurs un rôle heureux de régularisation, par la masse de ses eaux à température constante, et par son évaporation régulière qui retombe en pluies bienfaisantes. Mais le profil du continent noir repousse ses bienfaits par le rebord qui s'élève à proximité de ses côtes.

Privé de toute influence maritime et de toute chaîne de montagnes, le continent noir, sans défense, est la proie du climat tropical. Comme la masse des terres est plus considérable dans l'hémisphère boréal que dans l'hémisphère austral, l'équateur thermique, le parallèle où la température est la plus élevée, est un peu au nord de l'équateur géographique, le grand cercle de la terre situé à égale distance entre les deux pôles, où les jours sont constamment égaux aux nuits. Les zones climatériques s'étendent en latitude parallèlement à l'équateur, presque à la même distance, et nous trouvons à chaque extrémité du continent une zone tempérée favorable à l'habitat des Européens qui s'y trouvent, en Afrique septentrionale comme au Cap ; puis les déserts du Sahara et celui du Kalahari se font pendant ; puis la zone découverte des steppes et des cultures ; enfin, au centre équatorial, la forêt dense, obstacle comparable au désert, et dont les clairières sont les oasis, mais qu'heureusement sillonnent les couloirs magnifiques des grands fleuves.

Une autre cause divise l'Afrique en zones symétriques et parallèles à l'équateur. C'est l'anneau de nuages qui, sous l'influence des vents alizés, se promène annuellement entre les tropiques, ou plus exactement entre le 15e degré de latitude nord et le 10e degré de latitude sud. Comme il ne paraît qu'une fois par an aux extrémités de sa course, l'année n'y comprend qu'une seule saison des pluies ; il passe deux fois entre ces parallèles extrêmes, et nous constatons dans cette zone deux hivernages.

A l'origine des temps, l'Afrique paraît avoir été peuplée par les Négrilles, petits hommes velus dont Hérodote nous a transmis le souvenir (1) ; leurs descendants vivent encore dans la forêt équatoriale, et nous les appelons pygmées ou nains, bien à tort ; car le nain est un homme contrefait et disproportionné, tandis que les Akhas du Congo sont très normalement construits à une échelle un peu réduite, d'une taille de 1 m. 40 à 1 m. 55. Ces Négrilles ne vivent pas seulement dans la forêt équatoriale ; leur mémoire se transmet partout ailleurs comme celle des premiers maîtres de la terre, dont il fallut acquérir l'assentiment pour pouvoir la cultiver ; ils s'identifient avec les génies auxquels il est dû certains sacrifices.

Une première invasion venant du sud-est semble avoir peuplé la partie australe de l'Afrique : c'étaient les Bantous. Puis une deuxième invasion, venue des mêmes parages, d'une race nègre également, aurait traversé la première : ce seraient les Guinéens, dont une partie, allant border le Sahara en se mélangeant plus ou moins avec les Berbères, aurait formé les tribus soudanaises du Tchad à l'Atlantique. Pour expliquer les migrations qui ne peuvent venir du plateau central asiatique, considéré comme

(1) Hérodote, livre IV, § xxxii et livre IV, § xiv. — *Les Noirs de l'Afrique*, par Maurice Delafosse, 1922. — *Vue générale de l'histoire de l'Afrique*, par Georges Hardy, 1922.

l'origine de toutes les races humaines, on a supposé un continent aujourd'hui disparu, la Lémurie, dont les traces encore visibles seraient l'île de Madagascar, les Seychelles, les Mascareignes, et d'où viendraient les nègres de l'Afrique et les négroïdes de l'Inde, des Philippines et de l'Océanie (distincts des Malais et des autres insulaires). Dans la Lémurie, sœur de l'Atlantide, nous sommes en pleine hypothèse ; il est bien douteux que l'existence de ces continents puisse être prouvée et qu'ensuite on puisse établir la base de théories assez acceptables pour reculer les limites de la préhistoire.

L'Égypte, mère de la civilisation, nous a conservé le souvenir de ses esclaves et surtout de ses soldats noirs, les Mazaïou, qui, quatre mille ans avant l'ère chrétienne, manœuvraient par rang et par file (1). La première troupe régulière connue est une troupe noire.

En l'absence de tout document écrit provenant des noirs, et de toute trace matérielle — monuments ou sépultures — nous en sommes réduits au témoignage des chroniqueurs et des historiens arabes, qui remonte à une époque relativement récente et qui se limite à la bordure du Sahara actuel. Je dis Sahara actuel, car divers symptômes permettent de penser que le desséchement de ce désert s'est produit lentement, qu'il a été à une certaine époque arrosé de cours d'eau devenus aujourd'hui souter-

(1) G. Maspéro, *Histoire des peuples de l'Orient classique*, t. I, p. 306-419, t. II, p. 451-438-767. Voir *la Force noire*, par le lieutenant-colonel Mangin. Paris, 1910.

rains. On y trouve encore des amas de silex taillés en fer de lance ou de flèches qui indiquent l'existence de véritables ateliers et montrent que la région s'est profondément transformée. Ces silex, les pierres d'Aigris, de haute antiquité, qui paraissent des verroteries égyptiennes, voilà les témoignages antérieurs à l'arrivée des Arabes et qui montrent l'influence des Égyptiens sur les confins du désert.

Les Berbères, qui y ont certainement nomadisé de toute antiquité, n'ont rien apporté aux noirs. Les Touareg d'aujourd'hui restent identiques à leurs pères, les Gétules du temps de Jugurtha, et, par une ironie singulière, le nomade est le moins changeant des humains. Il transporte partout sa tente, sa langue, ses mœurs immuables. Mais les caravanes de Carthage sont vraisemblablement venues au Soudan chercher l'or, l'ivoire, les plumes d'autruche. On peut attribuer à leur influence les rudiments d'industrie et d'agriculture qui ont permis aux noirs du Soudan de travailler l'or et le fer de très bonne heure et de cultiver et tisser le coton. Je dois avouer que nous n'avons guère quitté le domaine de l'hypothèse.

Nous en sortons par les chroniqueurs des Arabes et leurs récits de voyage, et surtout par l'histoire des Berbères d'Ibn Khaldoun, qui, lui, est un véritable historien. Ces chroniqueurs nous donnent une physionomie du pays et s'efforcent de remonter dans son histoire avant l'apparition de l'Islam en Afrique occidentale. Le royaume de Gana, qui s'étendait, au septième siècle, entre le Niger et l'Atlantique, paraît avoir été fondé vers le quatrième siècle ; il a compté vingt-deux princes avant l'Hégire et autant après ; les ruines de sa capitale ont été retrouvées en 1914 seulement, entre Goumbou et Oualata, dans une région aujourd'hui desséchée et devenue désertique : le Sahara a entamé le Soudan et c'est son invasion, beaucoup plus encore que les guerres dévastatrices, qui a ruiné ce pays. Le royaume de Gana était habité par des Gangara ou Ouangara, qui ont donné naissance à la race mandingue, comprenant les Malinké et les Bambaras, réfractaires à l'Islam, et qui ont été les meilleurs artisans de notre pénétration. Ils étaient, au début, gouvernés par des blancs, vraisemblablement des Sémites sédentaires, dont le mélange a donné naissance aux Sarakolés, appelés aussi Soninké ou Marka, qui, au contraire, ont été islamisés de bonne heure. Il est possible que le mélange des Sémites nomades avec ces Serères à l'ouest de Gana ait engendré la race peuhl (pluriel foulbé) : c'est l'une des hypothèses vraisemblables qui ont été émises sur l'origine de cette race, qu'on place aussi dans la migration des Hyksos, venus d'Asie Mineure en Égypte, puis en Tripolitaine, et de là en Mauritanie, et qui auraient ensuite franchi le Sénégal, dont ils auraient peuplé le cours moyen et les montagnes au sud, le Fouta-Djallon.

Au neuvième siècle, les voyageurs arabes ont donc vu à Gana un royaume florissant, d'origine très ancienne, qui étendait sa domination assez au sud du Sénégal, sur les mines d'or du Bambouk, sur les bords du Niger, et qui était assez fort pour exiger le tribut des nomades du Sahara et des Berbères établis dans les oasis du Sahara méridional. L'un de ces voyageurs, Bekri, nous montre la cour de Gana en grands détails ; elle ressemble beaucoup à celle du Moro-Naba, à Ouagadougou, qui gouverne les Mossi, peuple d'un million et demi d'habitants, établi au milieu de la boucle du Niger depuis le douzième siècle. Nous voyons les mêmes dignitaires, les ministres, les pages du souverain, et le même cérémonial pour le grand salut au chef, que les Mossi appellent le *poussi-poussi* : c'est une prosternation, le front à terre, les coudes écartés, les poings fermés, qui, par trois fois, frappent la terre, le pouce levé. Une telle marque de respect cause une impression un peu pénible, surtout quand c'est une multitude qui la rend, les notables en tête.

C'est au neuvième siècle que, dans une île du bas Sénégal, un Berbère venu du Maroc fonda une sorte de secte ou plutôt de confrérie dont les membres s'appelèrent « *al Morabetine* », les habitants du monastère ou *Ribat*, littéralement les liés, les religieux. D'où nous avons fait : *Marabout,* et les Espagnols *Almoravides.* Les Almoravides commencèrent aussitôt la lutte contre le royaume païen de Gana, dont le chef recevait bien les musulmans, tout en refusant d'embrasser leur religion. Aboubekr ben Omar, chef de l'ordre après la mort de son oncle, poursuit cette lutte pendant quinze ans, aidé par les chefs du Teckrour, — le Fouta sénégalais actuel, — en même temps son cousin Yousouf

Ben Tachfine allait conquérir le Maroc et l'Espagne. Aboubekr, onze ans après avoir détruit Gana, fut tué dans l'Adrar au cours d'une révolte, et la puissance des Almoravides s'éteignit dans son pays d'origine, au moment même où elle brillait, dans le Nord, du plus vif éclat.

Gana ne retrouve pas sa splendeur passée, mais d'autres États naissaient : le Tekrour, dans le Sahel soudanais, qui donna son nom aux Toucouleurs ; le Sosso, entre Goumbou et Bamako, et le Manding, vers Kangaba, et luttaient entre eux et avec le royaume de Gana fort diminué.

Dès le septième siècle, des blancs qu'on suppose des Berbères chrétiens s'étaient fait reconnaître pour chefs dans la petite île de Goungia ou Koukia, et, vers l'an 1000, ils avaient établi leur domination sur la ville de Gao, déjà ancienne de plusieurs siècles, et se convertirent à l'islamisme. Ce fut la dynastie des *Dia,* qui régna de 690 à 1335. C'est l'origine de l'Empire Sonrhoï qui, avec la dynastie de Sonni, puis celle des Askia, soumit tout le Niger moyen. Les Sonrhoï y entrèrent en lutte contre les Mandingues. La capitale de ce nouvel Empire était Kangaba, qui reste un village assez important entre Siguiri et Bammako ; le Manga, ou Mambi, chef d'un petit pays, était de la famille des Keïta, et cette dynastie accrut son territoire au cours des siècles jusqu'à couvrir à peu près toute l'étendue de l'Afrique occidentale actuelle, plus grande que la moitié de l'Europe. Fait remarquable : elle perdit presque toute sa puissance sans disparaître et le

Mambi de Kangaba, aujourd'hui chef de canton, se retrouve dans la même situation que ses aïeux au septième siècle. Je ne pense pas qu'il existe un seul exemple de pareilles vicissitudes et, bien que ne figurant pas dans l'Almanach de Gotha, cette branche des Keïta est certainement la plus ancienne parmi les familles régnantes dans le monde. Si ses héritiers actuels se souviennent vaguement que leurs pères ont commandé de grands pays et gagné beaucoup de batailles, ils ont entièrement oublié que ces ancêtres ont été des musulmans fervents et très instruits, dont les pèlerinages à La Mecque ont marqué dans les fastes de l'Islam ; ils ont actuellement au Soudan français une réputation bien établie d'incorrigibles ivrognes.

Pourtant, au quatorzième siècle, Kankan Moussa ramena de La Mecque jusqu'au Manding un authentique Almoravide, architecte lettré, qui, scandalisé de voir prier Allah dans une modeste case à toit conique, bâtit, en passant à Gao, une mosquée en brique à terrasse crénelée et à minaret pyramidal, qui devint le modèle des édifices religieux et créa le style dont les monuments sont répandus dans toute la région du Niger, en particulier à Tombouctou et à Djenné. C'est bien à tort qu'on a vu dans ces constructions une influence égyptienne et qu'on a supposé à cette occasion que les Sonrhoï venaient du Nil ; avant Kankan Moussa, les textes arabes sont formels, il n'existait au Soudan que des cases à toit conique de paille, et c'est bien son architecte marocain qui est le père de ce style essentiellement

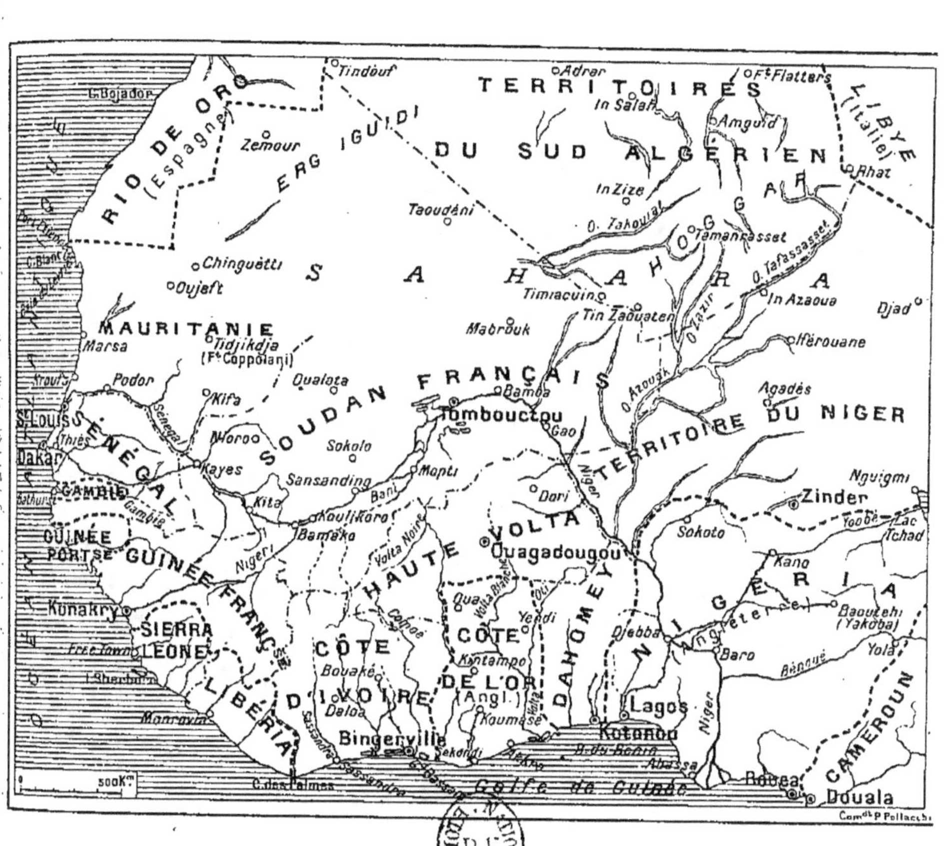

AFRIQUE OCCIDENTALE FRANÇAISE

soudanais ; les chroniques ne diffèrent que sur le prix dont ses services furent rémunérés, qui fut de 12 000 mithkals, soit 54 kilos d'or selon Ibn Khaldoun, 40 000 mithkals, soit 180 kilos d'or selon Ibn Batouta ; au change actuel, ce sont de beaux honoraires, — 540 000 francs ou 1 800 000 francs. (A 10 000 francs le kilo ; 3 000 francs avant la guerre.)

Kankan Moussa avait à sa disposition dans le Bouré des mines d'or qui, alors, étaient très productives et qui expliquent les fréquents rapports du Maroc avec son pays. Ses successeurs entretiennent des relations avec les sultans de Fez et les rois de Portugal ; les tribus touareg et maures du Sahara leur payaient l'impôt.

Au quinzième siècle, les Ouoloffs du Sénégal disaient aux navigateurs portugais que le Manga de Kangaba était le maître de toute l'Afrique ; on retrouvait sa domination à l'embouchure de la Gambie.

Mais les Askia, rois sonrhoïs, étendirent leurs territoires au détriment de l'Empire du Manding, qu'on nomme aussi Empire du Melli (c'est son nom peuhl). L'*askia* Mohammed est, au commencement du seizième siècle, le grand homme de cette dynastie ; Léon l'Africain, qui visita ses États, est frappé de leur prospérité et de leur bonne organisation. Dans les grandes villes de son Empire, et particulièrement à Tombouctou et à Djenné, s'ouvrent des écoles réputées de jurisprudence, de théologie et de littérature, où venaient enseigner des professeurs du Maghreb.

Mais ce n'étaient pas seulement des savants qui devaient venir du Maroc vers le Niger. Après avoir reconnu les richesses de l'Empire sonrhoï, ses voies d'accès et la faiblesse de ses forces, le sultan du Maroc Ahmed-Ed-Déhébi (le Doré, le Maître de l'Or) s'empara d'abord des salines qui en dépendaient. Puis, il envoya une expédition de 3 000 fusiliers espagnols commandés par un renégat de cette nation, le pacha Djouder. Ils n'étaient que 1 000 en arrivant sur le Niger, mais ils avaient des armes à feu, alors inconnues des noirs, et, malgré le rassemblement d'une armée dont les chroniqueurs font varier l'effectif entre 30 000 et 120 000 hommes, l'Askia fut vaincu et l'Empire sonrhoï s'effondra tout d'un coup. Djouder prit Gao, puis Tombouctou. Il poussa jusqu'à Djenné. Les pachas de Tombouctou furent, au début, désignés par le sultan du Maroc ; mais le souverain était trop éloigné pour que sa domination pût être effective sur la bande d'aventuriers qui avait mis le pays en coupe réglée. Leurs pillages, leurs massacres, leurs persécutions contre les lettrés de Tombouctou furent heureusement arrêtés par leur anarchie. Cette conquête fit reculer sur le Niger la civilisation naissante ; on voit Ahmed Baba, fils et petit-fils de légistes renommés à Tombouctou, conduit prisonnier devant le sultan du Maroc, lui reprocher courageusement les odieux traitements dont ses compatriotes musulmans ont été victimes, les pillages et les massacres, et il faut remarquer qu'Ahmed Baba, dans sa biographie, se plaint particulièrement du vol de sa bibliothèque, qui contenait 1 600 volumes. Les pachas de Tombouctou, d'abord nommés par le sultan, furent ensuite élus par les autorités locales, alternativement maures, touareg, sonrhoï, peuhls, toucouleurs, selon les caprices de la guerre où les descendants des premiers conquérants, les Armas, ne jouaient plus aucun rôle ; entre eux, ils parlaient espagnol, ce qui prouve l'origine de ces renégats, et après quelques générations ils ne parlèrent plus que sonrhoï. Les pachas avaient perdu jusqu'à leur titre et ce n'étaient plus que de simples magistrats municipaux. En somme, cette domination dite marocaine fut très éphémère et n'exerça aucune action véritable sur le Soudan. Par contre, elle enrichit le Maroc par l'or et les captifs qui y affluèrent. Aussi Moulay Ismaïl, le grand sultan contemporain de Louis XIV, put recruter une garde noire de 150 000 hommes qui assit son autorité dans tout l'Empire chérifien et put soumettre des tribus jusque-là indépendantes. En des points convenablement choisis, il établit des colonies de noirs, instruits au préalable comme soldats et comme ouvriers maçons, charpentiers, etc., et leurs femmes dressées au service du ménage. Ses successeurs laissèrent péricliter cette institution qui arrêtait le Maghreb sur la pente de l'anarchie (1).

Une autre puissance s'établit au Soudan, à partir du dix-huitième siècle : celle des Bambaras, rameau

(1) Lieutenant-colonel MANGIN, *la Force noire*, p. 143-148. — MERCIER, *Histoire de l'Afrique septentrionale*, t. III, p. 132, 133, 287 et suiv.

de la race mandé ou mandingue, très réfractaire à l'Islam ; ils fondèrent le royaume de Ségou et celui de Kaarta, entre les deux la province de Bélédougou, ensemble de petits cantons ou de villages qui avaient chacun leur gouvernement particulier et ne se réunissaient que pour la guerre. Sur la rive droite du Niger, un Empire peuhl musulman naît au Macina, au commencement du dix-neuvième siècle. En bordure du Sahara, s'organisent d'autres États qui sont également musulmans. Sur la côte, au contraire, on voit des États réfractaires à l'Islam, au Sénégal, avec les Sérères, et au Dahomey.

En somme, dans notre Afrique occidentale, des États sont nés, les uns spontanément, comme le Mossi et le Dahomey, les autres, antérieurement à l'Islam, mais sous l'influence des blancs, Berbères ou Sémites, comme le royaume de Gana ou celui de Gao ; le Coran, code civil et livre religieux, a groupé d'autres peuples sous ses lois, mais sans l'intervention directe des Arabes, ou du moins en dehors de leur commandement. Il faut nous arrêter un instant pour regarder ce spectacle, pour nous plein d'enseignements.

J'ai longuement insisté sur l'isolement de l'Afrique noire, placée entre le désert et deux océans qui forment autour d'elle un obstacle et non une voie de communication comme la Méditerranée. Les navigateurs européens se dirigent vers l'Amérique, cherchant la route de l'Inde ; ils rencontrent l'Amérique, le Nouveau Monde, et cette colonisation absorbe tous les besoins d'expansion de l'Europe.

Enfin, le Portugais Vasco de Gama trouve vers l'Inde la route du Cap de Bonne-Espérance, cherchée par Christophe Colomb dans une direction opposée, et Magellan, Portugais aussi, au service de l'Espagne, découvre celle du détroit qui porte son nom. Les deux continents africain et américain sont délimités et la vraie figure de la terre apparaît aux yeux de nos ancêtres émerveillés. Mais l'Afrique reste inhospitalière et c'est tout au plus si quelques comptoirs s'installent sur ses côtes. Les trafiquants allaient y chercher la gomme, la poudre d'or et l'ivoire, mais les plantations d'Amérique réclamèrent bientôt des esclaves.

L'Espagne et le Portugal, puis l'Angleterre exercèrent ce monopole, l'*asiento* (1), et, au dix-huitième siècle, la Compagnie anglaise qui s'en était chargée s'engageait à fournir 4 800 esclaves par an. Mais toutes les puissances protégeaient la traite ;

(1) L'Angleterre détient depuis 1713 le privilège de l'*asiento*, le monopole de la traite.des nègres dans les colonies espagnoles. Elle devait fournir 4 800 pièces *d'Inde* par an et elle arriva, certaines années, au chiffre de 60 000. Commencée par Montesquieu et par Raynal, la campagne antiesclavagiste, continuée en France et en Angleterre, eut des résultats en 1792 par la suppression de la traite (bill Pitt-Wilberforce au Parlement britannique, décrets de la Législative, le 11 août 1792 et 16 pluviôse an II). Mais la suppression effective date de 1833 dans les colonies anglaises, de 1848 dans les colonies françaises, de 1865 dans l'Amérique du Nord. Les esclaves libérés par l'Angleterre fondèrent la colonie de Sierra-Leone (Free-Town) ; les noirs américains furent établis dans la République de Libéria, et les esclaves émancipés par la France à Libreville, actuellement capitale du Gabon et de l'Afrique équatoriale française.

Nantes, en particulier, était un centre négrier d'importance.

Je ne m'arrêterai pas à décrire la capture des noirs par les roitelets de la côte, approvisionnés à cet effet en fusils. Le transport de ces malheureux, traités comme un vil bétail, leur vente, leur existence... Pendant plusieurs siècles, l'Européen ne s'est révélé à l'Afrique noire que comme un trafiquant de chair humaine, excitant à la guerre pour se procurer de nombreux esclaves. Jusqu'au dix-huitième siècle, l'Europe partage avec l'Islam la responsabilité de ces ravages inhumains ; elle n'a même pas apporté comme l'Islam un ordre social qui permette de grouper les tribus éparses dans un commencement de civilisation.

Quand nous jugeons la race noire, il ne faut pas perdre de vue ces considérations essentielles : isolé par la nature, l'Africain n'a reçu, jusqu'au milieu du dix-neuvième siècle, aucune notion supérieure. L'Europe, au contraire, a vu se développer les civilisations méditerranéennes, qui ont profité de larges échanges entre elles, et aussi avec les civilisations asiatiques : l'écriture lui vint d'Égypte, à travers la Phénicie et la Grèce ; l'Asie a inventé quantité d'alphabets, l'Europe aucun. Par les Arabes et les Mongols, elle a bénéficié sans le savoir d'apports importants venant de l'Inde et de la Chine : la boussole, la pâte à papier, la poudre à canon, par exemple. Bref, les peuples d'Europe ont évolué lentement, depuis quelque trois mille ans, en contact avec toutes les civilisations par le commerce et par la guerre. Rien de pareil en Afrique noire : au dix-neuvième siècle elle se présente comme l'Europe centrale avant la conquête romaine.

Aussi, rien ne nous permet d'affirmer que la race des Africains noirs est inférieure aux blancs d'Europe par l'intelligence ; c'est tout au plus si l'on peut dire qu'ils sont de plusieurs étapes en arrière. Notre état actuel résulte d'une lente évolution qui leur manque, et nous ne pouvons les juger par la façon dont ils se comportent quand ils sont brusquement jetés au milieu de la civilisation moderne, par les résultats obtenus à Libéria, à Saint-Domingue, à Haïti, par exemple. Ils ont produit dans leur cadre de grands souverains organisateurs, qui ont trouvé des ministres dignes de leur œuvre, capables de la comprendre et de la continuer ; cette race a donné des hommes de guerre, des lettrés, des savants ; certaines de leurs langues, comme celle des Peuhls, font l'admiration des philologues par leur richesse, leur précision, leur harmonie et leur souplesse.

Les noirs sont remarquablement doués au point de vue artistique. Sur le Niger, leur musique ne ressemble en rien au jazz-band dont quelques Américains du Nord ont mis à la mode les accents discordants ; la cora à vingt-deux cordes et le balafon, qui est un xylophone très complet, dont ils tirent des effets comparables à ceux du piano, démontrent des dispositions remarquables, et une grande capacité d'invention. Leurs chants de guerre et certaines de leurs romances sont très expressifs.

La marche des rois bambaras, composée à Ségou,
il y a environ un siècle, a grande allure. — Une ber-
ceuse qui endormait un fils de Samory est charmante. Après le combat de Kalé, la reconnaissance
des Khassonkés sauvés par le commandant Ruault
en 1890 s'exprima dans un chant de triomphe,
plein d'images hardies et naïves. Comme la colonne
était partie à la nuit tombante, le commandant
avait quitté son uniforme de toile blanche pour se
vêtir de flanelle bleue, tenue de parade que nous ne
prenions que pour conduire un camarade à sa dernière demeure ; le chanteur l'a remarqué et il dit :
« Le commandant s'est habillé comme pour l'en-
terrement : le sien ou celui des Toucouleurs. »

Après la belle colonne du commandant Bonnier
sur le Niger en 1892, une vieille griote du fama
Mademba a improvisé un autre chant très émou-
vant, que j'ai entendu bien des années après, et
j'espère qu'il n'est pas perdu.

Les lettres que les noirs écrivent en arabe sont
généralement assez courtes et très simples, et leurs
formules sont monotones ; toutefois, des images
heureuses s'y rencontrent souvent, empruntées au
Coran, mais qui parfois ne doivent rien à l'éducation littéraire. J'en glane deux dans la correspondance d'El-Hadj-Bougouni, chef peulh du Macina ;
nous sommes dans un pays d'inondations annuelles,
à l'endroit où le Niger d'hivernage se réunit au
marigot de Diaka et atteint 150 kilomètres de large ;
les villages deviennent alors des îles et ne peuvent
communiquer que par pirogue ; puis le Niger se

retire, et les embarcations avec lui : « Je te suis attaché comme la pirogue l'est au fleuve », dit un fidèle du grand Marabout. — Dans cette contrée, la case peulhe, hémisphérique, se dresse autour d'un tronc d'arbre central auquel on a laissé quelques branches pour supporter l'armature : « Tu es dans notre pays comme le mât dans la case, » lui dit un autre correspondant.

'Les noirs ont le sens de l'ornementation ; leurs étoffes et leurs nattes sont remarquables par le dessin et la disposition des couleurs.

Parlerai-je de leur sculpture?'Beaucoup de Français commencent à en collectionner les modèles et pensent que c'est l'art de l'avenir. Sans aller jusque-là, on peut admirer chez eux certains travaux d'ivoire et des bracelets de cuivre, des colliers d'or en filigrane.

'Quant à leur morale, le moins que je puisse dire, c'est qu'elle est au moins égale à celle des civilisés.' Tous ceux qui connaissent les noirs ont été indignés par un roman récent commis par un administrateur des Colonies, qui, d'ailleurs, est lui-même un nègre des Antilles. Il en est d'excellents, mais ils ont eu le mérite de résister à deux épreuves : l'une, héréditaire, celle de l'esclavage, qui est essentiellement démoralisante ; l'autre épreuve, c'est l'ascension subite, sans préparation, au niveau du maître d'hier, par les droits de citoyen prématurément accordés, — l'esclave devenu roi, ou du moins qui, sur le témoignage des autorités constituées, se croit détenteur d'une parcelle de souveraineté. Beaucoup n'ont pas résisté à cette double déformation. Mais le noir primitif n'a rien des défauts que nos fautes ont transmis au noir faussement civilisé. J'ai vécu douze ans en Afrique noire sur le Sénégal, le Niger, le Congo et le Nil ; j'ai eu à demander beaucoup aux noirs qui m'entouraient comme travailleurs, comme chefs de pays, comme soldats : j'ai vu toutes leurs races dans les circonstances les plus diverses de la paix et de la guerre, jamais je n'ai rencontré Batouala.

Les sentiments de famille, de clan, de race, le dévouement au chef naturel ou choisi ont toujours inspiré aux noirs un dévouement qui va de la fidélité constante, du désintéressement parfait et quotidien jusqu'au sacrifice de la vie.

Évidemment, on leur reproche parfois une nonchalance au travail qui peut devenir de la paresse, si le chef n'a pas la manière qu'il faut pour intervenir, manière douce et ferme, que le noir reconnaît assez vite. Si on a su l'animer et faire appel à son amour-propre, l'ouvrier s'emplit d'ardeur et le jet de pelle du Sénégalais est renommé sur tous les chantiers où il est employé en concurrence avec d'autres terrassiers.

En général, le noir est franc, gai, d'un commandement facile ; c'est un grand enfant dont le rire éclate à tout propos et désarme sa colère ou sa bouderie passagère. Il est reconnaissant des moindres attentions. Ce qu'il vaut comme soldat, nous allons le voir tout à l'heure, puisque je vais vous raconter quelques combats de la conquête soudanaise.

La découverte du Sénégal par les Dieppois date du quatorzième siècle. Dès cette époque, des relations s'établissent entre nos ports et la côte occidentale d'Afrique, et à partir du dix-septième siècle des Compagnies de commerce l'exercent sous des régimes divers (1). C'est dans une île du Sénégal que s'élève le premier établissement durable, le Fort Saint-Louis, mais la capitale de ces établissements est sur la côte, dans l'îlot de Gorée, autrefois occupé par les Portugais et qui fut enlevé aux Hollandais en 1677 par l'amiral Jean d'Estrées. Les guerres maritimes, en nous privant à plusieurs reprises de ce comptoir, en arrêtèrent l'essor.

Après le traité de Vienne, qui mettait fin à l'occupation anglaise du Senégal, la Restauration commença la pénétration dans l'intérieur, le long du fleuve, et dota la nouvelle colonie d'un commencement d'organisation, et c'est de 1820 que date la création du poste de Bakel.

Le capitaine de corvette Bouet-Villaumez (1843-1845) ne reste pas assez longtemps dans le poste de gouverneur pour pouvoir réaliser ses excellentes

(1) 1626. Compagnie normande (Association privée entre les armateurs de Dieppe et de Rouen) qui vend ses établissements à la Compagnie des Indes occidentales, créée par Colbert (1664). On voit lui succéder la Compagnie d'Afrique (1681), puis la Compagnie du Sénégal (1685), Compagnie Royale du Sénégal (1694), Nouvelle compagnie du Sénégal (1709), Compagnie des Indes (1718), Compagnie de la Guyane, devenue *Compagnie de la Gomme*, en 1784, avec privilège pour ce commerce pendant neuf années. Le premier gouverneur qui représente l'autorité royale est nommé en 1763.

idées sur la colonisation mais, comme chef de la station navale dans ces parages, il activa la pénétration française dans les rivières du Sud, où elle rencontrait l'action britannique menée activement par le gouverneur de Sierra-Leone. Aucun des gouverneurs français ou anglais ne s'intéressait réellement à la question, malgré le zèle de leurs représentants sur place, mais Bouet-Villaumez choisit pour la France des bases dont nous devions plus tard profiter.

Il était réservé au chef de bataillon du génie Faidherbe, le futur commandant de l'armée du Nord qui sauva l'honneur en 70, revenu au Sénégal comme gouverneur après avoir construit des postes sur le fleuve, de donner l'essor à la nouvelle colonie et à notre pénétration en Afrique occidentale (1854-1861, 1863-1865). Fait unique dans nos annales coloniales, il est nommé chef de bataillon et gouverneur sur la demande des colons qui ont exposé aux ministres, à plusieurs reprises, l'impossibilité d'aboutir à des résultats avec un personnel sans cesse changeant et toujours ignorant du pays ; il arrive avec un programme de défense agressive, d'abord : libérer notre commerce de la somme des entraves dont le chargent les exigences des Maures du Sahara ; cesser de payer l'humiliant tribut auquel ils ont soumis notre gouvernement (la djézia, impôt que les chrétiens et les Juifs doivent payer pour avoir le droit de vivre en pays musulman) ; enfin protéger les noirs sédentaires contre les pillages des Maures nomades.

Faidherbe exécute point par point ce programme ; il poursuit simultanément la délivrance, la pacification et l'organisation du pays.

Mais quand la lutte contre les Maures et leurs alliés est terminée, un nouvel ennemi apparaît, le prophète musulman El Hadj Omar, qui a réuni sous son autorité religieuse et militaire tous les Toucouleurs du Moyen Sénégal, et le Fouta-Djallon lui envoie des contingents peuhls. Dès qu'il a réuni ses forces, il attaque nos escales et nos postes. Ce n'est jamais par une défense passive qu'il est possible de résister, surtout aux peuples adorateurs de la force. Faidherbe remonte le Sénégal, et va fonder un poste à 150 kilomètres au delà de Bakel, à 1 000 kilomètres de Saint-Louis, à Médine (août 1855) ; Médine fut attaqué deux ans après par El Hadj Omar en personne, avec 15 000 hommes, qui commença par livrer à la petite garnison des assauts furieux. Paul Holle, qui commandait la défense, sut les repousser et animer la population khassonké qui se défendait dans le village adjacent au poste, sous les ordres du roi Sambala.

Le siège se transforma en un étroit blocus, et Médine ne fut délivrée qu'après trois mois d'une résistance héroïque, par l'arrivée de la colonne de secours commandée par Faidherbe. Ses opérations énergiques pacifièrent ensuite le pays. Le Bas Sénégal réclame aussi une action militaire constante ; les petits chefs qui gouvernent ces provinces, Cayor, Baol, Sine, Saloum, signent des traités de protectorat, et Faidherbe n'a pas pour but d'étendre

les territoires d'administration directe ; il établit
la paix française et supprime le commerce des
esclaves, en attendant qu'il puisse les libérer, mais
il affecte d'intervenir le moins possible dans le gouvernement du pays dont il reconnaît les chefs indigènes et respecte les usages.

L'effectif des troupes françaises est très faible :
un ou deux bataillons d'infanterie de marine, une
ou deux batteries de marine ; pour l'une de ses
campagnes, il disposera d'un bataillon de tirailleurs
algériens. Mais c'est aux populations mêmes qu'il va
demander des troupes. Dès 1823, une compagnie
de soldats indigènes avait été formée. Il recrute un
bataillon de tirailleurs sénégalais et un escadron de
spahis, des compagnies de sapeurs noirs et d'ouvriers
d'artillerie ; les volontaires de Saint-Louis, levés
dans la population toujours guerrière de sa capitale,
forment souvent le fond de ses colonnes, au chiffre
de mille à quinze cents fusils ; les laptots noirs,
enrôlés dans les équipages de la flottille fluviale et
commandés par les officiers de marine, débarquent
à toute occasion. Enfin les provinces soumises, —
même très récemment, — lui fournissent des contingents auxiliaires, cavaliers et fantassins, en nombre
très variable.

L'organisation civile accompagne le développement des forces militaires. Les ponts, les routes, les
essais agricoles, les écoles se multiplient. Enfin un
plan de pénétration s'ébauche. Les explorateurs
ont reconnu le cours du Niger dès les premières
années du dix-neuvième siècle ; Mongo Park, Bruce,

René Caillé, Barth avaient pour objet la découverte de l'Afrique, le développement de la science géographique. A ce but, des missions françaises ajoutent celui de nouer des relations avec les chefs indigènes, de reconnaître les voies d'accès et les ressources du pays, de préparer l'extension de la puissance française.

Le plus remarquable d'entre eux à cette époque, le lieutenant de vaisseau Mage, arrive au Niger, et il essaye de placer sous notre protectorat le sultan de Ségou, Ahmadou, fils d'El Hadj Omar. Il n'y réussit pas, mais revient avec une foule de renseignements précieux. Faidherbe aurait voulu que la France se donnât le Niger pour but de ses efforts ; il proposa à l'empereur Napoléon III d'aller lancer sur le grand fleuve une canonnière qui eût fait flotter le pavillon tricolore sur Tombouctou ; ce projet, qu'il déclarait d'exécution facile, ne fut pas adopté. Mais ses encouragements et son appui ne manquèrent jamais aux continuateurs de son œuvre.

L'un des derniers gouverneurs militaires du Sénégal, le colonel d'infanterie de marine Brière de l'Isle (1), envoya sur le Niger le capitaine Galliéni avec une mission assez importante. Mais avant d'arriver à Ségou, le capitaine Galliéni fut arrêté avec

(1) Le général Brière de l'Isle joua au Sénégal un rôle capital d'organisateur et d'administrateur consommé ; il commença les grands travaux et la pénétration vers le Niger. — Voir dans *la Revue de Paris* du 15 septembre 1923, « Contribution d'un vétéran à l'Histoire coloniale, » par le colonel MONTEIL.

ses compagnons et maintenu prisonnier à Nango, village bambara, à 40 kilomètres de la capitale toucouleur. Ahmadou, qui avait succédé à son père El Hadj Omar, se repentait d'avoir bien reçu le lieutenant de vaisseau Mage. C'est avec appréhension qu'il voyait les Français toucher aux frontières de son empire ; des postes bien fortifiés, centres d'où rayonnait une influence croissante, s'élevaient entre les pays de conquête et les populations toucouleur du Fouta qui lui fournissaient ses meilleurs guerriers, les Talibés. Après quelques hésitations, il donna l'ordre de massacrer les étrangers. Mais sa mère vint se jeter à ses pieds et lui représenta quel crime serait aux yeux de tous les musulmans le meurtre des hôtes envoyés par Allah. C'est à cette intervention que nous devons la vie de celui qui sauva Paris en 1914.

La mise en marche de la colonne Borgnis-Desbordes intimida le sultan qui, après dix mois de captivité, rendit la liberté à ses prisonniers et signa même un traité reconnaissant le protectorat de la France (1880-1881).

En effet, le gouvernement français s'était décidé à lâcher les rênes et à profiter de la voie libre qui se révélait. Le lieutenant-colonel Borgnis-Desbordes, de l'artillerie de marine, arrivait avec les instructions les plus larges et le Parlement avait voté les crédits nécessaires pour la construction d'une voie ferrée de Médine à Bafoulabé, amorce d'une artère entre le Sénégal et le Niger. C'est le commencement de la conquête par le rail qui séduisit M. de Freycinet,

président du Conseil ; l'amiral Jauréguiberry, son
ministre de la Marine et des Colonies, avait d'ailleurs
gouverné le Sénégal. Dans sa première campagne
(1880-1881), le colonel Desbordes fonde le poste de
Kita, à moitié route, et détruit un repaire de bandits
qui terrorisait le pays, le tata de Goubanko. Les
habitants de la région accueillent avec sympathie
la domination française, mais ils craignent l'approche du chef de bande et chasseur d'esclaves qui
a joint à la force brutale de ses Sofas organisés
et disciplinés le prestige d'un marabout fervent.

L'almamy Samory assiège le tata de Kéniéra,
sur la rive gauche du Niger, où se sont réfugiés en
grand nombre les habitants de la contrée, le Ouas-
soulou. Le colonel Desbordes prend la décision de
tenter sa délivrance. Il part de Kita avec deux
cents combattants, franchit le Niger, tombe sur
les lignes de circonvallation élevées autour de Kéniéra et les enlève : mais il est trop tard, la ville
a été prise cinq jours avant. Le colonel avait dû
son premier succès à la surprise, mais les bandes de
Samory ont compté les combattants de sa colonne,
qui sont deux cents contre quatre mille. Le colonel
fait sur Kita une belle retraite, pleine d'épisodes
héroïques.

Dans sa troisième campagne, il détruit le tata de
Daba, dont les habitants avaient attaqué trois ans
avant le capitaine Galliéni dans sa marche sur le
Niger, et il va fonder le poste de Bammako, menacé
par les bandes de Samory. Fabou, frère de l'almamy,
marche contre lui ; un rude combat s'engage sur

les bords du Ouayko, dans la plaine de Bammako, entre les 3 000 Sofas de Fabou et les 240 Français qui ne triomphent qu'avec peine, car les Européens sont écrasés par la fatigue et le poids du soleil tropical. Mais le succès était plus grand qu'il n'y avait paru au cours de cette journée : Fabou ne réussit pas à remettre ses troupes en ligne devant la colonne française et dut battre en retraite, après avoir vu brûler son camp.

Le colonel Borgnis-Desbordes, par ses combats en rase campagne contre des ennemis résolus, dix ou vingt fois supérieurs en nombre, par la prise de plusieurs tatas en quelques heures, par les marches rapides, avait assuré le prestige de nos armes; Ahmadou, toujours circonspect, et Samory, rendu prudent par ses échecs, étaient d'ailleurs rivaux et peu disposés à s'unir. Ils restèrent quelque temps dans une prudente expectative qui permit aux successeurs du colonel Desbordes d'asseoir la domination française, de construire des postes solides autour desquels le pays sortira de l'anarchie. Le colonel Galliéni, revenu au Soudan comme commandant supérieur, eut à lutter contre le marabout Mahmadou Lamine, qui, au cours de son pèlerinage à la Mecque, avait traversé le Soudan égyptien, alors agité, et conçu l'entreprise de jouer en Afrique occidentale le même rôle que le mahdi sur le Nil. Il était de race sarakolé, et recruta ses premiers partisans parmi ses congénères : le colonel en profita pour jouer une politique de race, l'isoler dans un clan restreint, et, après l'avoir battu en plusieurs rencontres, il le fit poursuivre par des alliés indigènes qui le tuèrent dans un dernier combat.

En même temps, l'organisation du Soudan se poursuivait, et le rail atteignait Bafoulabé ; une canonnière française, lancée sur le Niger, allait réaliser le rêve de Faidherbe et faire flotter le pavillon tricolore dans le port de Tombouctou. Le capitaine Binger traçait un hardi itinéraire du Niger au golfe de Guinée ; reçu par Samory et par Tiéba, roi de Sikasso, il visitait au passage la métropole de Kong, le centre le plus méridional de l'Islam au Soudan ; puis, après avoir franchi la zone forestière, allait déboucher sur la Côte d'Ivoire.

Le colonel Galliéni envoyait le capitaine Péroz traiter avec Samory, et en même temps concluait avec Ahmadou une convention très favorable ; mais ces traités restaient à peu près lettre morte, et les deux puissants chefs noirs, assez intelligents pour interpréter un texte à leur convenance, croyaient avoir joué le blanc, qui, au contraire, avait assuré avec eux la paix dont il avait besoin pour en finir avec Mahmadou Lamine et établir dans les territoires occupés une base sérieuse pour l'avenir (1).

(1) En même temps, une mission traitait avec les almamys du Fouta-Djallon qui reconnaissaient le protectorat de la France. Peu après, le colonel Terrillon menait au Benin une expédition qui eut pour résultat de nous donner Cotonou et d'établir notre protectorat sur Porto-Novo. Tout un ensemble de conventions sortirent de ces événements qui réglèrent la situation de la France sur la Côte occidentale d'Afrique :

Convention franco-allemande sur le Togo (24 décembre

Le moment était venu de reprendre le mouvement en avant, et le chef était trouvé qui avait la résolution nécessaire pour entreprendre cette tâche et les talents que réclamait son exécution. Le chef d'escadron d'artillerie de marine Archinard, qui avait construit le poste de Bammako comme capitaine sous le colonel Desbordes, revint au Soudan comme commandant supérieur en 1888. Dans sa première campagne, il débarrasse sa ligne de ravitaillement d'une citadelle toucouleur, Koundian, qui la gênait, et il réunit ses moyens. Dans la seconde, il marche sur Ségou, qu'il enlève sans coup férir. Les Toucouleurs étaient comme campés en pays bambara, et Ahmadou était établi depuis plusieurs années à Nioro, afin de se rapprocher du Fouta sénégalais. C'était pour lui une dure extrémité, car il avait dû traverser le Bélédougou, pays bambara qui avait toujours repoussé l'Islam et la domination toucouleur. Dans le Bélédougou, les puits sont rares et les fusils nombreux, deux raisons pour alléger sa colonne, composée de ses plus fidèles Talibés. Il prescrivit donc que chacun ne pourrait emmener avec lui qu'une femme, et qu'une femme lui ayant déjà donné des enfants ; il y eut alors des déchirements, et une jeune mariée, restée

1885) et procès-verbal de délimitation du 1er février 1867. Traité franco-portugais du 12 mai 1886. Convention franco-anglaise du 10 août 1887. Traité sur le Fouta du 30 mars 1888. Les opérations du colonel Terrillon au Dahomey durèrent pendant les années 1889-1890. La convention avec l'Angleterre pour la ligne de délimitation à l'est du Niger (ligne Say-Barroua) est du 5 août 1890.

à Ségou, les chanta dans une romance qu'on répète
encore sur les bords du Niger et qui est charmante ;
elle est aussi très instructive, parce qu'elle dépeint
ce qu'est l'idéal du cavalier toucouleur pour la
femme qui l'aime et qui le pare de toutes les séduc-
tions : je vous dirai seulement qu'il doit être brave,
généreux, et avoir un large pantalon, dont la confec-
tion nécessite cinquante coudées d'étoffe. Ahmadou
donna l'exemple, il n'emmena qu'une femme, et
nous avons trouvé à Ségou les plus âgées de ses
épouses. Je puis vous assurer que c'étaient de
grandes dames, avec de belles manières et des mines
un peu précieuses, sensibles aux moindres attentions.

Nous avons donc pris Ségou, sans grande difficulté, car la garnison toucouleur s'enfuit dès les
premiers coups de canon, le fils d'Ahmadou en tête.
Puis nous avons pris Koghé, autre citadelle toucouleur, tout aussi facilement ; visiblement, le pays était
pour nous, et les conquérants amollis ne craignaient
rien tant que de s'exposer aux représailles des Bambaras qu'ils avaient exploités sans merci. Je vois
encore à la prise de Koghé un jeune Toucouleur se
précipiter sur mon cheval au petit galop et tenir
ma botte étroitement embrassée en m'adjurant de
ne pas le laisser captif des Bambaras. Le commandant Archinard réunit toute cette population toucouleur, 5 000 ou 6 000 personnes, et les dirigea sur
leur pays d'origine, le Fouta sénégalais. La veille
du départ, au soleil couchant, ils étaient campés
au bord du Niger, où ils firent salam pour la der-

nière fois, les vieillards en tête, les hommes derrière eux, les femmes et les enfants restés auprès de leurs pauvres bagages... C'était très impressionnant.

Le commandant Archinard voulut ensuite réduire la citadelle toucouleur de Ouessébougou qui inquiétait les confins occidentaux du Bélédougou ; il lui fallait traverser un pays nouveau ; aussi le commandant supérieur réduisit sa colonne au minimum : 292 combattants et deux canons. La résistance fut terrible. Une des deux compagnies indigènes perdit les trois Européens qui l'encadraient et fut arrêtée jusqu'à ce que le commandement pût y être reconstitué ; le combat de rues dura toute la nuit, avec sortie des défenseurs sur l'ambulance et la tente du commandant ; le lendemain, les auxiliaires bambaras, convenablement harangués, donnent en masse avec le plus grand courage et emportent le village. Au moment où ils couronnent les murs du *dionfoutou* (demeure du chef), une explosion se fait entendre et une grande flamme s'élève : c'est le chef qui s'est fait sauter, selon la coutume du pays. Et quelques groupes isolés tenaient encore dans le village, où l'on se battit toute la nuit. La colonne française avait perdu plus de la moitié de son effectif.

Par le fanatisme de son peuple, encore plus que par le sien propre, Ahmadou était obligé de continuer la lutte. Une colonne toucouleur vint attaquer le poste de Bafoulabé, dont elle fut repoussée avec grandes pertes ; le surlendemain, le capitaine Ruault la surprenait au coucher du soleil avec

une centaine de tirailleurs, 25 auxiliaires armés
de fusils à pierre et une pièce de quatre, contre un
millier de cavaliers et 2 000 à 3 000 fantassins. Il
se forme en carré et l'ennemi constate le petit
nombre des assaillants qu'il attaque toute la nuit
avec une extrême violence. Pensez que les Toucouleurs sont armés seulement de fusils à pierre et
que, pour tirer leur coup de feu, ils doivent s'avancer
sous les balles pendant plusieurs centaines de mètres.
Ils sont trente ou quarante contre un, mais plus
ils sont nombreux, plus ils sont tués, parce que le
tirailleur ne se laisse pas émouvoir par les hurlements de rage qui retentissent autour de lui de
tous côtés. En pareil cas, c'est le sang-froid du chef
et la confiance de la troupe qui font le succès. Après
le beau combat de Kalé, le commandant Archinard
va riposter à l'attaque des Toucouleurs en allant
prendre le gros village de Koniakary, où il établit le
lieutenant Valentin, qui avait si bien défendu Bafoulabé ; contre les murs de Koniakary, une colonne de
10 000 Toucouleurs vint s'écraser deux mois après.

Mais voici le moment de porter les coups décisifs.
Le colonel Archinard achève la ruine de la domination toucouleur en détruisant le royaume de Kaarta.
Ce fut l'affaire de trois beaux combats en rase
campagne, occasion de manœuvres heureuses. Cela
fait, et le territoire de Nioro organisé, le colonel
Archinard marche vers Ségou à travers le Bélédougou : la restauration des Famas Bambaras avait
donné prétexte à quelques pillages, d'où des troubles
et une révolte à soumettre : elle s'était concentrée

dans le village de Diéna, que nous avons pu attaquer dans de meilleures conditions que Ouessébougou l'année précédente, parce que nous disposions de plus de monde et que nous avons pu cerner le tata et le prendre en la seule journée du 24 février 1891. C'est la veille que la colonne l'a entouré avec une forte compagnie de réguliers, trois petites compagnies de tirailleurs auxiliaires, une section de 4 de montagne, une section de 65 de marine, un petit mortier de 15 et un peloton de spahis, en tout environ 500 combattants ; les troupes marchent et combattent depuis deux mois et demi. Un millier de guerriers auxiliaires les accompagnent.

Le contact est pris aussitôt avec le détachement du lieutenant de vaisseau Hourst, qui, avec 27 laptots ou tirailleurs et 200 à 300 auxiliaires, occupe un tata placé contre l'enceinte à attaquer ; Hourst a perdu une centaine d'hommes tués ou blessés ; 1 600 guerriers sont réunis dans le village révolté, que deux compagnies auxiliaires surveillent pendant la nuit.

Le 24, à la pointe du jour, deux compagnies s'établissent devant la face ouest ; l'artillerie y commence le tir en brèche pendant que le mortier bombarde l'intérieur du village. Les deux autres compagnies sont devant la face nord ; les spahis, renforcés de cavaliers auxiliaires, se montrent sur les faces est et sud.

La section de 65 continue son tir pour en déblayer les abords, et à 8 heures du matin les deux brèches ouest sont praticables. La section de 4 change de pointeur et se met en batterie devant la face nord, à

300 mètres du tata, d'où part un feu violent et assez efficace. Mais la déclivité du terrain commande cet emplacement rapproché.

A une heure, le lieutenant-colonel Archinard fait sonner l'assaut. Les auxiliaires qui doivent entrer les premiers s'entâssent sur les brèches, mais quelques-uns seulement entrent dans les premières cases. Mais aucun tata n'a jamais pu être enlevé d'assaut uniquement par des contingents indigènes irréguliers. L'action de nos troupes apparaît bientôt comme indispensable : elles sont prêtes et s'avancent sur la face nord, la compagnie Marchand (64 hommes) entre par la brèche de droite, ses deux officiers sont promptement hors de combat ; le capitaine Klobb, chef d'état-major, en prend le commandement, et, quoique blessé, rallie les tirailleurs auxiliaires et progresse dans l'intérieur de village. Par la brèche de droite, une section de 30 tirailleurs entre en bousculant les auxiliaires, elle s'empare d'un « dion-foutou », demeure de chef solidement défendue, mais elle perd la moitié de son effectif ; son chef est atteint de trois blessures ; elle reçoit l'ordre de s'arrêter et s'établit sur la position qu'elle vient d'enlever.

Sur la face ouest, la compagnie Sensaric donne l'assaut, un peloton sur chaque brèche ; les auxi-liaires de Mademba, placés de ce côté, sont d'an-ciens sofas d'Ahmadou entrés à notre service : « Le lieutenant Sensaric entraîne tout le monde, tirail-leurs et sofas ; il combat lui-même : l'ennemi est rejeté en arrière ; une partie recule vers l'angle nord-ouest du tata, où on la poursuit ; l'autre recule

vers l'est, poussée, bousculée par le lieutenant Sensaric. L'ennemi se défend avec acharnement ; chaque
détour de rue, chaque mur, chaque case a ses défenseurs : il faut lès déloger à la baïonnette. Mais au
moment où les tirailleurs Baudot et Sensaric se
réunissent, l'excitation est à son comble chez tous
les nôtres. les sofas de Mademba crient : « Vivent
« les blancs ! Vivent les tirailleurs ! ». Et ceux-ci,
tout fiers de montrer ce qu'ils valent, répondent
par : « En avant ! »

« Sensaric profite de ce moment d'entrain, il va
loin devant, monte sur une terrasse et agite le
drapeau tricolore de Mademba, qu'il prend des
mains d'un sofa ; il est au milieu du village. Le
clairon sonne la charge à côté de lui, l'ennemi est
culbuté, les deux sections qui forment la droite et
la gauche de Sensaric se portent vite à sa hauteur.
les sofas ne veulent pas laisser leur drapeau à d'autres et l'arrachent des mains du lieutenant qui les
pousse en avant.

« Les cartouches de réserve, envoyées constamment de la brèche, manquent un moment, et deux
groupes nombreux d'ennemis, arrivant de deux
côtés différents, débouchent dans le quartier où
sont les tirailleurs ; ils sont reçus à l'arme blanche ;
un tirailleur est tué raide, tous ceux qui entourent
le lieutenant et le lieutenant lui-même sont blessés.
La mêlée est complète, mais bientôt tous les nôtres
sont au centre du village et le succès est assuré.

« Une section de renfort, envoyée à la compagnie
Marchand, la pousse jusqu'à ce point ; l'ennemi est

rejeté vers la section établie près de la deuxième brèche nord, qui résiste, puis se porte en avant à son tour, bien qu'ayant perdu la moitié de son effectif.

« Le caporal Birama Sidibe, cruellement blessé, chantait à tue-tête les louanges de son sous-lieutenant et de ses compagnons d'armes, pendant qu'on le portait à l'ambulance, et il avait bien raison ! » (1). A 4 heures le village est à nous.

Les fuyards sont chargés à trois reprises par les spahis du lieutenant Laperrine, auxquels se sont joints les lanciers peuhls, nos alliés.

Cette affaire nous avait coûté 11 tués et 109 blessés.

Enfin, pour terminer la campagne, le colonel Archinard va donner contre Samory un furieux coup de boutoir qu'il pousse jusqu'à la capitale de l'almamy, Bissandougou, et il nous laisse dans un poste improvisé contre le grand village de Kankan, avec deux compagnies de tirailleurs et deux canons, au contact immédiat de l'ennemi. Atteint d'un grave accès de bilieuse hématurique, le colonel avait passé le Niger en civière, et c'est autour de sa civière qu'il nous réunit pour nous faire ses adieux avant de prendre le chemin du retour avec le gros de la colonne. Nous sentions qu'il nous laissait une partie de son œuvre, et nous craignions de l'entendre parler pour la dernière fois, et je n'ai jamais oublié

(1) *Journal officiel*, nᵒˢ du 10 au 29 octobre 1891. Renseignements sur la situation des colonies. Rapport du lieutenant-colonel d'artillerie de marine Archinard, commandant supérieur du Soudan français, sur la campagne 1890-1891.

cette scène émouvante : le colonel nous rappela
toute la grandeur de la tâche que nous poursuivions
au Soudan, toutes les idées généreuses que représentait la puissance française, puis il évoqua tout
d'un coup les champs de bataille européens où il
nous donnait rendez-vous.

Je ne vous raconterai pas les petites opérations
autour de Kankan qui ont suivi le départ de la
colonne et qui ont duré cinq mois, jusqu'à ce qu'une
autre colonne fût venue pour continuer la conquête
pendant la campagne de 1892. Nous avions alors
devant nous, il est possible de le dire sans exagé-
ration, un nouvel ennemi, un Samory dont les sofas
étaient armés de fusils à tir rapide. C'étaient surtout
des fusils modèle 1874, des fusils Gras, ou bien des
fusils Chassepot modèle 1866, transformés par les
forgerons de l'almamy pour tirer la cartouche métal-
lique (1). Les commerçants anglais de Sierra-Leone,
avec l'aide du gouverneur de cette colonie britannique (2), approvisionnaient les sofas qui, dans cette

---

(1) Ils fabriquaient de toutes pièces des culasses mobiles,
qui, avec des pièces de rechange, rendaient d'assez bons services. Il fallait changer les ressorts à boudin après quarante
ou cinquante coups, la tête mobile après quatre-vingts ou
quatre-vingt-dix coups, etc. Mais le grand nombre des sofas
permettait de garder à la fusillade une intensité suffisante.

(2) La provenance de ces armes ne pouvait être douteuse
et de nombreux témoignages l'ont démontrée. En 1893, le
capitaine Briquelot, pendant ses opérations dans le sud,
saisit dans le camp du chef sofa Bilali une lettre du gouverneur de Sierra-Leone, lui offrant de grandes facilités pour
venir se réapprovisionner en fusils et en munitions. L'Angleterre a souvent soutenu que le trafic des armes était un

campagne, tirèrent beaucoup plus de cartouches que
nos troupes. Dans l'arsenal de Samory, qui tomba
en notre pouvoir vers la fin de la campagne, nous
avons trouvé encore 71 300 cartouches de modèle
européen et de quoi en réfectionner 60 000 autres (1).
La colonne Humbert ne comportait aucune réserve
de troupes européennes ; son prédécesseur, le colonel
Archinard, avait renoncé à leur emploi qui nécessitait un ravitaillement très considérable et dans ces
climats une monture pour chaque fantassin. La
confiance réciproque entre les tirailleurs et spahis
soudanais d'une part, leurs cadres européens d'autre
part, était devenue absolue. L'emploi des compagnies auxiliaires levées pour la colonne de cinq ou
six mois s'était généralisé ; des officiers de l'état-
major du commandant supérieur les encadraient ;
en peu de temps elles faisaient figure dans la colonne,
et après les premiers combats elles valaient les
compagnies régulières." Le soldat noir s'instruit très
vite et il possède naturellement toutes les qualités
qui font le bon soldat." L'effectif de la colonne
Humbert était au début de 1 100 combattants ; il
fut réduit dans les derniers mois à quelques centaines par les détachements, garnisons, escortes de
convois ; elle perdit en dix-sept combats 81 tués

commerce comme un autre, qu'elle n'interdisait même pas
si ses troupes devaient en souffrir ; mais ici, son représentant
officiel se faisait l'agent direct des bandes en lutte contre la
France et armait les chasseurs d'esclaves.

(1) *Au Niger*, par le commandant Péroz. *La Force noire*,
par le lieutenant-colonel Mangin, p. 196-198.

et 176 blessés, soit 257 hommes atteints par le feu.

Samory avait un réel sentiment de la guerre ; il sut immédiatement se servir de la portée de ses armes sans toutefois exagérer le tir à grande distance, et la rapidité du feu. Ses positions de défense étaient judicieusement choisies : il savait varier ses dispositions sur le terrain même du combat et profiter des leçons de l'expérience. Ses sofas joignaient à leur bravoure naturelle un dévouement personnel à leur chef, qui leur assurait de fructueux pillages et des distributions de captifs ; Samory avait en outre un prestige personnel et de véritables qualités de commandement.

Les opérations du colonel Humbert se terminèrent par la fondation des postes de Bissandougou et de Sanankoro, mais Samory restait irréductible et il avait entièrement dévasté les régions que nous avions occupées. C'est seulement peu à peu et quand il fut progressivement chassé que les malheureuses populations revinrent construire leurs villages et cultiver leurs terres abandonnées. Elles bénissaient la domination française qui les protégeait et faisait régner partout l'ordre et la paix.

Le colonel Archinard revint l'année suivante au Soudan comme gouverneur. Sous ses ordres, le colonel Combes poursuivit de nouveau Samory et le rejeta beaucoup plus loin dans l'est. En même temps, le colonel Archinard prenait Djenné et Bandiagara, et les restes de la domination toucouleur disparaissaient du Niger.

Nous sommes à la fin de l'année 1893. L'organi-

sation des territoires conquis marchait à grands pas ;
le rail s'acheminait vers le Niger et une ère de
prospérité semblait s'ouvrir pour la nouvelle colonie. Le lieutenant-colonel Bonnier, qui remplace le
colonel Archinard comme intérimaire, va donner un
coup de boutoir à une colonne de Samory qui venait
ravager le pays à un centaine de kilomètres dans
l'est de Bammako. A ce moment le lieutenant de
vaisseau Boiteux part sans ordres pour Tombouctou
avec la flottille du Niger et occupe la ville ; son
second, l'enseigne de vaisseau Aube, est massacré
entre Tombouctou et Kabara, port de Tombouctou.
Sans hésiter, le colonel Bonnier se porte sur Tombouctou avec une flottille de grandes pirogues au
secours de Boiteux. Il dirige en même temps une
colonne sur la rive gauche du Niger, qui doit le
rejoindre par Sokolo et Goundam, sous les ordres
du chef de bataillon du génie Joffre, alors au Soudan
pour la construction du chemin de fer. La colonne
Bonnier marche à sa rencontre. Entre Tombouctou
et Goundam, elle est surprise au petit jour dans son
campement de Tacoubao, et elle est entièrement mas-
sacrée par les Touareg. Le commandant Joffre arrive à
Tombouctou et prend le commandement des troupes.

A ce moment même, un événement bien imprévu
se produisait : l'arrivée à Kayes d'un gouverneur
civil à la place du colonel Archinard. L'opinion
publique, en France, ne s'était jamais intéressée aux
événements dont le Soudan était le théâtre ; la politique coloniale était en défaveur ; c'est tout au plus

si on parlait de pénétration pacifique, en opposant
la marche rapide des explorateurs à la progression
des colonnes qui engagent avec elles le pavillon
français et qui ont la tâche de l'organisation. Un
budget de 7 ou 8 millions pour le Soudan, pourtant
bien modeste, si l'on considère les résultats obtenus,
effrayait le Parlement, mal renseigné. On parlait
de missions économiques allant proposer aux chasseurs d'esclaves de renoncer à leur fructueux commerce ; nous avions pris trop de territoire, il fallait
s'arrêter. Nous connaissons ce couplet, vieux comme
le monde, et nous avons vu en Algérie et au Maroc
quelle dangereuse utopie il incarne. Hâtons-nous
de dire qu'au Soudan la pénétration, l'occupation
a continué ; la politique des missions a eu néanmoins un déplorable résultat : la tâche qui leur a
été confiée, dépassant leurs moyens d'action, les a
forcées à sortir de leur rôle. Quelques officiers ont
alors levé des troupes, et, ne pouvant leur donner
rien qui ressemblât à une organisation régulière,
leur ont promis le pillage avec toutes ses conséquences ; d'où la mission Voulet-Chanoine... Je n'en
dirai pas davantage. J'ajoute que l'économie budgétaire, mise en avant à plusieurs reprises, se tra-
duit par une dépense : après la prise de possession,
il fallut envoyer des troupes d'occupation, dont
l'effectif aurait pu être moindre si elles étaient arrivées avec le prestige de la victoire.

Mais voici le gouverneur civil à Kayes, capitale
du Soudan, avec l'arrêt des opérations militaires

comme seule raison d'être. Il ne se contente pas de cette instruction générale, il donne des ordres de détail afin d'arriver plus certainement au résultat, et pour limiter plus sûrement le commandant Joffre, qui peu de mois auparavant enseignait la fortification aux officiers de Fontainebleau, il lui ordonne l'établissement d'un retranchement englobant Tombouctou — Kabara, son port à 12 kilomètres de la ville, — et Goundam, à 120 kilomètres dans l'ouest. Cette muraille de Chine de 250 kilomètres — une « chemise triangulaire », dit le gouverneur, — qui va arrêter les Touareg, le commandant Joffre la construira et la défendra avec 600 hommes... C'était beaucoup plus difficile que de gagner la bataille de la Marne. Le futur maréchal de France pacifia la région de Tombouctou sans chemise triangulaire, par des opérations très actives, en traquant les Touareg par de multiples petites colonnes, et il quitta ensuite le malheureux Soudan. Car les aberrations continuèrent. Alarmé par la situation de Tombouctou, le gouverneur réclame plusieurs compagnies de légion étrangère, et le gouvernement lui en envoie une, qui coûta fort cher et fut complètement inutile. La politique indigène fut également bouleversée par les fantaisies du gouverneur ; la ligne ferrée Kayes-Niger vit ses travaux arrêtés pendant plusieurs mois. Ce gouvernement était néfaste à tous égards : pour arrêter les opérations militaires et les travaux du chemin de fer, le nouveau gouverneur dépensa plus que son prédécesseur pour tripler l'étendue de nos possessions et faire

progresser la colonie dans toutes les œuvres de paix.
Enfin le mécontentement des indigènes, des commerçants, de tous les administrés et de tous les subordonnés du gouverneur furent tels qu'un vote unanime de la Chambre des députés amena son rappel, que salua un grand soupir de soulagement. Jamais choix plus mauvais n'avait été fait dans des circonstances plus malencontreuses pour une tâche plus malfaisante.

Pour le remplacer, le colonel de Trentinian, alors commandant supérieur des troupes du Sénégal, en résidence à Saint-Louis, fut désigné comme gouverneur par intérim. Il y avait fort à faire pour remettre de l'ordre dans l'infortunée colonie, mais il y réussit parfaitement ; les travaux, les essais d'agriculture, les écoles, la justice indigène, toute l'organisation générale reprirent sur de nouvelles bases. Son œuvre dure encore, malgré les préventions, et ses instructions, ses circulaires sont souvent consultées par ses successeurs, et rééditées avec quelques petits changements. Ce fut un grand organisateur.

Mais il fallait aussi continuer la pénétration, parce qu'il est plus difficile de conserver la partie que le tout et parce qu'il est vain de penser qu'on pourra garder une frontière paisible avec des populations barbares. Tiéba, le fama de Sikasso, avait été notre allié contre Samory, et il s'était lié d'amitié avec le capitaine Quiquandon, envoyé par le colonel Archinard pour résider auprès de lui et le guider dans son gouvernement ; pourtant, à mesure que notre domination s'affermissait, il s'était détaché de nous, et le lieutenant Marchand, qui avait succédé au capitaine Quiquandon, signalait ses relations fort suspectes avec Ahmadou et avec Samory.

Son frère Babemba lui avait succédé et avait fini par lever le masque. Il renvoya ignominieusement l'officier qui avait remplacé le lieutenant Marchand, et il avait commencé les hostilités. La prise de sa capitale, Sikasso, ville de 35 000 habitants, que défendaient 10 000 sofas bien armés, fut l'œuvre du colonel Audéoud, avec une colonne de 1 200 hommes. Ce fut un rude assaut de quarante-huit heures, et il fallut des canons de 95 à obus chargés de mélinite pour en venir à bout : mais ils se trouvaient à pied d'œuvre.

Puis Samory, après les opérations de la colonne Monteil sur la Côte d'Ivoire, restait dangereux ; irréductible, il pouvait reprendre des forces, et d'ailleurs n'avait jamais renoncé à ses razzias d'esclaves. Poursuivi, il fut enfin atteint et battu ; il se rejeta sur les lisières de la grande forêt vierge, suivi d'une horde dè 120 000 personnes qui ravageaient tout sur leur passage, sorte de migration qui rappelait celles de l'antiquité. Tout ce peuple était dans une extrême misère, mourant de faim aux lisières de la forêt. Enfin le capitaine Gouraud, mis à sa poursuite, prit sa piste, la nuit, avec une petite colonne de 200 tirailleurs ; la marche était extrêmement pénible sous des pluies équatoriales presque continuelles, dans un terrain alternativement marécageux et rocheux, au milieu de cadavres en putréfaction ; enfin voici le camp de l'almamy.

Il faut prendre Samory avant qu'il ait le temps de se reconnaître, le prendre vivant pour qu'aucune légende ne puisse se former autour de lui, donc éviter tout combat en profitant de l'abattement général et de la surprise. Pourtant ce sont les faibles qui souffrent et qui meurent ; les chefs, les guerriers les plus solides, trouvent toujours suffisamment de nourriture et sont capables de résistance.

Le capitaine Gouraud fonce néanmoins sur le camp de l'almamy en donnant l'ordre de ne pas tirer un coup de fusil. Il aborde le camp par l'ouest, alors que toutes les grand'gardes font face dans la direction opposée, et les tirailleurs bondissent autour de l'almamy qui lisait le Coran tranquillement assis dans une chaise longue... Samory essaie de fuir, mais il est promptement rejoint et les sofas posent les armes ; sans un coup de fusil, le capitaine Gouraud, par son audace et les adroites dispositions qu'il a prises, a capturé notre vieil ennemi qui luttait contre nous depuis seize ans.

« A une heure, la favorite Sarankegny, suivie des 300 femmes et des 320 enfants de l'almamy, vient faire sa soumission : les plus jeunes fils, de huit à quatorze ans, remarque le capitaine Gouraud, forment un petit groupe qui a fort bon air. »

Mais le malheureux Soudan devait connaître de nouvelles vicissitudes. La prise de Sikasso avait été autorisée par le gouvernement ainsi que les opérations qui avaient amené la capture de Samory ; en outre, des missions d'officiers venaient, sur l'ordre venu de Paris, de réunir nos possessions du Soudan,

de la Côte d'Ivoire et du Dahomey par l'occupation
du Mossi, centre de la boucle du Niger, coupant ainsi
la route aux entreprises anglaises qui s'avançaient
de la côte. C'étaient là de magnifiques résultats,
obtenus par le général de Trentinian, parallèlement
à son œuvre d'organisation. C'est pourquoi son poste
fut supprimé et la malheureuse colonie fut dépecée
entre les colonies côtières ; le centre seul resta,
l'ancien Soudan, qui ne forme plus qu'un territoire
du « Haut-Sénégal et du Moyen-Niger ». Le Soudan
était rayé de la nomenclature administrative, mais
non de l'histoire.

Heureusement ce gouvernement au petit pied,
administré directement par le gouverneur général
de Dakar fut en réalité sous les ordres de M. Mer-
laud-Ponty, qui avait fait son apprentissage sous
les colonels Archinard, Humbert et de Trentinian,
et qui, après avoir pendant quelques années exercé
les fonctions de gouverneur, en prit le titre. Il faut
attendre 1920 pour voir reparaître la colonie du
Soudan, mais c'est après son amputation d'une
bonne partie de son territoire et de sa population
pour former la colonie nouvelle de la Haute-Volta.

Si nous jetons les yeux sur les colonies de l'Afrique
occidentale, nous les voyons réunies en un groupe
sous l'autorité d'un gouverneur général qui réside
à Dakar. Le groupe de colonies est une conception
de M. Paul Doumer, qui l'a réalisée en Indochine ;
en créant le budget du gouvernement général, elle
permet de faire aider les colonies les plus pauvres

par les colonies les plus riches, d'exécuter les grands travaux d'intérêt commun, chemins de fer, ports, routes. Le gouvernement général avait été créé nominalement dès 1895, mais c'est M. Roume qui mit au point ce régime en Afrique occidentale, où il se montra un grand organisateur.

Le groupe de l'A. O. F., formé du Sénégal, Guinée française, Côte d'Ivoire, Dahomey, Haute-Volta, Soudan, Mauritanie, compte 12 273 000 habitants; le territoire du Togo allemand, où la France a reçu mandat de la Société des Nations, en compte 670 000. Le budget du gouvernement général est de 72 millions ; l'ensemble des budgets locaux (des colonies) de 111 millions ; avec les budgets annexes (chemin de fer et ports), on arrive au total de 211 millions qui paie toutes les dépenses civiles. En 1913, le budget général était de 34 millions et l'ensemble des budgets locaux de 38 millions. Le premier est surtout alimenté par les douanes, et il a souffert pendant la guerre par suite de la difficulté des transports ; les échanges restent difficiles, et l'augmentation du fret les a encore réduits ; aussi le produit des douanes a beaucoup baissé pendant la guerre; il se relève, mais cette augmentation ne couvre pas encore tout à fait la diminution de la valeur de l'argent. Les budgets locaux, au contraire, sont florissants ; le paiement des primes d'engagement et des indemnités de famille aux tirailleurs mobilisés ont beaucoup contribué à les maintenir pendant la guerre, et cet argent continue à circuler dans les colonies du groupe. En somme, la situation financière est bonne et tend à devenir meilleure encore.

La paix est complète dans ces immenses terri-toires, dont les habitants continuent à se rapprocher de nous. Il y a beaucoup à faire sous bien des rapports, mais on le sait et on travaille. L'instruction, notamment, nécessite encore un gros effort ; les maîtres manquent, les installations, les livres scolaires restent très insuffisants. On est péniblement surpris de constater qu'au Sénégal, même dans les communes de plein exercice dont les habitants sont électeurs, même dans les grandes villes comme Dakar, le nombre des illettrés est tel que les recrues régulièrement fournies ignorent presque tous le français et qu'aucun ne sait ni lire ni écrire.

Il faut multiplier les écoles normales d'instituteurs indigènes et favoriser tous les établissements d'instruction. Nos Ordres religieux rendent les meilleurs services en Orient et en Amérique en y enseignant la langue française : pas plus aux colonies qu'à l'étranger, l'anticléricalisme ne doit être un objet d'exportation.

Mais dans un pays où la population est très clair-semée, c'est seulement au régiment que l'indigène de la brousse apprendra le français, et nous y veillons ; il faut qu'après sa libération il soit encouragé à en répandre l'usage autour de lui : tout est à faire dans ce sens. Ce n'est pas que l'instruction soit une panacée et qu'elle suffise à elle seule pour amener l'indigène à l'état de civilisation. Mais l'instruction primaire, lecture et écriture, est indispensable ; le reste viendra ensuite.

L'œuvre de l'assistance médicale indigène est esquissée et la formation de sages-femmes et d'aide-médecins pris dans la population et formés dans nos nouvelles écoles donnera de bons résultats, mais le nombre des médecins européens est tout à fait insuffisant ; les médecins civils sont rebutés par la rude vie que nécessite cette tâche, malgré les sérieux avantages qui leur sont consentis. Les médecins militaires coloniaux s'y adonnent, mais leurs cadres sont en déficit, comme ceux des médecins militaires de la métropole, d'ailleurs, et on n'aperçoit pas la fin de cette crise. L'utilisation des indigènes sera donc d'un précieux secours, devenu indispensable, comme le démontre la faible augmentation de la population indigène, si forte dans la race noire aux États-Unis et aux Antilles.

La mise en valeur d'une colonie aussi étendue nécessite impérieusement la construction des chemins de fer, car le seul mode de transport réellement pratiqué, c'est l'homme, transformé ainsi en une bête de somme : le portage est certainement le plus mauvais emploi du travail humain. La ligne de Dakar-Saint-Louis et la ligne Kayes-Niger sont terminées depuis longtemps ; elles seront réunies cette année par la ligne Thyès-Kayes, qui s'achève en ce moment. De la côte, quatre lignes principales se dirigent vers l'intérieur : en Guinée, Conakry-Niger, qui est terminée jusqu'à Kankan ; en Côte d'Ivoire, au Dahomey et maintenant au Togo... Il reste à souder tous les tronçons, qui d'ailleurs ont chacun leur vie indispensable. Mais dès maintenant la longueur de nos lignes dépasse 2 200 kilomètres. C'est M. Roume qui a donné le plan général de ce réseau et procuré les moyens financiers pour le réaliser ; c'est également à lui qu'on doit le premier port de Dakar dont l'agrandissement est devenu indispensable ; c'est le plus important de toute la côte africaine sur l'Atlantique, et il est dès maintenant fort bien outillé pour permettre aux bâtiments de faire escale en s'approvisionnant en eau, charbon, légumes frais. Mais il manque d'une institution malheureusement essentielle sous les tropiques, un service d'hygiène ayant une autorité effective. Il n'est pas un Européen qui y ignore le danger des moustiques, véhicules du paludisme et de la fièvre jaune, et la nécessité impérieuse d'empêcher leur propagation par la propreté minutieuse des habitations et de leurs abords. C'est par des mesures simples mais rigoureusement observées que la fièvre jaune a été supprimée à Cuba par les Américains et par les Brésiliens à Rio-de-Janeiro, que les Français ont enrayé le paludisme à Ismaïlia et tout près de Dakar, à Conakry. Mais l'absence d'autorité a jusqu'à présent empêché d'assainir Dakar, où les navires étrangers évitent de faire escale malgré toutes les facilités qu'ils y trouvent.

Une grande œuvre est en préparation qui aurait pour résultat une importante création de richesse : c'est l'irrigation de la vallée du Niger, ce qui permettrait d'y mettre en valeur plus d'un million d'hectares. Or ces terres sont propres à la culture du coton, et nous cesserions d'être tributaires de l'Amérique, qui en ce moment s'outille pour travailler sa production qu'elle nous vendra par conséquent de plus en plus cher, à moins qu'elle ne la garde. Les études se poursuivent activement, tant pour ces grands travaux que pour la culture cotonnière. Cette région est une nouvelle Égypte. Ces grands travaux font partie du plan que M. Albert Sarraut, actuellement ministre des Colonies, a exposé au Parlement.

Les intérêts des indigènes sont de plus en plus liés au développement de la colonisation et, par conséquent, concordent avec les nôtres. Nous ne pourrions compter sur la durée de la reconnaissance que nous a témoignée la génération de la conquête : aucun peuple n'a la mémoire assez longue pour se souvenir éternellement des bienfaits qu'il a reçus. Mais les indigènes sont dans l'ensemble heureux de leur condition ; ceux qui réfléchissent sentent que nous faisons beaucoup pour améliorer leur sort ; entre eux et nous, il n'existe aucune barrière : c'est à peine si un quart de la population pratique l'islamisme et encore de façon assez tiède, sauf pour quelques races. Mais il faut se garder d'en favoriser la propagation, et je dois constater qu'il est nécessaire de répéter cette vérité première.

Actuellement le musulman orthodoxe doit vouloir la suprématie de sa religion partout où le nombre des croyants rend cette suprématie possible ; le prosélytisme, au besoin par le sabre, est un devoir absolu ; l'obéissance au chrétien n'est jamais qu'un malheur dont il faut s'efforcer d'abréger la durée. Il est possible que l'islam puisse se réformer et devenir une religion tolérante, et dès maintenant le nombre augmente de ses disciples qui penchent vers une formule religieuse permettant le développement d'une civilisation proche de la nôtre ; par contre, la guerre a réveillé le fanatisme islamique, et c'est là un fait indéniable, il reste un grave danger.

C'est le sentiment religieux de nos protégés que nous devons respecter, ce n'est pas l'islam en soi. La confusion est trop fréquente et elle a pour résultat d'ajouter notre prestige à celui de l'islam, d'accroître la ferveur de ses adhérents et d'en augmenter le nombre. Il est des élégances de costume ou de manières qui sont de mauvais ton : il est également des élégances intellectuelles qui sont déplacées, et l'affectation d'un respect exagéré, d'une extrême sympathie pour l'islam est de celles-là. Le fait d'envoyer des tolbas venant d'Algérie pour enseigner le Coran dans les médersas de l'Afrique occidentale, à Djenné et à Tombouctou, a été une faute, il faut savoir le dire.

Dans son dernier rapport au sous-secrétaire d'État des colonies, le colonel Archinard s'exprime ainsi, en avril 1894 :

« Si j'ai respecté toutes les croyances, si je me suis attiré même l'affection des musulmans en me montrant souvent leur protecteur, je n'ai cependant pas voulu qu'ils puissent faire de la propagande à notre suite dans les pays fétichistes qui avaient toujours su leur résister et qui s'étaient donnés spontanément à nous, quand nous sommes arrivés au Soudan, pensant qu'ils trouveraient en nous un rempart contre l'islamisme et des défenseurs contre ceux qui tenaient plus encore à leur enlever leurs femmes et leurs filles qu'à augmenter le nombre des disciples du prophète.

« Là où les Musulmans n'étaient pas installés avant notre arrivée, je pense que c'est un devoir de les empêcher de s'installer en maîtres, c'est répondre à la confiance que les populations fétichistes ont eue en nous. Libre aux musulmans d'y habiter et de s'y conformer à la loi du prophète, mais que ceux qui ont besoin pour affirmer leur foi d'élever des mosquées, de troubler le sommeil de tout le monde en faisant du soir au matin au haut des minarets des appels à la ferveur des croyants, que ceux qui ont besoin de convertir les voisins, pour se voir, avec orgueil, cérémonieusement entourés de nombreuses files de disciples quand ils font publiquement leur Salam, ou qui prétendent juger suivant le Coran de pauvres diables à qui ils en imposent en leur faisant croire que nous le désirons ainsi, que ceux-là retournent d'où ils viennent, à Goumbou, à Djenné, dans tous les centres musulmans que nous avons trouvés entièrement musulmans et où nous regardons les musulmans comme chez eux. Donner aux musulmans la protection que nous devons à tous nos sujets, leur garantir le libre exercice de leur culte, la sécurité pour leurs biens, mais ne pas les favoriser, ne pas leur laisser prendre sur nos populations fétichistes, qui sont pour nous le grand nombre, un ascendant qu'ils n'avaient pas encore pu prendre, telle est, je crois, la ligne de conduite à suivre au Soudan, c'est celle que j'ai suivie.

« Je pense, comme l'écrivait le capitaine Bin-
« ger (1), que les qualités du cœur ne font pas défaut
« aux Bambaras, qu'ils sont bons, généreux et de-
« viennent rapidement d'utiles auxiliaires pour les
« blancs et que, sous peu, nous aurons l'immense
« avantage de pouvoir les employer de préférence aux
» musulmans qui, ne pouvant servir deux maîtres à
« la fois, nous sacrifient généralement à leur religion. »

« Je ne peux parler avec la même autorité pour les pays de l'Afrique que je n'ai pas visités, mais je suis persuadé qu'au Soudan nous pouvons sans grands frais arrêter les progrès de l'islamisme, le faire reculer même. Il suffit de le vouloir.

« Qu'on ait raison de favoriser l'islamisme sous prétexte qu'on n'est pas soi-même un catholique convaincu ne peut guère se soutenir et c'est trahir les intérêts français. Le catholicisme avec son imposant cérémonial convient mieux encore aux populations noires que l'islamisme. A leurs yeux, il est vrai, le christianisme a l'inconvénient de ne pas permettre la polygamie, mais que nos missionnaires ne se montrent pas tout de suite intransigeants à cet égard, qu'ils cherchent d'abord à faire admettre la légitimité d'une seule femme avant d'exiger la répudiation de toutes les autres et leur doctrine sera écoutée.

« Les exigences sociales, le développement du

(1) *Essai sur la langue bambara* (1886).

commerce même viendront à leur aide. Les Wolofs et la plupart des noirs qui vivent près de nous et de nos commerçants n'ont généralement qu'une femme, heureux encore quand ils peuvent faire face aux dépenses qu'elle nécessite. A notre contact, les fétichistes éprouvent le besoin d'abandonner leurs grossières pratiques religieuses, il faut qu'ils trouvent devant eux autre chose que l'islamisme, ils deviendront catholiques si nous le voulons et ils nous seront alors réellement attachés (1).

(1) La nature toute primitive des indigènes les pousse assez souvent au zèle religieux, mais ils deviennent aussi facilement de fervents catholiques que de fanatiques musulmans. C'est au nom de la Vierge et avec des drapeaux sur lesquels il avait inscrit « pour Dieu et pour la France ! Jésus ! Marie ! » que Paul Holle se couvrit de gloire à Médine du temps de Faidherbe, et encore aujourd'hui nous retrouvons chez nos indigènes les sentiments qui firent de Paul Holle un héros. J'ai sous la main une lettre adressée au commandant Klobb par un de nos officiers noirs ; j'en ai vu de nombreuses écrites dans le même style. J'en respecte jusqu'à l'orthographe : « Mon commandant, je profite du passage d'A. S. pour vous adresser ces quelques mots. J'ai l'honneur de vous prier de remercié le colonel Archinard de la bonté qu'il m'a témoigné et lui dire que je prie le seigneur de le conduire heureusement dans sa patrie, d'y confondre l'insolence de ses ennemis et de lui faire voir en paix sa bonne famille. O mon commandant, votre sagesse qui n'a besoin de rien ne me laisse rien à désiré pour vous, aller tous deux, vivez heureux ensemble et souvenez-vous de ma vie. Adieu, mes braves officiers que le bon Dieu vous ai en sa sainte et digne garde. Votre très fidèle et très obéissant serviteur. » Cela ne vaut-il pas mieux que les « salut à celui qui suit la voie orthodoxe » et « bénédiction de Dieu sur son prophète, roi des croyants, montagne de sciences et Tidiani, que par lui Dieu disperse les infidèles, etc... »

« Plus que dans aucune autre de nos colonies, il faut faire au Soudan de la propagande religieuse, parce que c'est de la propagande française et, quelles que soient nos sympathies, nous n'avons pas le choix de la religion à propager, car l'islamisme nous fait des rivaux et des ennemis et, en Afrique, le protestantisme fait des sujets anglais.

« J'ai eu à lutter en 1888 pour pouvoir établir à Kita la première mission catholique, une seconde mission se fonde actuellement à Dinguira près de Kayes, des sœurs hospitalières viennent d'être accordées par le département à l'hôpital de Kayes ; bientôt, je l'espère, une église sera bâtie à Kayes ; j'ai demandé que les fonds nécessaires soient prélevés sur le budget local. Elle dira à tous les noirs que notre religion les regarde comme les frères des blancs, et qu'en abandonnant le fétichisme ils peuvent s'élever jusqu'à nous et ne pas rester à moitié chemin en se faisant musulmans.

« Les noirs comme les musulmans s'étonnent de ne nous voir jamais faire acte de religion.

« J'ai regardé comme un devoir, bien que je sois protestant, d'assister à la messe à mon passage à Kita où se trouve actuellement la seule église du Soudan, entouré de tous ceux qui ont voulu m'accompagner. Il nous suffira, j'en suis sûr, d'affirmer notre religion pour qu'elle soit adoptée, et l'œuvre la plus utile pour les intérêts français serait certainement de créer de petites chapelles dans les villages de quelque importance, quand bien même elles ne pourraient être régulièrement desservies.

Des missionnaires qui parleraient le bambara et feraient des tournées périodiques, n'officiant même que tous les deux ou trois mois dans un même village, seraient partout bien reçus et compteraient vite de nombreux adeptes. C'était là aussi le sentiment du P. Guillet, qui, parti de Kita où il mourut quelque temps après, parcourut en 1889 tout le Bélédougou en réunissant les indigènes dans chaque village et alla jusque sur les bords du Niger à Kouli-Koro où il planta la croix du Christ sur une montagne. Elle a toujours été respectée depuis. »

Et, dans ses instructions au commandant Quiquandon, qu'il envoie à Tiéba comme résident :

« Nous nous plaignons toujours des progrès des musulmans, nous les constatons et nous nous contentons de les déplorer. Je crois qu'il faut aujourd'hui agir autrement.

« Pour nous opposer à l'islamisme il faut mettre quelque chose à la place. Le noir ne comprend pas nos théories de libres penseurs ; quelle que soit la religion, il trouve qu'elle l'anoblit et, quand les musulmans lui ont fait admettre l'idée de Dieu, il est bien difficile qu'il revienne aux conceptions plus grossières du fétichisme.

« Je ne vois plus qu'un seul moyen de disputer Tiéba à l'islamisme et le conserver à nos intérêts, c'est de lui faire accepter une religion européenne.

« Déjà je vous ai parlé de cela dans mes premières instructions, j'y reviens aujourd'hui d'une façon plus précise, les circonstances peuvent nous donner le succès.

« Les conversions chez les Bambaras ont toutes quelque chose de commun avec celle de Clovis.

. . . .

« Vous chercherez à faire comprendre à Tiéba que si je dois, dans les actes officiels, parler comme commandant supérieur, je peux cependant, avec lui, à cause du passé, parler parfois simplement en ami, et vous lui direz de ma part, comme conseil personnel, que s'il veut rester mon ami comme par le passé, j'en remercie Dieu et j'en suis content, nous resterons amis. Mais que, s'il veut que notre amitié soit encore plus grande, il prenne ma religion au lieu de prendre celle de mes ennemis. Maintenant, ajouterez-vous, si tu veux savoir quelle est la religion du colonel, c'est la religion catholique. Elle dit qu'il n'y a qu'un Dieu, comme le disent aussi les musulmans ; les prophètes sont les mêmes depuis le commencement du monde jusqu'à Jésus. Mais le colonel dit qu'après Jésus, Mahomet était un grand homme, mais qu'il n'était pas un prophète. Cette religion-là s'appelle la religion catholique ; elle permet de boire, elle permet de faire la guerre ; ceux qui sont catholiques ont souvent beaucoup de femmes et ils ne sont pas mauvais catholiques pour cela, mais il y a une femme qui est plus que les autres. Les catholiques ne font pas le Salam, mais ils font des prières à Allah, ils ont des chapelets pour dire leurs prières, ils ont des grigris comme les musulmans, ils les appellent scapulaires ou reliques, mais ils disent qu'ils ne sont pas musulmans, parce que Mahomet n'est pas un prophète vrai.

« Si tu veux que le colonel t'aide, et après lui, tous les Français, tu n'as qu'à dire que tu n'es plus musulman, le colonel t'enverra quelques-uns de nos marabouts catholiques, il ne s'occupera pas de tes affaires plus qu'autrefois, mais il aura confiance en toi et il n'hésitera pas à t'aider, car partout où Tiéba ira quand il sera chrétien, le colonel sait bien qu'un autre chrétien sera bien reçu, et qu'on ne refusera pas de le voir comme Ali Kari a fait avec le docteur Crozat.

« Il me semble qu'en plaidant bien cette cause vous pouvez réussir. Ce sera ensuite l'affaire de quelque missionnaire ou de quelque Père Blanc de rectifier peu à peu ce qu'il pourrait y avoir d'un peu hérétique dans vos définitions. Vous vous entendrez pour cela, avec l'agrément du gouvernement, à votre retour, avec quelque sommité de l'Église. »

Il est bien certain que saint Rémi et saint Grégoire de Tours, aux temps mérovingiens, se sont trouvés en face d'une situation semblable à celle que le colonel Archinard envisageait. Tiéba ne s'est pas laissé convaincre et, bien au contraire, s'est enfoncé dans l'Islam, et son successeur Babemba a pris les armes contre nous. Mais, dans ces citations un peu longues, il faut reconnaître la plus saine politique que nous puissions suivre en Afrique. Il faudrait réunir les rapports du général Archinard en un volume qui porterait l'épigraphe qui orne celui de 1894 :

« Si je réussis à intéresser mes lecteurs à l'avenir des pays que j'ai parcourus, à leur en faire apprécier les ressources immenses, à faire comprendre quelques-unes des belles qualités du nègre... mon but sera rempli.

E. Mage (*Voyage dans le Soudan occidental Sénégambie Niger, 1868*).

« Vous êtes de ceux qui croient plus que jamais à l'avenir de notre établissement à la côte d'Afrique et à l'utilité de la race noire sur la surface du globe, sans qu'il soit nécessaire de la priver de ses droits imprescriptibles à la famille et à la liberté individuelle...

« Si ce n'est pas l'enthousiasme religieux, si ce n'est pas le culte exclusif de la science qui vous guidaient, c'étaient des motifs aussi généreux et d'une utilité plus immédiate et plus pratique, car l'occupation et la domination françaises, c'est-à-dire la rédemption de ces malheureuses contrées, doivent suivre, sans beaucoup tarder, le sillon que vous leur avez tracé. »

(Le général Faidherbe à M. Mage. Bône, le 1er mai 1868.)

Leur lecture eût épargné quelques-unes des fautes, d'ailleurs réparables, qui déparent notre œuvre en Afrique occidentale.

Sans doute il y a des taches, même dans le soleil des tropiques, mais elles disparaissent dans l'éclat de l'œuvre accomplie, encore trop inconnue en France.

C'est très beau, c'est très réconfortant de sentir tous ces peuples qui se rapprochent de nous.

Leur effort pendant la guerre témoigne de leurs sentiments pour la métropole. C'est sans aucune préparation qu'il a été utilisé, car les services compétents s'étaient obstinément refusés à envisager l'emploi des noirs en cas de guerre européenne ; les levées d'hommes furent faites irrégulièrement, par à-coups ; et malgré ces conditions fâcheuses, l'Afrique occidentale nous a fourni 164 000 hommes, qui ont montré la vaillance de leur race et leur amour du drapeau français. Jamais nous ne devons oublier le sang qu'ils ont généreusement versé avec le nôtre.

En mars 1919, j'habitais à Mayence le palais du grand-duc de Hesse et je recevais chaque soir à ma table l'officier de garde. Le général Gouraud, de passage, avait bien voulu s'y arrêter ; c'était un peloton sénégalais qui venait de lui rendre les honneurs, c'était un officier sénégalais qui s'asseyait à table au milieu de nous, grand, mince, avec un visage fin et intelligent, du plus beau noir. Je lui ai demandé son nom. « Touré, me dit-il. — Mais c'est le nom de famille de l'almamy Samory. — Je suis son fils, me répondit-il. Trois de mes frères ont été tués dans cette guerre. » Je réunissais, par hasard, le général Gouraud et son ancien prisonnier, l'un des enfants dont il avait remarqué le groupe « qui avait fort bon air ». Mais je crois bien que c'est là un fait unique, qu'on n'a jamais pu voir dans une autre armée que l'armée française, et il m'a semblé que le cadre ajoutait même un peu à la valeur et à la signification de ce spectacle.

'Nous faisions la guerre sans haine ; les populations délivrées accueillaient avec joie leurs libérateurs, mais, dans les ennemis mêmes, nous avons toujours vu nos soldats de demain.'

V

SOUS L'ÉQUATEUR. — VERS LE NIL
ET VERS LE TCHAD — L'UNITÉ (1)

La forêt équatoriale est un redoutable obstacle. Dans la zone tropicale, la chaleur et l'humidité donnent à la végétation une violence inconnue dans nos climats. Les arbres y atteignent une hauteur double et même triple des nôtres ; sur les lisières, où le soleil peut darder ses rayons, ce sol riche donne une végétation de lianes entremêlées et souvent épineuses, un sous-bois très touffu ; dans certains parages, au contraire, les arbres poussent verticalement, et leurs troncs s'élèvent, lisses et nus, à trente ou quarante mètres du sol, portant leurs dernières frondaisons jusqu'à 80 ou 100 mètres de hauteur. Là, le silence et l'ombre atteignent l'absolu : pas un rayon de soleil, pas un bruit sauf le murmure constant et monotone des hautes branches agitées par le vent. La vie végétale a tué la vie animale. C'est en se courbant à travers les taillis en bordure qu'on pénètre dans le désert de ce temple

(1) Conférence prononcée à la *Société des Conférences* le 21 mars 1923.

naturel où tout être vivant éprouve une oppression singulière.

La caravane de porteurs loangos qui part de la côte est gaie, rieuse, comme une bande d'écoliers en vacances ; les cris, les chants, les grosses plaisanteries, fusent d'un bout à l'autre de la colonne, où le moindre incident soulève une hilarité communicative. Mais dès l'entrée dans la forêt, le silence se fait tout d'un coup ; les mines s'allongent, les yeux s'arrondissent : il semble que les charges aient doublé de poids.

Donc, pas d'habitants dans la forêt ; quelques villages seulement dans les clairières, craintifs, sauvages, et plus difficiles à apprivoiser que partout ailleurs. Parfois s'étendent de vastes marécages, dont l'étendue varie selon la saison, mais qui forment souvent un obstacle infranchissable ; parfois le sol est seulement recouvert d'une mousse épaisse de plusieurs dizaines de centimètres, imbibée d'eau ; c'est une éponge, les pieds glissent sur les racines, la fatigue devient extrême, la marche se ralentit. Mais les grands fleuves, les chemins qui marchent, font dans la forêt de larges trouées. Leurs bords se peuplent par endroits ; les indigènes défrichent pour planter le manioc, le bananier, et plus au nord l'igname, la patate, le papayer. Les clairières s'élargissent ; elles gagnent sur la forêt, qui se réduit à des bois isolés quand on s'éloigne de l'équateur. Les groupements humains sont plus nombreux, moins craintifs, mais sont aussi sauvages. La mouche tsétsé va chercher dans les grands fauves les trypanosomes et en infecte les hommes et toutes les bêtes qui pourraient les alimenter ; sentant le besoin de l'alimentation carnée, ils deviennent anthropophages. Cette déviation de l'instinct prend des formes parfois étranges : on mange l'ennemi tué à la guerre, ou gardé comme prisonnier pour être sacrifié et mangé ; on mange le criminel condamné ; on mange ses vieux parents pour s'assimiler les vertus de la race. La haine, la justice, la piété filiale, servent de prétexte à l'anthropophagie.

Enfin, plus au nord, on retrouve la zone soudanaise, des peuplades qui ont reçu un commencement de civilisation. Les céréales apparaissent, maïs et mil, et aussi les troupeaux, les chèvres d'abord, puis les moutons et enfin les bœufs. Plus loin encore s'étendent jusqu'au désert les empires musulmans de la steppe soudanaise. Et il en est ainsi dans toute l'Afrique, de l'Atlantique jusqu'à la mer Rouge et à l'océan Indien.

Le premier contact de l'Europe avec l'intérieur de l'Afrique fut pris par les explorateurs, qui cherchaient à connaître le pays et les hommes, dans le but de faire progresser la science géographique. Nous sommes dans le temple de cette science, et je m'excuse de rappeler seulement en quelques mots les longs et patients efforts de ces hommes admirables dont quelques-uns en ont poussé le culte jusqu'à l'héroïsme. Le but de leurs investigations, c'était le cours et les sources des grands fleuves, les larges espaces inconnus. Je ne puis pas ne pas nommer Mongo Park, qui traça le premier le cours du Niger, René Caillé, qui traversa le Sahara, Speeke et Grant qui découvrirent les sources du Nil, Barth, Rholf et Nachtigall, qui explorèrent le centre du continent, Livingstone, qui transporta sa vertu indulgente et souriante sur les bords du Zambèze et des grands lacs. Enfin Stanley, qui, parti de Zanzibar, arrive à Boma ayant reconnu le Congo et traversé l'Afrique de l'Est à l'Ouest.

Mais la connaissance de l'Afrique avait révélé la plaie dont souffraient ses peuples, l'esclavage, pratiqué par les marchands arabes qui allaient traquer les malheureux noirs et les transportaient ensuite à travers l'océan Indien dans les ports de l'Arabie. La capture des esclaves, leur conduite en caravane, la chaîne au cou, leur vente, avaient justement ému les peuples civilisés. Le cardinal Lavigerie avait prêché une véritable croisade anti-esclavagiste et fondé en 1874 « la Société des Missions d'Afrique », les Pères blancs ; deux ans plus tard, le roi des Belges, Léopold II, réunit à Bruxelles une Conférence où il convoqua les plus illustres explorateurs et quelques philanthropes. Ce fut l'origine de l' « Association internationale africaine », fondée pour une œuvre « de science, d'humanité et de progrès », et en particulier pour combattre l'esclavage en Afrique.

L'Europe quittait donc le domaine idéal de la science et entrait dans l'action au nom de l'humanité et de la civilisation. Il faut ajouter que pendant trois ans les petites expéditions envoyées par « l'Association internationale africaine », n'obtinrent que peu de résultats. Mais l'arrivée de Stanley à l'embou-

chure du Congo fut pour le roi Léopold un trait de
lumière : il résolut à l'instant de prendre possession
de ce riche bassin au nom de l'Association et confia
aussitôt cette entreprise à Stanley. Anglais naturalisé Américain, ce reporter de génie avait été envoyé
par le *New York Herald* et le *Daily Telegraph*,
d'abord à la recherche de Livingstone, qu'il avait
retrouvé, puis à la découverte du Congo, dont il
venait de reconnaître tout le cours. Aux qualités
de caractère et d'organisation que nécessite la préparation et la conduite de telles missions, l'illustre
explorateur joignait le *sens* du continent noir, don
naturel que développe la pratique, et qui apparaît
nécessaire à l'explorateur africain. J'imagine qu'il
est en lui comme le sens de la direction chez le
pigeon voyageur. Or, en 1877, au moment où Stanley
revint en Europe, le roi Léopold II sent déjà le vent
nouveau qui commence à s'élever en Europe et
qui la porte vers les terres inconnues et riches et
vers les populations nombreuses, avides des produits du monde civilisé. Ce grand souverain d'un
petit pays est un précurseur ; il voit plus loin et
plus vite que tout autre homme d'État en Europe ;
il est diplomate autant qu'homme d'affaires. Il a
donc tous les moyens de jouer un rôle capital dans
les transformations du monde qu'il a été le premier
à comprendre.

Pendant tout le cours du dix-neuvième siècle, dans
tous les États civilisés, l'industrie n'a cessé de
s'accroître ; les perfectionnements de l'outillage et
l'exploitation de mines nouvelles ont augmenté les

usines : la production dépasse les besoins. La plupart des nations cherchent la protection des barrières douanières et veulent s'assurer tout au moins la clientèle nationale, mais dans chaque pays le marché intérieur ne peut suffire au développement croissant de l'industrie : la nécessité de débouchés nouveaux s'impose. Une autre question tourne les regards vers l'extérieur, celle des matières premières : la guerre de Sécession, qui a empêché l'envoi du coton américain en Europe, a accumulé les ruines en Angleterre et en France, démontrant ainsi qu'une nation industrielle ne doit pas être tributaire de l'étranger pour l'approvisionnement de ses usines.

Gambetta disait à la Chambre des députés en 1881 : « Est-ce que vous ne sentez pas que les peuples étouffent sur ce vieux continent? Est-ce que vous ne cherchez pas à créer au loin des marchés, des comptoirs, à favoriser partout une expansion nécessaire? » Et Jules Ferry posait la même question au Sénat en 1884 : « Est-ce qu'il ne vous apparaît pas que, pour toutes les grandes nations de l'Europe moderne, dès que leur puissance industrielle est formée, se pose l'immense et redoutable problème qui est le fond même de la vie industrielle, la question du débouché? Est-ce que vous ne voyez pas toutes les grandes nations industrielles arrivées tour à tour à la politique coloniale? Est-il permis de dire que cette politique coloniale est un luxe pour les nations modernes? Non, messieurs, cette politique est pour elles toutes une nécessité, comme le débouché lui-même. » Aussi l'exploration, à partir de cette époque, va prendre un caractère national, sans quitter évidemment ses buts scientifique et humanitaire. Il s'agit de reconnaître les terres inconnues dans le but déterminé d'en prendre possession. On cherche des voies d'accès, on passe des traités avec les chefs indigènes. D'autre part, les grandes nations abordent la côte et plantent résolument leur pavillon, puis elles poussent dans l'intérieur. C'est une expansion de l'Europe sur tout le globe terrestre, c'est l'assaut de l'Afrique.

Chaque nation agit selon sa méthode ; l'Angleterre protège de grandes compagnies à charte qui, en Afrique centrale et en Afrique occidentale, remplissent le même rôle que la Compagnie des Indes en Asie aux dix-huitième et dix-neuvième siècles ; la reconnaissance et l'occupation du pays se font ainsi par les principaux intéressés ; puis le gouvernement britannique se substitue aux Compagnies à son heure, dans la mesure où il le juge convenable. *Le pavillon suit le commerce.* Toutefois, quand les circonstances réclament une action immédiate, le gouvernement n'hésite pas et, en 1882, les troupes anglaises débarquent en Égypte pendant que les troupes françaises, prêtes à s'embarquer à Alger, ne quittent pas le port.

La France manque des grandes organisations commerciales de l'Angleterre ; Richelieu et Colbert, qui ont essayé de les lui donner, ont finalement échoué. Elle agit selon les circonstances, et parfois même elle suit un plan étudié : en 1881, elle établit son protectorat sur la Tunisie ; elle pousse ses colonnes vers le Niger ; elle tâte le Sahara, où le colonel Flatters est massacré. De 1882 à 1885, elle établit son protectorat sur l'Annam et s'empare du Tonkin. Les colonnes conquièrent, les négociants viendront ensuite : *le commerce suit le pavillon.*

L'Allemagne a longtemps hésité à entrer dans la lice. En 1871, Bismarck repousse l'idée d'enlever à la France l'Algérie et la Cochinchine : « Je ne suis pas un homme colonial. » Tout son effort s'emploie à forger l'unité de l'Allemagne, à maintenir sa supériorité militaire, à développer son industrie. Cependant l'industrie devient pléthorique. Les négociants de Brême et de Hambourg établissent des comptoirs sur les côtes d'Afrique et en Océanie. De puissantes Sociétés se fondent pour répandre en Allemagne l'idée de l'expansion coloniale. Consultées par le chancelier en 1883 sur l'aide que le gouvernement allemand peut apporter à ce développement qu'il n'a pas prévu, les Associations économiques des ports demandent l'établissement du protectorat allemand sur certains points de la côte d'Afrique et la création de stations navales. Et Bismarck leur donne satisfaction. Mais il se défend de toute pénétration dans l'intérieur et pense qu'en occupant les ports on tient les débouchés avec un minimum de frais. Il oppose ce procédé à la méthode française beaucoup plus coûteuse en hommes et en argent. Ce fut seulement après sa chute (1890) que l'Allemagne de Guillaume II voulut prendre sa part dans le partage du monde, mais il était bien tard. L'Allemagne employa alors la méthode française : l'occupation militaire s'étendit dans l'intérieur, *et le commerce suivit le pavillon.*

L'Espagne avait conquis ses colonies d'Amérique, mais elle les exploitait suivant une méthode qui a beaucoup contribué à les lui faire perdre. Le monopole du commerce était entre les mains de l'État, et chaque province coloniale devait consommer une certaine quantité de marchandises, évaluée à un prix arbitraire. Cette consommation représente une des formes de l'impôt. Mais elle n'est pas la seule ; l'impôt en nature et la corvée s'y superposent. Le fonctionnaire de la puissance souveraine se trouve ainsi peser sur tous les actes de la vie indigène ; de tous les régimes, c'est celui qui engendre le plus d'abus et qui est en même temps le plus difficile à surveiller. Il peut s'exprimer par la formule : *le pavillon, c'est le commerce.*

C'est pourtant celui que le roi Léopold se trouva contraint d'essayer dans la conquête et l'organisation du Congo, dont j'indiquerai rapidement les transformations. « L'Association internationale africaine », fondée avec un idéal de progrès et d'humanité, donna naissance, en 1879, à un « Comité d'études du Haut-Congo », dont Stanley devint l'agent d'exécution, puis en 1883 fut créée « l'Association internationale du Congo », qui eut un but bien défini d'exploitation commerciale et qui engendra « l'État indépendant du Congo » en 1885, après l'acte de Berlin. Les abus inévitables du régime, révélés, et exagérés par la malveillance intéressée, mirent l'existence même de cet État en péril ; une

surveillance très active les réprima, et le rattache-
ment du Congo à la Belgique en fait maintenant
une très belle colonie, dont l'administration, tout
en gardant un sens pratique avisé, repousse par son
organisation et par ses procédés le soupçon d'exclusif
mercantilisme qui pesait sur les régimes antérieurs.

Mais nous sommes en 1879. Stanley, devenu
l'agent du roi des Belges, débarque à l'embouchure
du Congo : il vient de Zanzibar, où il a recruté son
escorte parmi des populations dont il a éprouvé
l'endurance et la fidélité. Il a fait en grand mystère
le tour de l'Afrique et pense avoir donné le change
à tous les concurrents possibles. Il trouve en arrivant cinq petits vapeurs et, au prix d'efforts inouïs,
arrive à leur faire franchir les deux cents cataractes
que forme le fleuve géant près de son embouchure.
Le voici dans un lac magnifique, qui porte son nom
depuis trois ans, déjà dans ses domaines, lui semble-
t-il. Il s'installe sur la rive sud, et il y arbore le
pavillon nouveau, bleu étoilé d'or. Mais on lui
signale, sur la rive nord, un établissement nouveau.
Il va le reconnaître et il trouve, au pied du pavillon
français, le sergent sénégalais Malamine qui lui
rend les honneurs et lui notifie que toute la rive nord
a été occupée par la France, en vertu d'un traité
conclu entre le roi Makoko et l'enseigne de vaisseau
Savorgnan de Brazza, agissant au nom de la République française.

Ce jeune officier de marine, d'origine italienne,
élève de notre École navale et naturalisé Français
après la guerre de 1870, est parti de notre ancienne

station de Libreville pour reconnaître les fleuves côtiers et leurs affluents ; il a prolongé et complété les itinéraires de ses prédécesseurs, les Serval, les marquis de Compiègne, et, comme son retour a coïncidé avec celui de Stanley, il a eu à repousser les offres les plus séduisantes du « Comité d'études du Haut-Congo ». Mais c'est au service de la France qu'il veut consacrer ses efforts. Il a exploré des rivières coulant vers l'Ouest et le Sud-Ouest, par conséquent vers le Congo, dont Stanley vient de découvrir le cours. Il continue dans cette direction, sans se laisser tromper par le départ de son rival pour Zanzibar.

Stanley possède de grands moyens, mais ils sont d'un transport difficile ; il dispose d'une forte escorte, dont les fusils lui sont d'une utilité un peu trop fréquente, mais l'approvisionnement de cette escorte ajoute encore au poids mort qui l'encombre. Brazza marche presque seul ; il se fie à sa connaissance des noirs, qu'il traite avec bonté ; même quand ses forces sont suffiisantes pour lui ouvrir le passage, il ne s'en servira qu'à toute extrémité, et bien rarement ; sa patience, sa maîtrise de soi, sa bonté, sa ténacité, sont ses seuls moyens d'action en dehors de quelques cadeaux bien choisis et distribués à bon escient. Malgré les lenteurs que comporte une telle méthode, il marche plus vite que Stanley et l'a distancé de très loin : tant il est vrai que, même et surtout chez les peuples les plus barbares, le prestige de la force morale domine la crainte de la force brutale.

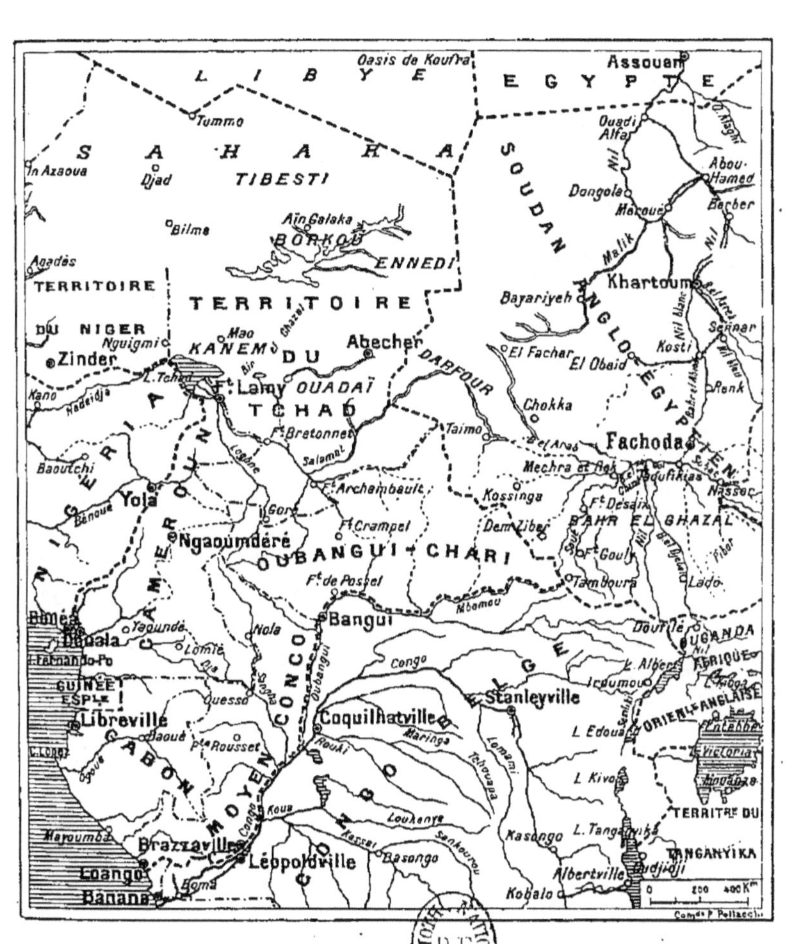

Oasis de Koufra
Assouan
LIBYE
EGYPTE
Tummo
In Azaoua
SAHARA
Djad
TIBESTI
Ouadi Alfa
Bilma
Aïn Galaka
BORKOU
ENNEDI
Abou-Hamed
Dongola
Barber
Merouè
Agadès
Malik
TERRITOIRE
TERRITOIRE
SOUDAN
Khartoum
Bayariyeh
DU NIGER
Mao
KANEM
DU
Abecher
DARFOUR
El Fachar
El Obaid
Kosti
Sennar
Nguigmi
Zinder
Air
Fachoda
Kano
L. Tchad
F.t Lamy
OUADAÏ
Chokka
Nadeidja
TCHAD
El Aras
Baoutchi
F.t Bretonnet
Taïmo
Mechra et Rek
Nassec
Bénoué
Yola
Salamat
F.t Archambault
Kossinga
F.t Desaix
BAHR EL GHAZAL
Goré
Dem Ziber
F.t Goulf
Ngaoundéré
F.t Crampel
Lado
OUBANGUI-CHARI
Tamboura
F.t de Possel
Mbomou
Douellé
UGANDA
AFRIQUE
Rméa
Yagunda
Nola
Bangui
L. Albert
Douala
Lomié
CONGO
Irumou
Fernando-Po
Dja
Stanleyville
ORIEN. ANGLAISE
GUINEE ESP.
Quesso
Coquilhatville
Entebbe
Libreville
Baoué
P.te Rousset
Maringa
L. Edoua
Victoria
GABON
Ogooué
MOYEN
Rouki
Lomani
Tchuapa
L. Kivu
Loango
Koua
Loukenye
Kasongo
L. Tanganyika
TERRIT.RE DU
Mayoumba
Brazzaville
Kassaï
Sankourou
TANGANYIKA
Léopoldville
Basongo
Albertville
Udjidji
Banana
Boma
Kobolo
0   200   400 K.m
AFRIQUE ÉQUATORIALE FRANÇAISE

Justement accueilli en France comme un triomphateur, Brazza, qui vient de réunir par deux voies praticables le bassin du Congo à la côte Atlantique, revient en 1885 comme haut commissaire de la République.

Mais l'assaut de l'Afrique risque d'amener des conflits sur ces terres vierges que convoitent tous les peuples civilisés. Déjà le Portugal s'est vu évincé des bouches du Congo, qui étaient sous sa suzeraineté nominale ; l'Angleterre avait commencé à soutenir ses prétentions, qui eussent coupé de la mer le jeune État indépendant, mais, devant l'attitude de l'Allemagne et de la France, avait battu en retraite. Réuni en 1884, le Congrès de Berlin aboutit le 23 février 1885 à formuler en un acte la liberté de navigation sur le Niger et le Congo, même en temps de guerre, et la liberté commerciale sur le Congo ; enfin, par des clauses plus importantes encore, toute prise de possession de territoire africain devra être aussitôt notifiée aux puissances signataires, en indiquant le titre qui légitime l'annexion. Une annexion ne sera valable que si la puissance souveraine entretient dans le pays une autorité suffisante pour imposer sa domination aux indigènes. On reconnaît à toute puissance établie sur la côte le droit de s'étendre dans l'intérieur. Fait considérable, l'État congolais fut reconnu par tous les signataires de l'acte de Berlin, et la Belgique apprit avec une certaine surprise que son roi devenait souverain d'un État africain, jouant au centre de l'Afrique un rôle analogue à celui que les traités de 1832 et 1837 avaient dévolu à l'État belge en Europe.

La pénétration française dispose à ce moment
d'une large base et marche à grands pas vers le
Tchad et le Nil. Notre occupation enserre la
Guinée espagnole, borde le Cameroun allemand et
l'État indépendant du Congo. A ce moment, la
direction est plein nord, en remontant le Congo,
puis l'Oubanghi, d'une part, et la Sangha d'autre
part. Dans le bassin de la Sangha, Brazza rencontre
bientôt les commencements de la steppe soudanaise
et les peuples islamisés, les Peuhls d'abord. Mizon
et Bretonnet cherchent la liaison la plus courte
avec le Soudan, par la Bénoué et par le Tchad ;
mais la Compagnie anglaise du Niger les surveille
avec un soin jaloux, craignant à juste titre de les
voir couper ses accès vers le Nord. Crampel, en
remontant vers l'Est du Tchad, est massacré par
Cheik Snoussi : c'est le premier contact avec les
États musulmans esclavagistes du Nord. Dybowski
venge Crampel, mais le lieutenant de vaisseau Bretonnet est à son tour tué par Rabah, en défendant
le Baguirmi, et l'explorateur de Béhagle est massacré lâchement. Rabah, ancien lieutenant de
Zobéïr, qui fut l'un des organisateurs de la traite
dans le Soudan égyptien, est refoulé jusqu'au Tchad,
mais il établit autour du grand lac une sorte d'empire esclavagiste dont les ravages s'étendent de plus
en plus. L'arrivée d'une puissance européenne en
Afrique centrale menaçait dans leur existence même
de telles dominations, dominations de proie, inca-
pables de se transformer, et notre seul voisinage les
privait de leurs terrains de chasse : aucune diplo-

matie, aucun moyen de persuasion ne pouvait les
amener à consentir à notre présence, qui mettait fin
à leur seule raison d'être ; nous accueillir, c'était
pour eux se suicider.

Vers le Nord, l'emploi de la force devenait indispensable. Il s'en fallut de peu qu'il en fût de même
vers l'Est, et dans des conditions particulièrement
pénibles. Une discussion de frontières s'éleva entre
la France et l'État indépendant. La convention de
1885 avait établi comme frontière entre le Congo
français et cet État la ligne de l'Oubanghi ; les
Français voyaient cette grande rivière venir de l'Est,
les agents de l'État indépendant la confondaient
avec un petit affluent venant du Nord, et les troupes
nouvelles de l'État indépendant franchissaient
l'Oubanghi, avec l'intention d'étendre vers le Nord,
jusqu'au désert tout au moins, les frontières de cet
État. Le conflit fut assez aigu pour motiver l'envoi
du colonel Monteil sur place, avec un bataillon de
tirailleurs sénégalais : car il ne s'agissait de rien de
moins que de couper à la France toute réunion possible entre ses possessions du Congo et celles de
l'Afrique occidentale et de l'Afrique septentrionale,
et toute pénétration vers le Nil. Les négociations
menées à Bruxelles avec beaucoup de tact et de
fermeté par M. Gabriel Hanotaux résolurent cette
difficulté. Le colonel Monteil, qui avait pour mission
d'établir la souveraineté française sur le Haut-Nil,
fut alors dirigé vers la Côte d'Ivoire, que Samory,
rendu libre par la malheureuse politique qui avait
envoyé prématurément au Soudan un gouverneur

civil, commençait à menacer. L'illustre explorateur, qui avait tracé le magnifique itinéraire de Saint-Louis à Tripoli par le Tchad, était admirablement préparé à la marche au Nil ; partant de Loango en 1894, il y serait certainement arrivé vers la fin de 1895. Le colonel Monteil alla mener contre Samory des opérations très rudes, pendant lesquelles une insurrection se produisit sur les arrières de sa colonne ; approvisionnée par la côte, où son commandement ne s'étendait pas, cette insurrection gênait fort son ravitaillement. Samory, auquel l'inertie du Soudan laissait toute liberté, reprenait sans cesse de nouvelles forces et les beaux succès de la colonne obtenus au prix de pertes sensibles ne faisaient que l'affaiblir. Monteil regagna la côte, puis la France. Il ramenait le capitaine Marchand qu'il avait trouvé sur place. Marchand revenait de reconnaître les routes entre la Côte d'Ivoire et le Soudan, en sens inverse de l'itinéraire suivi par le capitaine Binger : les indigènes, sur lesquels son prestige était sans égal, l'avaient appelé l'« ouvreur de routes », *Pakibot.*

A son retour à Paris, Marchand demanda à reprendre la mission confiée deux ans auparavant au colonel Monteil. Le gouvernement français hésita fort longtemps. Pourtant, M. de Brazza déclarait publiquement que par le Haut-Oubanghi le Nil pouvait être atteint et la question d'Égypte rouverte. D'autres personnalités agissaient dans le même sens, plus discrètement. M. Hanotaux avait quitté le ministère des Affaires étrangères, mais son avis restait de poids.

Aux cabinets de Gambetta et de Jules Ferry, qui avaient compris la nécessité d'une politique coloniale, M. Hanotaux avait apporté la compétence ; depuis lors, soit comme négociateur auprès des puissances, soit comme ministre des Affaires étrangères, ou bien tout simplement comme personnalité agissant à titre privé, il n'avait cessé, — il n'a jamais cessé, — d'être le champion de la pénétration française en Afrique ; il avait son plan, inscrit sur sa carte du continent ; sa ténacité infatigable l'a réalisé.

La défaite des Italiens en Abyssinie vint tout d'un coup éclairer la situation : c'est à un État vraiment libre que nous pouvions tendre la main sur le Nil. 'Alors, en mars 1896, M. Bourgeois étant président du Conseil et ministre des Affaires étrangères, M. Guieysse étant ministre des Colonies, le gouvernement français décida l'envoi du capitaine Marchand sur le Nil, selon le plan qu'il s'efforçait de faire adopter depuis un an.

Marchand, qui est un voyant très lucide, avait senti que la décision était proche et depuis quatre mois j'étais déjà au Soudan pour y recruter sa compagnie d'escorte. Je lui avais promis de ne révéler à personne le secret de la mission, et le gouverneur du Soudan, le colonel de Trentinian, m'avait envoyé préparer un voyage à Tombouctou ; c'est au retour de cette rapide tournée à cheval, à raison de 75 kilomètres par jour, qu'à Sokolo vient m'attendre l'ordre de former cette compagnie : « Vous êtes discret », me dit le colonel, et dans ce compliment je vis aussi un affectueux reproche.

J'étais à Saint-Louis le 5 mai, où, seul Européen, j'ai instruit mes cent cinquante recrues avec quatre gradés sénégalais. J'ai passé là un mois délicieux, dans un camp en quarantaine, à cause d'une malheureuse épidémie de cérébro-spinale. Puis l'embarquement, six semaines à Libreville où s'achève l'instruction des tirailleurs. Le haut commissaire de la République, M. de Brazza, nous a reçus comme des frères d'armes en exploration ; ses souvenirs, ses conseils, m'ont été très précieux. Mais il avait contre les troupes régulières des préventions singulières ; il m'a avoué — quand la confiance fut venue — qu'il avait craint de nous envoyer sur une route tranquille, car nous devions évidemment la troubler... Mais la route une fois coupée, nous pouvions partir. En effet, le lieutenant-gouverneur de la colonie, M. Dolisie, menacé au cours d'une palabre par un chef indigène qui le coucha en joue, crut user de mansuédude en se contentant, pour toute punition, d'emporter la batterie du fusil à pierre dont on l'avait visé. Sur quoi le chef de la région avait réclamé la restitution de la pièce d'armes en question avec une forte indemnité, et, comme l'autorité française tardait à s'incliner, il avait marqué son mécontentement en massacrant un paisible fonctionnaire français et quelques porteurs de la côte.

La route étant coupée, c'était à nous de l'ouvrir. Baratier avait déjà commencé à organiser le transport par voie fluviale sur le Niari-Kouillou, où une Société d'études pour le chemin de fer de Brazza-

ville à l'Atlantique avait une installation dont le
concours nous fut précieux. Marchand m'envoya
pour assurer les transports dans la zone troublée,
voisine de Brazzaville, et il obtint assez facilement
de M. de Brazza le commandement de cette région.
Dès lors, le pays fut rapidement pacifié par quelques
opérations rapides qui surprirent beaucoup les indigènes. A leur sentiment, les blancs leur devaient
tribut ; les Loangos, habitants de la côte, servaient
de porteurs aux étrangers, mais c'étaient des bandits
qui autrefois avaient pillé les peuplades de l'intérieur pour y chercher des esclaves : ils ne méritaient
aucune pitié. Les agents de la colonie, divisés en
chefs de station et en chefs d'exploration, n'avaient
aucune autorité, et ils étaient simplement tolérés
dans le pays. Mais les charges jonchaient la route
de toutes parts. Certaines d'entre elles avaient une
valeur inestimable, celles du petit vapeur que la
mission Gentil devait lancer sur le lac Tchad gisaient
un peu partout ainsi que tout le ravitaillement de
sa mission, pêle-mêle, dans la brousse, avec celui des
maisons de commerce de Brazzaville. Comment faire
le départ entre tous ces colis? Le plus simple était
de tout transporter. Et tout est arrivé à destination.
Car, phénomène singulier, le porteur qui jette sa
charge sans remords en gardant les avances qu'il a
reçues, n'y touchera pour rien au monde ; le chef
du pays qui vient d'assassiner un fonctionnaire
européen, la respectera scrupuleusement. Sur les
routes de transports subsiste donc une honnêteté
particulière, des lois spéciales ; elles restent gouver-

nées par un ordre assez compliqué, qui paraît, à la réflexion, un sourd instint de conservation : si le pillage était la règle, les marchandises ne viendraient plus, et leur passage reste une source de profit qu'il ne faut pas tarir.

Quoi qu'il en soit, en même temps que nos 5 000 charges, nous avons transporté celles de la mission Gentil, du ravitaillement de la colonie et des maisons de commerce, soit 10 000 environ. Nous avons mis l'ordre dans cette région sans trop de difficulté, mais nous n'avons pu quitter Brazzaville, qu'en janvier 1897, six mois après notre débarquement à Loango.

Nos convois s'acheminent vers le Haut-Oubanghi. Nous avons les meilleures relations avec les autorités de l'État indépendant. Le gouverneur général est le colonel Wahis, des grenadiers de la garde royale, qui a servi au Mexique avec notre corps expéditionnaire, et c'est sur un beau vapeur très confortable que la plus grande partie de la mission part pour Bangui. Par pirogues, nous gagnons Ouango-M'bomou, point terminus de la navigation sur le M'bomou. C'est un voyage bien pittoresque avec des rapides écumants, des haltes quotidiennes où les joyeux pagayeurs se délassent en dansant au son d'un phonographe : le centre de l'Afrique retentit des airs à la mode sur le boulevard parisien. Puis nous voici à Bangassou, chez le sultan des Nsakarras. Il est sultan parce que les Turcs — c'est-à-dire les Égyptiens venus du Nil — ont mis ce mot à la mode, mais c'est un vrai et bon noir, qui se défend d'être musulman, qui est bien de la race de ses sujets ; c'est vraiment un chef indigène, dont l'autorité s'exerce sans contrôle, mais paternellement.

Mais c'est l'odieux portage qui recommence, et cette nécessité est inéluctable. Toutefois, nous en atténuons les maux dans toute la mesure du possible par la bonne nourriture, le paiement régulier, l'organisation des gîtes d'étape. La bonne nourriture... ici, c'est l'essentiel. L'arme de guerre devient arme de chasse ; un éléphant au tableau, c'est le transport assuré pour plusieurs centaines de charges. Et puis la capitale du sultan, Bangassou, est réellement bien curieuse ; ce peuple des Nsakarras, qui est anthropophage, — Bangassou a un petit troupeau de captifs de guerre qu'il ménage pour les faire manger, — est fort doux et très hospitalier.

Nous avons trois étapes séparées par cinq ou six jours de marche, pour aller du M'bomou par terre jusqu'au premier affluent du Nil : Rafaï, Zémio, Tamboura. Ces trois autres sultans ont chacun leur caractère. Ils ont été conquis pacifiquement par le représentant de M. de Brazza dans le Haut-Oubanghi, M. Liotard, qui a comme son chef le don de commander aux indigènes africains. C'est un pharmacien de la marine, homme très simple, très bon, très droit, qui dit de temps en temps : « Quand on ne sera plus content de moi, je retournerai fabriquer mes pilules. » Son second est le docteur Cureau, médecin de la marine, et nous admirons sans réserve ces beaux exemplaires de la race, qui, par vocation, arrivent à tout sacrifier à leur tâche, très naturellement, chaque jour, sans même paraître y songer. Ces dévouements obscurs sont restés sans récompense et peut-être aucune récompense n'atteignait à leur hauteur, mais il serait bon qu'on y pensât de temps en temps.

M. Liotard, au moment de notre arrivée, était à 300 kilomètres dans le Nord, à Dem-Ziber, et il nouait des relations avec les peuplades qui s'étendent vers le Nil : il préparait la marche dans la direction du Nord-Est, car il ne pensait pas qu'il fût possible de franchir l'obstacle du Bahr-el-Ghazal, marais encombré de roseaux qui s'étendait entre le Nil et lui. Marchand, après avoir étudié tous les récits de voyage, pensait au contraire que cette entreprise était possible. La voie de terre, à travers un désert inconnu, était séduisante pour un explorateur ; mais il fallait arriver à Fachoda, avec des moyens d'action, une troupe bien approvisionnée et des monnaies d'échange : étoffes, perles, fil de cuivre, etc. Il avait une pacotille calculée en conséquence qui représentait, je puis le dire, le maximum d'effet utile sous le minimum de volume. Quel avantage de se présenter partout avec les marchandises que réclame l'indigène, différentes selon chaque peuplade, mais qu'il a soigneusement déterminées ! Grâce à cette patiente étude, nous sommes arrivés depuis le Bas-Congo jusqu'à Fachoda, et nous nous y sommes installés, sans tirer un coup de fusil sur un homme, sans verser une goutte de sang.

Mais pour passer, il lui fallait des moyens de

transport. Il amenait quelques embarcations démontables, mais aucune ne possédait de moteur. Aujourd'hui, avec les progrès de la machinerie moderne, il eût emporté des moteurs à essence avec des hélices, mais en 1896 ce matériel n'existait pas. Il fallait, si possible, un vapeur chauffant au bois. Et ce vapeur, il était là, petite vedette de 15 mètres de long... Il le prit. Le pauvre Liotard était navré. Ce bateau, le *Faidherbe*, construit à grand'peine à Brazzaville, n'était pas démontable : « Vous allez le couper en petits morceaux, disait-il à Marchand, mais vous ne pourrez le reconstruire. Les tôles sont rivetées et non boulonnées. Les machines représentent deux ou trois tonnes, intransportables à dos d'homme. Vous allez me priver de mon seul bateau à vapeur, du seul vapeur français flottant sur le Congo, et vous n'en pourrez rien faire. »

Mais Marchand avait un second dont l'esprit fertile en ressources, toujours alerte, lui permettait de répondre à tout. C'était le capitaine Germain, de l'artillerie de marine. Il coupa le bateau en morceaux, et fabriqua avec le fer du pays des boulons en nombre suffisant. Marchand fit en même temps construire une route et les machines, sur des rondins, se mirent en marche, traînées et poussées par les indigènes émerveillés eux-mêmes des résultats promis à leurs efforts. Et Germain, toujours gai et souriant, amène pièce à pièce le *Faidherbe* sur le Soué, affluent du Bahr el Ghazal et sous-affluent du Nil. Nouveau tour de force, il l'y remonta.

Mais ce merveilleux tour de force, unique, jamais

exécuté auparavant et jamais renouvelé depuis, nécessitait trois temps : le démontage du *Faidherbe*, ou plutôt son découpage, son transport, sa reconstruction. Pendant les opérations, la pénétration continuait.

Les quatre sultanats, Bangassou, Rafaï, Zémio, Tamboura, étaient séparés par des zones désertes, parce que les sultans étaient périodiquement en guerre ; l'influence de Liotard et de Cureau avait mis entre eux la paix, mais vers le Nord, les États de Tamboura étaient aussi en guerre avec les peuplades Dinkas. Je dois rendre hommage aux explorateurs qui nous ont précédés dans ces régions, l'Allemand Schweinfurth et le Russe Yunker, dont les ouvrages nous ont été du plus précieux secours. Ils nous renseignent sur les obstacles et sur les distances, et aussi sur les événements dont la région a été le théâtre. Lupton et Slatin, les derniers gouverneurs du Soudan égyptien et du Darfour, les complètent heureusement en y ajoutant l'histoire du mahdisme.

Marchand m'a alors envoyé prendre le contact avec les Dinkas, peuple nombreux et guerrier qu'il s'agissait de s'attacher et non de combattre. Après une station intermédiaire en plein désert, sur l'emplacement de l'ancien poste égyptien de Kourtchouk-Ali, j'ai arboré le pavillon français, et fondé le poste de Fort-Desaix, ainsi appelé du nom du général français qui s'est avancé le plus loin sur le Haut-Nil sous Bonaparte, et que les Arabes avaient appelé le Sultan Juste. Les Dinkas, bien traités, sont venus

en foule et nous ont approvisionnés très largement.
Je leur apportais, grâce aux prévisions de Marchand,
précisément les marchandises qu'ils réclamaient et
dont ils étaient privés depuis seize ans ; les perles.
Quelles perles? Ce ne sont pas celles que la mode
a mises hors de prix, mais les petites perles de por-
celaine qu'on donne aux petites filles à enfiler quand
elles sont bien sages. Il fallait savoir cela, et aussi
connaître la dimension et la couleur à la mode dans
la contrée, qui réclame la perle de diamètre moyen,
blanc et rouge. Le vert et le bleu n'avaient aucun
succès. Et il est certain que sur la peau noire, le
blanc et le rouge font mieux que toute autre couleur. Marchand savait tout cela, et bien autre chose
encore. Donc, grâce au bon goût des femmes
dinkas, auxquelles leurs maris cherchaient à plaire,
comme il convient, j'ai pu en peu de temps constituer des approvisionnements importants en farine,
en moutons, en beurre, en victuailles de toute nature. Bref, après avoir été à la portion congrue
dans le poste intermédiaire des Rapides, nos hommes
nageaient dans l'abondance, et c'était plaisir de les
voir se refaire après de dures privations. Marchand
aurait voulu faire l'union entre les gens de Tamboura et les Dinkas. Il m'avait, dans ce but, envoyé
le frère du Sultan, Wandou, avec quelques dizaines
de Bazinguers, les soldats du Sultan, qui étaient
comme les sofas de ce petit Samory. Mais Wandou
était trop fier pour me comprendre. Il se croyait
près de moi pour préparer un mauvais coup contre
les Dinkas, son gibier habituel ; il venait souvent

me voir, et m'offrait de faire venir des renforts pour attaquer tel ou tel village. Je repoussais avec indignation ses offres de services et il se retirait pénétré de la profondeur de mon machiavélisme : « Cet homme-là est très fort, pensait-il ; il veut endormir la défiance des Dinkas et il y arrivera puisqu'il se cache à tous, même à moi. Nous ferons une riche capture. »

Cependant que j'étais l'objet de cette avantageuse opinion, Baratier arrive avec la mission de reconnaître notre route à travers le Bahr-el-Ghazal. Comment il y a réussi, il l'a raconté en des pages inoubliables (1). Soutenu par une volonté de fer, il a traversé les roselières où, après quatorze heures d'efforts incessants, il arrivait à progresser de 1 200 mètres. Après avoir failli mourir de faim, il arriva enfin à l'eau libre ; Largeau, envoyé à son secours, le rejoignit sur la route du retour. Ils rapportaient la certitude du passage possible, malgré toutes les effroyables difficultés.

Marchand m'avait envoyé établir d'abord un poste provisoire dans Djour-Ghattas, à 150 kilomètres dans l'Est ; lui-même avait poussé une exploration au cœur de la province égyptienne l'Equatoria, à 60 kilomètres de Lado, par un raid de 1 100 kilomètres. Il m'envoya ensuite avec Largeau à Mechra-er-Rek, l'ancien port égyptien du Bahr-el-Ghazal ; là, comme à Djour-Ghattas, les indigènes nous prenaient au début pour des Turcs (Égyptiens)

____

(1) Lieutenant-colonel BARATIER, *A travers l'Afrique.*

cherchant à regagner leur pays. Nous étions peu flattés d'être pris pour des esclavagistes, et aussi d'être vieillis de quinze ans, mais cette mauvaise impression se dissipa assez rapidement. En somme, il suffit de tirer quelques cartouches dans les troncs de ficus ou banians pour montrer la puissance de nos armes et de distribuer quelques caisses de perles à la mode, pour être bien vus des indigènes.

La traversée du Bahr-el-Ghazal fut assez pénible, mais la reconnaissance de Baratier l'avait éclairée — illuminée — de telle sorte qu'aucun doute ne subsistait sur le résultat. Marchand nous prit au passage à Mechra-er-Reck, et la mission vogue vers le Nil, toutes voiles dehors — les voiles dessinées et coupées par Baratier, car il y a certainement entre la cavalerie et la navigation une harmonie préétablie, ainsi que le démontre le sûr instinct qui porte tous les officiers de marine à se précipiter sur des chevaux dès qu'ils font escale : Baratier était marin autant que cavalier.

Enfin, le 10 juillet 1898, nous voici en face des ruines imposantes de Fachoda, but de nos efforts. Il est cinq heures du soir. Nous prenons terre avec quelques tirailleurs, et nous parcourons le terrain ; d'abord un établissement important construit en briques, mais dont il ne reste que les murs : les toits en ont disparu. Une première enceinte, que constituent les débris des maisons. Puis une seconde, un redan de deux kilomètres, adossé au Nil, avec des oreillons qui flanquent chaque face. Le profil est à l'épreuve du canon de campagne : trois mètres de terre, avec un bon fossé, banquette de tir, bref, un ouvrage fort sérieux. Au temps des guerres mahdistes, les Égyptiens ont élevé, selon toutes les règles de la fortification, ces solides retranchements, qui auraient pu servir de refuge à une importante population, mais ils ne les ont pas défendus. Voilà la capitale du Soudan égyptien. Ici, évidemment, était le Moudirieh, résidence du gouverneur général : là, les logements de la garnison ; cette enceinte fermée doit avoir servi de pénitencier, cette construction isolée au Nord, avec des murs particulièrement solides, ce devait être la poudrière... Dans quels sentiments nous revenons aux embarcations accostées au rivage, vous le devinez.

En peu de temps, nous avons déterminé le tracé d'un poste défendable avec notre petit effectif (99 fusils) grâce aux flanquements faciles à organiser. Le contact avec les habitants du pays fut assez délicat. Le chef, le grand mek des Chillouks, était un personnage prudent et assez fermé. L'approvisionnement en denrées du pays était très facile, car tous étaient avides de nos marchandises et nous les rémunérions assez largement. Des cases s'étaient élevées, alors plus confortables que nos tentes. La vie s'organisait.

Mais vers la fin d'août, le mek des Chillouks amène au poste un indigène inconnu, qui déclare apporter des ouvertures d'une tribu assez lointaine et qui se répand en longues divagations : le surlendemain les Chillouks nous prévinrent de l'arrivée d'une flottille venant du Nord. Le 24, elle était tout près, et nous faisions bonne garde. Un officier était de veille tour à tour. Le 25 août, au tout petit jour, c'était l'interprète Landeroin qui veillait ; je l'entends encore s'écrier : « Mais... mais ce sont des vapeurs ! » et il se précipite vers la case de Marchand. Tous debout à l'instant, nous voyons en effet deux masses compactes sur le Nil, vers le Nord, avec des panaches de fumée. Une sonnerie vibre : tout le monde est en quelques instants à son poste de combat. Ce sont en effet deux vapeurs montés par les Derviches, qui ont sur chaque flanc une dehabieh accolée et qui en traînent plusieurs à la remorque : ils remontent le Nil dans cet appareil assez imposant. Sur notre hampe très haute, se hisse le pavillon français. Un coup de canon part d'un des vapeurs, et le projectile tombe dans le Nil, cinq cents mètres trop court. La flottille ennemie se rapproche. Elle n'a qu'un seul canon, qui se charge par la bouche et tire assez lentement des obus de 12, à ailettes, avec fusées en bois très anciennes, qui éclatent dans la proportion d'une sur six ou huit. Quel dommage de n'avoir pas nos deux petits canons à tir rapide ! Ils sont à l'arrière avec le *Faidherbe*... Faute de mieux, nous commençons le tir de nos mousquetons par salve, à mille mètres, les hausses réglées par le mousqueton de Marchand lui-même. Nous voyons nettement les balles arriver en partie dans l'eau, et le groupement est excellent sur le vapeur avant, dont la coque de fer retentit distinctement sous le choc répété. C'est le signal de chants guerriers qui s'élancent de la flottille avec accom-

pagnement de flageolets, de tam-tam et de cym-
bales qui composent un ensemble assez agréable.

Bientôt le second vapeur prend sa part de la
fusillade. Les Derviches tirent aussi et augmentent
la vitesse afin de passer rapidement sous notre feu :
ils veulent débarquer à quatre ou cinq kilomètres
de Fachoda, où ils avaient établi autrefois un poste
maintenant abandonné. Cette idée absurde de
défiler en masse à cinq cents mètres sous notre
feu leur coûta fort cher ; Largeau les suivit sur la
rive avec une forte section, à travers les hautes
herbes où la poudre sans fumée laissait nos tirailleurs invisibles. Les Derviches ne chantent plus.
Les petites balles qui leur arrivent ainsi, qui percent
les tôles et traversent le corps de plusieurs hommes,
ont quelque chose de diabolique... Le débarquement
est évidemment impossible car le feu augmente
dès que le bateau se rapproche de terre ; les morts
et les blessés s'entassent dans toutes les embarcations... Il faut virer de bord et redescendre le Nil,
donc repasser devant le poste, mais cette fois avec
le courant pour soi. Par malheur, voilà l'une de ces
maudites balles qui fausse la bielle d'une des roues
et le vapeur, ne battant plus que d'une aile, tour-
noie sur lui-même. Son acolyte doit s'arrêter et le
prendre en remorque. Mais l'ensemble fait une cible
magnifique où tous les coups portent. Ce ne sont
plus des chants guerriers que nous entendons, ce
sont des cris de douleur et d'effroi : cris aigus, voix
de femmes, sans doute... Le résultat est complet et
Marchand fait ralentir le feu, car le massacre n'était

plus nécessaire. Toutefois, il m'envoie suivre les
vapeurs par la rive gauche, en les accompagnant de
quelques salves bien ajustées pour les maintenir
longtemps dans la crainte de nos coups. En rentrant
au fort, je rencontre dans la brousse de très nombreux Chillouks, qui sont venus avec leurs lances,
leurs javelots, leurs casse-tête, l'arsenal au grand
complet ; tout ce monde grouille, littéralement,
tout prêt à voler au secours de la victoire, où qu'elle
se pose. Quant au Grand Mek, qui nous avait amené
quelques jours auparavant un espion derviche et
qui avait renseigné le Khalife sur notre arrivée, il
signe bientôt avec le capitaine Marchand un traité
qui plaçait la région sous le protectorat de la
France.

Le soir, tous réunis, nous nous félicitons de cette
belle journée du 25 août, et le calendrier nous montre
que c'est la fête de saint Louis, roi de France.
Par acclamation, le nom de Saint-Louis-du-Nil fut
décerné au fort de Fachoda.

Quelques jours après, le *Faidherbe* (1) arrivait
avec le capitaine Germain et le reste de la mission.
Les postes que nous avions fondés étaient occupés
par les troupes du Haut-Oubanghi et toute la région
était parfaitement tranquille. Le *Faidherbe* nous
apportait un supplément d'approvisionnements de
toute sorte, y compris 150 000 cartouches, un canon
de 37 m/m et un autre de 47 m/m ; grâce à la sage
économie de Marchand, nous avions à peine dépensé,

____

(1) Sous le commandement de l'enseigne de vaisseau Dyé.

en vivres et en objets d'échange. la moitié des quan-
tités emportées de France: Les pauvres populations
qui nous entouraient, terrorisées par les Derviches
après avoir été rudement gouvernées par les Égyptiens, venaient à nous de plus en plus volontiers;
notre bonté leur avait paru au début une sorte de
faiblesse, mais l'affaire du 25 août avait assuré le
prestige de notre force. Les bords du Nil sont très
peuplés; nous sentions comme la naissance d'une
nouvelle colonie, prolongement du Congo français,
réunie à lui par notre vapeur et cette province du
Bahr-el-Ghazal, qui avait reçu un commencement
d'organisation. Restait à établir la liaison avec
l'Abyssinie, que le *Faidherbe* alla vainement chercher en remontant le Sobat, mais qui ne pouvait
tarder. Le *Faidherbe* retourne vers Mechra-er-Reck,
emportant notre courrier pour la France.

Mais le 18 septembre, les Chillouks nous prévien-
nent que plusieurs vapeurs sont arrivés près de nous
dans la soirée. Le 19 au matin, un beau noir vêtu
d'un uniforme kaki se présente au poste, venu par
terre, avec une lettre du Sirdar Kitchener, adressée
à « M. le Commandant de l'expédition européenne
de Fachoda ». Cette lettre annonce la victoire d'Om-
durman et l'occupation de Khartoum par l'armée
anglo-égyptienne et le rétablissement de la puissance du Khédive sur le Soudan égyptien. Le Sirdar (1) annonce sa prochaine arrivée à Fachoda,
où il a appris qu'une expédition européenne était

______

(1) Kitchener.

parvenue. Marchand répond aussitôt en offrant ses félicitations au Sirdar pour le triomphe qu'il vient de remporter sur les ennemis de la civilisation et se déclare prêt à recevoir la visite du Sirdar. Comme les vapeurs apparaissaient à l'horizon, un boat en acier va à leur rencontre avec la réponse de Marchand.

Voici cinq vapeurs embossés devant le fort, nos hommes rangés sur les retranchements, en belle tenue, des caisses de cartouches à portée... Marchand monte avec Germain, son second, à bord de la canonnière qui porte le Sirdar. Que va-t-il se passer? Le Soudan égyptien, depuis son évacuation devant les bandes du Mahdi, est à qui veut le prendre : *res nullius*. L'Angleterre a donné Lado aux Belges, le Senaar aux Italiens, et a pris pour elle l'Ouganda. Liotard est arrivé dans le Bahr-el-Ghazal depuis plus d'un an et y a traité au nom de la France avec le sultan Tamboura et les chefs de Dem-Ziber. Nous sommes ici depuis le 10 juillet et nous y avons repoussé les Derviches. Nous sommes chez nous, et les Anglo-Égyptiens vont s'en aller... Mais que les bateaux sont bien tenus ! Ce sont des canons de 100 qui arment les tourelles. Voici des Écossais avec leur kilt ; le gros de l'expédition est formé par des soudanieh, bataillons noirs qui forment l'élite des troupes égyptiennes. Mais nos retranchements ont trois mètres de terre ; il faudrait beaucoup de projectiles de 100 pour y faire brèche. Les tôles des canonnières sont bien minces ; c'est suffisant contre les Winchester et les Martini des Derviches, mais pas contre la balle modèle 1886... Les hommes sont sur six rangs de profondeur, et superposés en deux étages. Quels effroyables ravages... Il n'y faut pas songer, mais enfin il ne faudrait pas que le Sirdar se crût trop fort.

La conversation se prolonge ; le Sirdar Kitchener témoigna à Marchand sa vive admiration pour la traversée de l'Afrique et lui offrit de le conduire en Égypte à son bord, affectant de voir dans sa mission une exploration scientifique maintenant terminée. Puis, comme Marchand lui notifia qu'il occupait Fachoda au nom de la France et ne pouvait se retirer que sur l'ordre de son gouvernement, le Sirdar lui fit répéter ses paroles, en attirant son attention sur la gravité de cette déclaration. Lui aussi avait des ordres de son gouvernement et devait occuper Fachoda. Après discussion sur place, il fut convenu que le pavillon égyptien serait arboré sur le bastion de l'enceinte extérieure, à six cents mètres de notre fort, et qu'on attendrait dans cette situation la décision des gouvernements.

Une heure après midi, les troupes débarquaient : une compagnie de Seaforth Highlanders de cent hommes, deux bataillons de soudanieh et une batterie de montagne à tir rapide. Ils rendirent les honneurs au pavillon égyptien et défilèrent, les Écossais avec leur cornemuse, les soudanieh au son d'une musique retentissante. Et le Sirdar reprit la route du bord, en laissant deux vapeurs devant le nouveau camp. Des relations de bonne camaraderie s'établirent entre les officiers des deux garnisons.

Je ne vous rappellerai pas les discussions qui s'ouvrirent en Europe et qui précédèrent l'évacuation de Fachoda et du Bahr-el-Ghazal jusqu'à la ligne de partage des eaux entre le Congo et le Nil ; le voyage de Baratier à Paris où il va porter un premier rapport de Marchand, le voyage de Marchand lui-même au Caire, où il trouve les ordres du gouvernement qui base l'ordre d'évacuation sur les difficultés de ravitailler la nouvelle possession, enfin prescrivant de revenir par son itinéraire d'aller. Marchand refuse d'évacuer Fachoda pour un tel motif et attire l'attention sur les difficultés extrêmes de reprendre la même voie : « L'intérêt de la France exige que vous évacuiez Fachoda, lui fut-il répondu. Vous choisirez vous-même votre itinéraire de retour. » Il fallait s'incliner, mais c'était bien dur.

Pendant ce temps, Germain m'avait envoyé par terre chercher la liaison avec l'Abyssinie. Je ramenais à Fachoda une colonne abyssine de dix mille hommes bien armés, avec deux petits canons à tir rapide, quand j'ai été rejoint par le lieutenant Fouque, qui m'apportait l'ordre de me replier vers Goré, sur la Sobat, où Marchand me donnait rendez-vous. Puis ce fut la traversée de l'Abyssinie, la réception par Ménélik à Addis-Ababa, le passage du désert Somali et le retour en France...

Baratier disait quelquefois : « Il est bien malheureux que nous ne soyons pas tous restés dans le marais du Bahr-el-Ghazal ; nous aurions évité à la France une grande humiliation. » Nous avons tous pensé comme lui. Mais avec le recul du temps, et la lumière des événements, je crois voir que nos efforts n'ont pas été tout à fait inutiles. La mission Marchand a été comme une pièce poussée sur l'échiquier sur une certaine case d'où elle doit se retirer après avoir joué son rôle dans le dernier coup d'une grande partie. La France et l'Angleterre jouaient cette grande partie depuis bien des siècles l'une contre l'autre et elles se sont mises d'accord pour convenir qu'il n'y avait ni vainqueur, ni vaincu : partie nulle. Et ce fut l'Entente cordiale. Mais il était sans doute nécessaire que les deux adversaires éprouvassent leurs forces réciproques avant de se donner franchement la main.

En 1916, sur la Somme, ma division était à côté des Anglais, et jamais je n'ai eu de meilleurs voisins. Pendant une accalmie, j'ai été invité au quartier général de plusieurs de mes camarades britanniques, et l'un d'eux (1), qui avait pris une part active dans l'évacuation de Fachoda, et qui restait très renseigné, m'a abordé en me disant : « Quel bonheur que nous ne nous soyons pas tiré de coups de fusil ! Les Boches seraient bientôt tombés sur vous, avec les Austro-Boches et peut-être les Italiens, puis après c'eût été notre tour... Nous étions tous... perdus. »

La route du Nil était fermée, mais il restait celle du Tchad, l'union à réaliser entre les trois Afriques françaises. Crampel avait été massacré en tentant

____

(1) Le général Maxe.

cette grande œuvre, mais un comité s'était formé qui la poursuivit avec une ténacité qui suggérait la constance au gouvernement. Trois missions partaient, l'une à travers le Sahara, la mission Foureau-Lamy ; l'autre du Soudan, la mission Voulet-Chanoine, qui devint la mission Joalland-Meynier ; la troisième du Congo, la mission Gentil. Elles se réunirent au Tchad. Le surlendemain même de leur concentration, le commandant Lamy, qui avait pris le commandement, écrasait à Kousseri les forces de Rabah, et il était enseveli dans son triomphe. Mais l'œuvre était accomplie. Le lieutenant-colonel Destenave en assura les résultats. Puis le territoire du Tchad fut commandé par le colonel Largeau, mon camarade de la mission Marchand, le colonel Gouraud, et encore le colonel Largeau. Si Gouraud ne lui a pas succédé une seconde fois, c'est que dans l'intervalle on l'avait envoyé conquérir la Mauritanie. Le Tchad est un pays soudanais où nous rencontrons la même nature, les mêmes auxiliaires et les mêmes ennemis que nous avons trouvés au Soudan français, sur le Haut Sénégal et sur le Niger moyen. Il faut ajouter aussi que les commandants de ce territoire rencontrèrent la même difficulté à faire comprendre à Paris leur situation vis-à-vis des chasseurs d'esclaves qu'ils privaient de leur terrain d'élection.

On ne peut rester au Baguirmi et au Kanem si l'on ne tient le Ouadaï et le Borkou, ni au Borkou si on ne pousse jusqu'à l'Ennedi. Je ne puis vous raconter cette conquête très rude, mais il faut au moins vous rappeler le nom du lieutenant-colonel Moll, tué au combat de Doroté. et aussitôt vengé. Nous occupons donc tout le territoire que les traités nous ont reconnu, et nous le tenons solidement.

Si maintenant nous jetons un regard sur l'Afrique équatoriale française, nous voyons un groupe de colonies qui présente les richesses latentes les plus certaines, et qui est encadré par une colonie belge (8 millions et demi d'habitants) et une ancienne colonie allemande (3 millions), le Cameroun, sur laquelle la France exerce le mandat de la Société des Nations, — qui sont toutes deux dans l'état le plus prospère.

Ce n'est malheureusement pas le cas de notre Afrique équatoriale. Les évaluations officielles du chiffre de la population, de 9 millions d'habitants sont descendues à 5 millions et tombent, en 1921, à 2 860 868. Les trois colonies vraiment équatoriales, Gabon, Moyen-Congo et Oubanghi-Chari végètent, péniblement. Occupée la dernière, la colonie soudanaise et saharienne, le Tchad, a été presque constamment en guerre depuis sa conquête. Des quatre colonies de l'Afrique équatoriale, c'est pourtant la mieux connue et la mieux organisée. La plus en retard, sans comparaison, reste la colonie du Gabon, qui a été pénétrée la première.

Comme le Sénégal et le Soudan, le Tchad a bénéficié de l'action militaire accomplie, non contre les paisibles populations indigènes, mais contre les oppresseurs ; la force française s'y est déployée pour

leur délivrance et s'y est montrée de telle sorte que
notre paternelle autorité n'y peut être discutée.
C'est là un précieux avantage, dont notre pénétration ne bénéficiait pas dans la zone équatoriale,
essentiellement anarchique ; mais là aussi il fallait
« montrer la force pour ne pas avoir à s'en servir » ;
une milice locale, il est vrai, y a fréquemment exercé
des répressions, mais rien ne remplace la troupe régulière, dont la force, sûre d'elle-même, n'est pas
discutée ; pour ce motif, la nécessité de son action
est beaucoup plus rare. La pénétration se fait alors
méthodiquement, sans à-coup, et la connaissance
du pays s'acquiert rapidement et complètement ;
cette connaissance du pays, cette prise de contact
avec l'indigène, reste à exécuter dans de vastes
territoires équatoriaux.

La mise en valeur nécessite de grands travaux,
surtout des voies ferrées et des ports. Il est nécessaire que la métropole aide les débuts d'une telle
œuvre ; elle l'a fait partout, sauf en Afrique équatoriale, et partout ce concours est maintenant inutile ; chaque groupe de colonies contractant des
emprunts gagés sur ses recettes, la France n'inter-
venait que pour donner une garantie morale qui
n'a jamais eu à jouer. Voici enfin que l'Afrique
équatoriale va disposer d'un emprunt de 171 millions qui lui permettra la construction de sa première voie ferrée entre le Congo et l'Atlantique ; en
outre, la subvention de la métropole à son budget
est maintenant de 7 millions — c'est la seule subvention à un budget civil aux colonies, mais elle

est ici parfaitement justifiée. Toutes les ressources sont donc à pied d'œuvre. Il faut espérer que la grandeur et la beauté de la tâche feront surgir le grand organisateur qu'elle réclame.

L'Afrique noire apparaît comme une auge gigantesque que le relèvement de ses bords sépare de la côte : cet obstacle est rompu maintenant et des voies ferrées, pénétrant des ports vers l'intérieur, en drainent les produits. Mais ces communications avec l'Océan et avec l'Europe ne peuvent-elles être remplacées par une autre plus rapide et plus sûre? Dès leur invention, les chemins de fer ont paru comme l'organe de pénétration en Afrique ; l'obstacle du Sahara devait être vaincu par le rail. La hardiesse des soldats seconda ensuite les projets des ingénieurs ; mais c'est en vain que le massacre du colonel Flatters attira l'attention sur ses profondeurs mystérieuses. Toutefois, l'idée de donner un lien matériel à l'unité de l'Afrique française fit naître de nombreux projets dont aucun ne paraissait irréalisable. Des missions ont reconnu la route ; elle est facile, sans obstacles naturels, car la zone des sables, d'ailleurs étroite, offre trois brèches accessibles. La guerre a révélé à tous les ressources militaires de l'Afrique noire : nous y avons trouvé 185 000 combattants de première valeur, elle aurait pu en donner trois et quatre fois davantage si nous avions préparé la levée de ces contingents. L'Afrique occidentale a 13 millions d'habitants, l'Afrique équatoriale 6 millions avec le Cameroun. Pouvons-nous ne pas annexer militairement cet empire? Or cette annexion exige la maîtrise de la mer, et nous ne sommes pas assurés de la garder.

Mais une telle entreprise sera-t-elle seulement impériale ; quel serait le prix dont la France paierait cette augmentation de puissance?

Les projets de M. Albert Sarraut, ministre actuel des Colonies, qui s'est interdit à regret de regarder vers l'Afrique du Nord et d'empiéter sur le domaine de ses collègues, les ministres de l'Intérieur et des Affaires étrangères, donnent au Transsaharien son point terminus, Ouagadougou, au milieu de la boucle du Niger, centre géographique de l'Afrique occidentale et de la région où la population est le plus dense. C'est là, en effet, que M. Albert Sarraut fait s'entre-couper les communications du Soudan avec la Guinée et la Côte d'Ivoire. En outre, le plan de travaux comporte l'irrigation du Niger moyen, souvent comparé au delta du Nil, et cette irrigation rendra fertiles les hectares de terres cultivables. Enfin, la Compagnie cotonnière du Niger a achevé ses essais sur une échelle assez large pour être concluants : le même coton à longues fibres qui fournit en ce moment les manufactures anglaises donne les mêmes récoltes sur le Niger que sur le Nil. Le cheptel soudanais est dès maintenant très abondant, 2 millions de bœufs et 3 millions de moutons ; c'est à peu près celui de la République Argentine vers 1830. Mais les procédés d'élevage moderne peuvent l'augmenter beaucoup. Coton, viandes frigorifiées, peaux, riz, maïs, graines oléagineuses, voilà le fret trouvé pour la nouvelle ligne, en admettant des tarifs pour marchandises et pour voyageurs qui restent plus avantageux que par la voie côtière et maritime.

Le tracé choisi établit des communications rapides et faciles entre nos possessions africaines pour l'échange de produits et leur main-d'œuvre et, en temps de guerre, il assure à la métropole des communications aussi peu vulnérables que possible avec les ressources de toute nature que lui offre l'Afrique noire. En outre, dans l'avenir, un tracé déterminé dans ses grandes lignes permettrait d'aller au Tchad, puis en se prolongeant, jusqu'à Bangui, d'établir la liaison avec le réseau fluvial du Congo, qui, sur 20 000 kilomètres, est praticable à la navigation à vapeur. Les études antérieures, l'expérience des lignes du Sud Algérien, du Sénégal et du Soudan permettent de fixer le prix de tous ces travaux : un milliard 200 millions, et 300 millions de plus pour utiliser les chutes du Niger à Ansongo qui permettront d'électrifier la ligne. Il s'agit d'une charge budgétaire d'environ 60 millions à répartir entre la métropole et les colonies qui bénéficieront largement de cette grande œuvre.

Un engin nouveau apparaît à point nommé comme un puissant auxiliaire : c'est l'automobile avec chenille Kégresse, établi par M. Citroën, qui vient de faire ses preuves de la manière la plus éclatante par la traversée du Sahara. Ce raid hardi d'Alger à Tombouctou, à raison de 200 kilomètres par jour en moyenne, en terrain accidenté, montre tout le parti qu'on peut tirer de ce merveilleux instrument. Il nous rend maîtres du désert dont il va assurer la

police ; il permet l'établissement de postes qui jalon-
neront les lignes aériennes, et qui serviront d'appui
aux reconnaissances de détail pour le tracé de la
voie ferrée ; pendant la construction, il servira au
transport du personnel et des vivres, de l'eau, et
amènera sur place une partie des matériaux. Le
progrès scientifique, utilisé par la hardiesse, la ténacité et l'endurance d'un personnel d'élite, vient terminer cette œuvre de civilisation qui a coûté la vie
à tant de Français au grand cœur, parmi lesquels
je dois nommer au moins les derniers, le Père de Foucauld, et mon compagnon d'armes au Soudan et à
Verdun, le général Laperrine.

Donc cette œuvre va commencer ; elle s'achèvera
dans un délai de six années, et l'Afrique française
fera un bloc de 33 ou 34 millions d'habitants. Elle
est beaucoup plus grande que la France nouvelle
entrevue par Prévost-Paradol en 1868. En temps
de paix, une marine marchande qui s'est développée
pour ces nouveaux besoins la réunit à la métropole.
Mais en temps de guerre?

'Nous pouvons, nous devons limiter nos efforts de
construction navale ; nous ne pouvons prétendre à
la domination sur tous les océans, contre quelque
adversaire que ce soit. Mais rien ne peut nous
faire renoncer à la maîtrise de la Méditerranée
occidentale. En marine de guerre, rien ne s'improvise ; toute négligence est sévèrement punie, et
il n'est pas d'institution qui demande autant de
suite dans les idées ; aussi faut-il y songer dès maintenant.'

La France d'Afrique réclame l'unité de toutes ses parties, et l'union avec la métropole.

En parcourant rapidement avec vous ses espaces immenses, j'ai cherché à vous montrer son passé de gloire et son avenir de richesses ; grâce aux explorateurs qui ont guidé l'effort militaire, grâce aux soldats qui ont versé leur sang pour la France si loin de la France, grâce à quelques hommes d'État clairvoyants et fermes, grâce à de tenaces initiatives privées, la France s'est agrandie à travers bien des vicissitudes, au prix de bien des sacrifices. Le nombre de ses enfants s'est accru, mais ils tiennent tous la même place dans son cœur. La tâche reste grande pour notre génération.

Ici, la moisson est prête ; là, les terres sont encore vierges, mais le sol est à nous. Au travail !

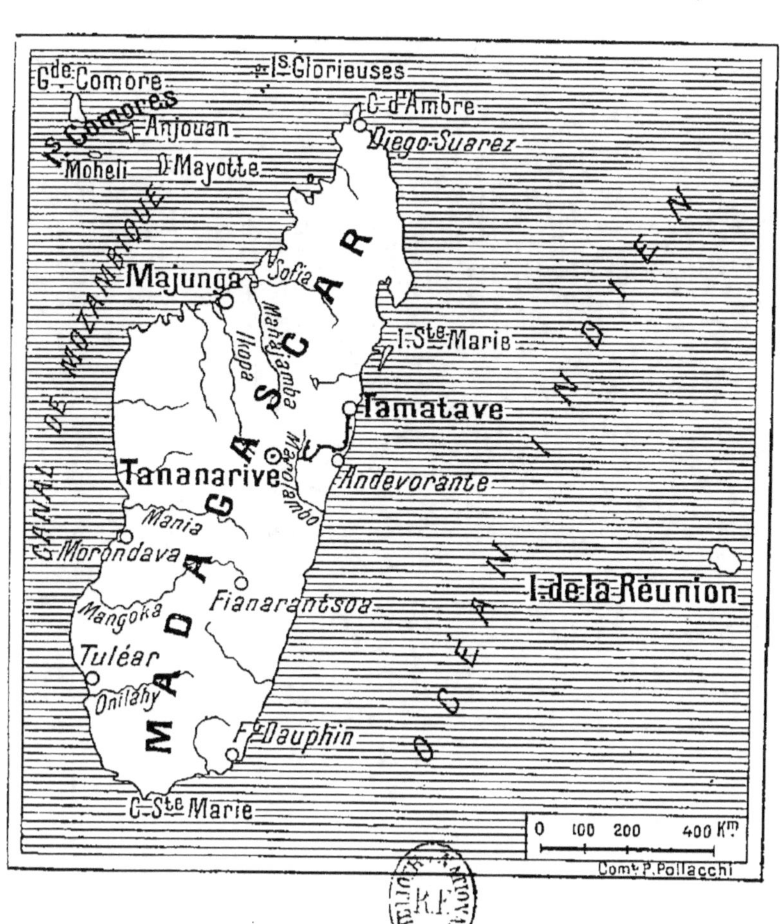

MADAGASCAR

(Afrique Orientale Française)

VI

MADAGASCAR

Madagascar — *la Grande Ile* — paraît le reste
d'un continent disparu, la Lémurie, qui se serait
étendu dans l'océan Indien jusqu'aux îles Seychelles, Maldives et Laquedives, ses vestiges au
nord-ouest. La flore et la faune de Madagascar
ne rappellent en rien celles de l'Afrique, pourtant
si proche, car le canal de Mozambique n'a pas plus
de 400 à 500 kilomètres. L'ethnologie est fort
complexe : le plateau central de l'Emyrne, dont
l'altitude est d'environ 1 200 mètres, est peuplé
par les Hovas, de race malaise ; sur les côtes et
dans le sud, habitent les races négritiennes les
plus diverses, qui semblent apparentées, les unes
aux peuplades de la Mélanésie, les autres aux
Bantous, dont les premières migrations venant
de l'ouest ont peuplé l'Afrique noire. Des traditions
locales ont conservé le souvenir de nègres nains, autochtones aujourd'hui disparus ; les négrilles paraissent également les premiers habitants du continent
noir, comme les *nigritos* ceux de l'Asie australe et
de l'Insulinde. L'hypothèse du continent lémurien
repose donc sur un ensemble de faits concordants.

La superficie de *la Grande Ile* atteint 600 000 kilomètres carrés : c'est celle de la France, de la Belgique et de la Hollande réunies. Du nord au sud elle a 1 500 kilomètres de long, — la distance de Perpignan à Edimbourg, — et 600 kilomètres de l'est à l'ouest, dans sa plus grande largeur, — la distance de Nantes à Nancy, ou bien de Bordeaux à la frontière italienne. Très découpée, la côte ouest offre de nombreuses rades, sur mer relativement calme ; la côte est, rectiligne, présente une *barre*, et une branche du courant sud-équatorial y vient bifurquer ; sauf dans la partie septentrionale, les mouillages y sont rares et précaires. Au nord de l'Ile, la belle rade très sûre de Diego-Suarez peut abriter une flotte : c'est une base navale de première importance.

Une chaîne de montagnes s'élève parallèlement à la côte est : c'est le rebord d'un plateau de 800 à 1 500 mètres d'altitude ; sa crête forme la ligne de partage des eaux entre les deux versants très inégaux, l'oriental ayant une centaine de kilomètres de large, et l'occidental 500 kilomètres environ. D'autres chaînes sont parallèles à la première. La chaleur humide des tropiques sévit sur les côtes et le plateau central jouit d'un climat tempéré.

Les hauteurs dans la zone tropicale se prêtent au développement d'une civilisation relative, comme le prouve l'exemple de l'Abyssinie, du Mexique et du Pérou. En Emyrne, sur le haut plateau central, les Hovas d'origine malaise étaient arrivés à une certaine organisation ; ils sont environ 900 000. Les noirs leur résistaient, surtout les Sakalaves au nord et à l'ouest. La population atteint aujourd'hui 3 500 000 habitants.

On a soutenu sans invraisemblance que Madagascar avait été découverte au cours du périple d'Hannon, et que les Phéniciens l'ont même colonisée : mais ils n'y ont laissé aucune trace actuellement visible. Les Arabes, au contraire, se sont établis aux Comores, et leurs courses aventureuses ont marqué dans la race des habitants, comme à Sumatra et aux Philippines : heureusement, l'Islam ne pénétra pas dans l'intérieur de la Grande Ile.

Parmi les Européens, les Portugais y abordèrent les premiers dès l'aurore du seizième siècle ; leurs missionnaires essayèrent sans succès de convertir les indigènes. Les Hollandais y commercèrent ensuite, se livrant surtout à la traite. Puis les Anglais s'enthousiasmèrent pour cette conquête, qu'une tentative malheureuse leur fit abandonner pour toujours.

Les Français entrent en scène au dix-septième siècle. Les Dieppois ont reconnu la grande terre et Richelieu fonde la Société de l'Orient en 1626, en lui concédant pour dix ans l'Ile de Madagascar et les îles adjacentes « pour y ériger colonies et commerce et en prendre possession au nom de Sa Majesté très Chrétienne ». Avec Pronis et Flacourt, plusieurs établissements s'élèvent sur la côte, dont Fort-Dauphin et Sainte-Marie ; l'île

Bourbon est occupée. Mais l'entreprise est menée avec beaucoup d'inexpérience, qui s'accompagne d'une grande brutalité envers les indigènes. Elle périclite et la Société de l'Orient est dissoute en 1664.

Colbert fonda alors la Compagnie des Indes orientales qui reçut en concession Madagascar, devenue l'île Dauphine ou la France orientale. Ce deuxième établissement finit encore plus mal que le premier, et pour les mêmes causes : les derniers Français furent presque tous massacrés dans l'église de Fort-Dauphin, dans la nuit de Noël 1672.

Si le troisième établissement débuta médiocrement en 1764, il commença cependant l'exploration scientifique de la Grande Ile. Puis un magnat hongrois, le comte Benyowski, fut chargé par Louis XV de relever à Madagascar les droits de la couronne de France. Ce héros de roman fonda dans la baie d'Antongil le fort Choiseul et soumit toute la côte orientale ; il prit sur les indigènes un extraordinaire ascendant et semble avoir eu d'excellentes idées sur la manière de les rapprocher de nous, ce que nous appelons aujourd'hui la politique indigène. Mais il ne fut pas compris. Brouillé avec les colons des Mascareignes, il rentra en France et, quand il offrit au roi de France la souveraineté de Madagascar, il ne fut pas pris au sérieux. Comme c'était, au demeurant, un aventurier, il s'adressa au roi d'Angleterre, à l'Empereur, enfin à la nouvelle république des États-Unis. Partout éconduit, il revint à Madagascar, dont il se proclama souverain indépendant : mais il violait ainsi les droits de la couronne de France, et le gouverneur de l'Ile de France, M. de Souillac, envoya un navire de guerre dans la baie d'Antongil ; Benyowski fut tué dans le premier combat, le 28 mai 1786.

Sous la Révolution, les gouvernements qui se succédèrent eurent à cœur de ne pas laisser périmer les droits de la France sur Madagascar. Si aucun établissement ne put se fonder, le pays fut du moins reconnu ; sous le consulat, le général Decaen, capitaine général des établissements français de l'océan Indien, fit occuper Tamatave où son agent général Sylvain Roux commença une véritable organisation coloniale. Mais les Anglais s'emparèrent de Tamatave en 1811.

Les traités de 1814 et de 1815 spécifiaient celles des colonies françaises et hollandaises qui passaient sous la domination britannique, et il en résultait que les autres colonies étaient laissées à ces États. Dans l'océan Indien, l'Ile de France, baptisée Ile Maurice, devenait anglaise avec ses dépendances. Son gouverneur, l'amiral sir Robert Forquhar, prétendit que Madagascar était l'une de ces dépendances. On a dit à ce propos : « La plaisanterie était un peu forte ! Madagascar, une dépendance de l'Ile de France : autant dire que l'Angleterre est une dépendance de l'île de Man ! » Après un long échange de dépêches entre les deux gouvernements, cette prétention exorbitante fut repoussée.

Mais sir Robert Forquhar, renonçant avec peine

à cette annexion, résolut du moins d'empêcher les Français de la réaliser et chercha par tous les moyens à créer dans la Grande Terre une domination soumise à l'influence britannique. Il employa dans ce but un personnel nombreux et zélé, et il mit à sa disposition des moyens puissants : 1º les missions protestantes s'efforcèrent de convertir d'abord la cour et les notables, puis le peuple hova, enfin le reste de l'Ile ; 2º les instructeurs militaires anglais tentent de donner au royaume hova la force nécessaire pour conquérir toute l'Ile et pour garder son indépendance contre toute puissance européenne ; 3º des ouvriers anglais ou dressés par les Anglais importent à Madagascar des industries rudimentaires en même temps que l'influence de la Grande-Bretagne. Cette colonisation par influence amena un bon résultat, l'abolition de la traite ; mais le protectorat déguisé, conduit par l'Angleterre avec des intentions directement hostiles à la France, tendit à maintes reprises les relations entre les deux puissances. En outre, quelques dissentiments qu'ils marquent entre eux, les Européens restent solidaires aux yeux de la masse indigène, et les coups qu'ils se portent réciproquement les atteignent tous ensemble.

La Restauration toléra au début de graves insultes à son pavillon et d'odieuses vexations à l'égard des traitants français. Mais, à la suite d'une révolution de palais, la haine s'étendit aux nationaux britanniques, qui furent chassés de Tanana-

rive en 1828. Charles X envoya l'amiral Goubeyre
avec pleins pouvoirs pour la paix et la guerre ; il
sut manœuvrer et une action énergique contre
Tamatave amena le gouvernement hova à composition. Les négociations n'étaient pas terminées
que la révolution de 1830 vint tout remettre en
question.

Le gouvernement de Juillet abandonnait toute
idée d'expansion ; il rappela l'escadre et les troupes
avant la signature du traité, tout en affirmant
les droits de la France sur Madagascar. Une réaction fanatique et xénophobe en chassait les missionnaires anglais en 1836 et s'accompagnait de
persécutions violentes, qui firent pour un temps
disparaître toute manifestation chrétienne et toute
influence britannique dans la Grande Terre. Cependant l'amiral de Hell, gouverneur de Bourbon, traitait avec les Sakalaves ennemis des Hovas et donnait quelques bases aux prétentions françaises sur
Madagascar. Des missionnaires catholiques et français s'avançaient peu à peu. A Tananarive, quelques
colons français étaient employés dans les constructions, les sucreries, les plantations ; l'un d'eux,
Jean Laborde, prenait sur le gouvernement hova
et sur les populations un ascendant extraordinaire.
Fils d'un maître forgeron d'Auch et ancien briga-
dier de gendarmerie, il fut jeté sur la côte par la
tempête en 1831 ; par son intelligence et sa saga-
cité, son esprit prompt et inventif, la douceur et
la droiture de son caractère, il émerveille les barbares et son établissement de Mantasoua réunit

jusqu'à 10 000 ouvriers. On y trouve toutes les industries naissantes, qu'il improvise : tuilerie, verrerie, magnanerie, et jusqu'à une fonderie de canons ; tous les travaux du bois et du fer : menuiserie, charpenterie, charronnage, serrurerie, forges... Mais en 1861 la reine Ranavalona Ire, sur les instigations des missionnaires protestants revenus, chasse tous les Français et proscrit le catholicisme.

En 1863 son fils Radama II se tourne au contraire vers la France ; la compagnie de Madagascar se fonde au capital de 50 millions et le traité Lambert lui donne l'exploitation minière et agricole du pays. Mais le roi est étranglé au huitième mois de son règne, à la suite d'une conspiration où le révérend Ellis paraît bien avoir joué un rôle important, malgré l'honnête consul anglais Packenham. Traités et concessions sont déchirés, d'où longues négociations et paiement au concessionnaire d'une indemnité dont le prélèvement rend la France impopulaire. Traité favorable aux Anglais en 1865, puis favorable aux Français en 1868. Le culte protestant devient religion d'État, malgré l'opposition des ministres luthériens de Norvège (1).

(1) Quand, à la suite des princes, des multitudes envahissaient les églises, réclamant et obtenant le baptême, les Norvégiens ont résisté, ils ont maintenu la condition préalable d'une instruction sérieuse. Ils se sont épargné par là bien des déceptions cruelles et des embarras qui, aujourd'hui encore, pèsent sur d'autres missionnaires. (*L'œuvre missionnaire de l'Eglise luthérienne de Norvège à Madagascar, rapport du Synode de Paris, novembre 1896*).

Luttes locales d'influence politique ; querelles des missionnaires des deux confessions et des deux nationalités ; pillages de factoreries et massacres de colons français ; les épisodes tragi-comiques, et trop souvent tragiques, se succèdent. Deux cas bien nets soulevèrent en 1882 un conflit qui amena une intervention armée de la France : une nouvelle loi avait enlevé à tous les étrangers le droit de propriété dans les États hovas ; la reine confisqua l'héritage de M. Laborde, dont les droits avaient été régulièrement reconnus par un de ses prédécesseurs ; en même temps, le pavillon hova fut arboré sur la côte ouest, en face de l'île de Nossi-Bé, possession française : or, le traité de 1840 conclu avec les Sakalaves plaçait ce territoire sous le protectorat français. Conformément à ses instructions, le commandant Le Timbre fait abattre ce pavillon sans brûler une amorce.

L'émotion fut grande à Tananarive, mais elle se calma bientôt et une ambassade malgache partit pour l'Europe. Son enfantine mauvaise foi la fit éconduire à Paris, où pourtant le ministère Duclerc avait bien voulu trouver une solution pacifique et définitive aux conflits qui s'élevaient de plus en plus aigus ; les ambassadeurs reçurent à Londres des conseils de modération qu'ils ne suivirent pas ; mais l'Angleterre renonça au droit de propriété pour ses nationaux ; l'Allemagne, l'Italie et les États-Unis suivirent cet exemple, et ces concessions fortifiaient l'intransigeance des Malgaches dans tous leurs litiges avec la France. L'amiral

Pierre reçut l'ordre de donner une base effective aux revendications sur la côte nord-ouest et au protectorat des Sakalaves : il occupa Majunga et envoya un ultimatum à Tananarive.

Le gouvernement hova proclama la guerre nationale et expulsa tous les Français. Les missionnaires catholiques furent obligés d'abandonner leurs 80 000 fidèles et de regagner la côte. L'amiral Pierre bombarda et occupa Tamatave, malgré les protestations d'un croiseur anglais ; il fit arrêter le pasteur-cabaretier Shaw, fort suspect d'avoir empoisonné des soldats français ; mais le cabinet de Londres s'émut et Shaw relâché reçut 25 000 francs d'indemnité. Désavoué, l'amiral Pierre demanda son rappel et mourut en mer.

Son successeur, l'amiral Galibert, offrit vainement des conditions de paix très conciliantes. Elles furent repoussées, et un vote des Chambres françaises exigea, le 27 mars 1884, le maintien des droits de la France à Madagascar.

L'amiral Miot fut chargé d'exiger l'application de cette formule assez vague. Le ministère Ferry lui prescrivit seulement l'occupation de quelques ports sur la côte nord ; selon toute vraisemblance, c'était insuffisant pour amener le gouvernement hova à composition. Mais peut-être des opérations locales, vigoureusement menées, eussent-elles intimidé l'adversaire ; précisément, le capitaine Pennequin, avec une centaine d'Européens et une compagnie de tirailleurs sakalaves, avait défait une colonne de 1 500 soldats hovas et de plusieurs

milliers d'auxiliaires, lui tuant 500 hommes. Cette
brillante affaire montrait l'utilisation possible de
nos alliés Sakalaves, au point de vue militaire aussi
bien que politique. Mais l'amiral Miot prit soin
d'éviter le retour de pareils succès en infligeant
trente jours d'arrêts à l'officier coupable d'un
excès d'initiative. Par contre, une attaque en force,
menée par toute l'artillerie de l'escadre et le corps
de débarquement, échoua devant la position de
Farafate le 10 septembre. Les Hovas étaient fati-
gués de la guerre ; les négociations s'étaient engagées,
suivant le cours traînant et indécis des opérations.
D'où le traité négocié en dehors de toute compétence locale par l'amiral Miot et le consul général
Patrimonio, venu de Beyrouth pour cette occasion,
traité dont la forme et le fond ont été l'objet de
vives critiques. Mais la diplomatie ne peut en pareil
cas que mettre en équation, avec plus ou moins
d'adresse, les données fournies par les opérations
militaires ; le principal négociateur n'apportait à
son adjoint technique que des données bien
médiocres.

Le traité reconnaissait à la reine des Hovas la
souveraineté de toute l'île de Madagascar, en laissant à une convention ultérieure le soin de régler
le sort de nos alliés Sakalaves ; nos nationaux pouvaient s'établir dans l'île, mais non y acquérir des
propriétés ; la France assurait les relations extérieures du gouvernement hova, mais le nom de
protectorat n'était pas inscrit dans le traité, qui
passait sous silence la suzeraineté de Madagascar,

revendiquée depuis Louis XIV. Les seuls avantages consistaient dans une indemnité de 10 millions et la possession de Diego-Suarez. Une lettre explicative signée de l'amiral Miot et du ministre plénipotentiaire Patrimonio accompagnait le traité et en diminuait encore la portée. Toutefois, dans une clause secrète, le mot de protectorat était incidemment prononcé ; il faudra plus tard épiloguer sur ce dernier texte et expliquer aux Hovas que cette interprétation personnelle aux négociateurs n'engage pas le gouvernement français, au lieu que la clause secrète relative au protectorat lie les deux gouvernements qui l'ont approuvée... Bref, le traité portait en germe de nombreuses causes de conflit ; c'était tout au plus une suspension d'armes.

Pourtant, le résident général accrédité auprès de la reine de Madagascar en tira le meilleur parti possible. M. Le Myre de Villers, accrédité à Tananarive en cette qualité, joignait un caractère énergique et tenace à une intelligence claire et à une grande connaissance des hommes. Ancien officier de marine, il avait eu une carrière administrative assez mouvementée : sous-préfet et préfet, puis second du général Chanzy en Algérie pour les affaires civiles, il avait ensuite gouverné la Cochinchine et, en confiant au commandant Rivière une mission au Tonkin, il avait somme toute engagé l'expédition qui aboutit à la conquête de l'Indo-Chine. Il prit dès le premier jour de fortes positions sur toutes les questions, concessions de banques, de mines, de terres, *exequatur* des consuls étrangers, et ses successeurs surent les garder. Mais la mauvaise foi du gouvernement hova — en l'espèce le premier ministre mari de la reine — multipliait les incidents de toute nature. Les concessions furent l'objet de difficultés croissantes, qui les rendirent impraticables ; les contrats les plus clairs furent violés ; les pillages commencèrent, de plus en plus fréquents et importants ; aux meurtres d'employés indigènes au service d'Européens succédèrent les assassinats de colons et d'explorateurs français : il fallut en finir. M. Le Myre de Villers alla porter à Tananarive un ultimatum qui se heurta à une résistance absolue. Le Parlement français décida alors qu'une expédition irait régler la question de Madagascar et vota, en décembre 1894, les 65 millions demandés dans ce but par le gouvernement.

*
* *

Envisagée depuis plusieurs années, cette expédition avait été étudiée dans le détail au ministère de la marine et au Ministère de la Guerre. Les points de débarquement et les itinéraires principaux vers Tananarive avaient été reconnus ; une somme de renseignements considérables étaient rassemblés sur les ressources de toute nature que présentait le pays et surtout sur les effectifs et l'armement de l'armée hova, qui disposait de 25 000 à 30 000 soldats armés à l'européenne, avec 40 ou 50 pièces d'artillerie moderne.

Le ministère de la Marine avait établi un plan
basé sur l'emploi des troupes noires, avec une petite
réserve d'infanterie de marine ; le corps expéditionnaire eût été ravitaillé par des animaux de
bât ; à cet effet, l'amiral Gervais, chef d'état-major
de la marine, avait envoyé en mission secrète le
lieutenant Aubé, de l'infanterie de marine, qui
avait reconnu une piste muletière de Majunga à
Tananarive : ses levés complétaient ceux du lieutenant-colonel de Beylié. Il est permis de le dire
aujourd'hui, l'exécution de ce plan très simple
devait être confié au général Borgnis-Desbordes,
qui avait commencé la conquête du Soudan entre
le Sénégal et le Niger, et qui savait où trouver les
ressources en hommes qui eussent permis sa réalisation.

Mais une commission d'études, composée de
représentants de tous les ministères intéressés :
Guerre, Marine, Affaires étrangères, Colonies, fut
constituée en août 1894 et présenta un projet plus
important et plus compliqué. Tout en adoptant
les points de débarquement et l'itinéraire prévus
par le ministère de la Marine, elle réclamait
12 000 hommes, avec des effectifs européens qui
exigeaient un ravitaillement considérable ; les animaux de bât se trouvant insuffisants, il fallut prévoir un autre mode de transport, et la commission
s'arrêta à un modèle de voitures métalliques qui
avaient donné d'assez bons résultats sous les tropiques dans des pays peu accidentés. Ces voitures
Lefebvre, ainsi appelées du nom de leur inventeur

exigèrent une route, dont le tracé fut à tort supposé possible sur l'itinéraire de la piste muletière ; on passa outre aux objections de l'officier qui avait établi ce tracé et qui prévoyait la nécessité d'importantes déviations et de déblais considérables, d'où un remuement de terre très malsain dans un pays de chaleur humide. Et comme les indigènes tropicaux manquaient pour l'exécution de ces travaux, il fallut y employer les soldats européens.

Cependant le général Mercier, ministre de la Guerre, avait obtenu, au commencement de novembre 1894, la charge de préparer l'expédition : le ministre de la Marine Félix Faure avait dû s'incliner devant l'insistance du président de la République, Casimir-Perier. Le général Mercier avait porté à 15 000 hommes les effectifs du corps expéditionnaire et avait fait appel dans une large mesure aux états-majors et aux troupes de son ministère ; en outre, dans le choix des unités à employer, il s'était inspiré de considérations sentimentales tout à fait hors de saison et qui allaient coûter bien cher. Méconnaissant les nécessités inéluctables de la spécialisation et du climat tropical, le ministre affirmait que tous les corps de l'armée française devaient être aptes à combattre partout où le drapeau était engagé, et tint par conséquent à prendre en grande partie des contingents en dehors des troupes de la marine et du 19e corps. Le général Duchesne, commandant la 14e division à Belfort, fut désigné pour commander l'expédition, et commença aussitôt à en assurer la préparation, avec son chef d'état-major, le colonel de Torcy, et ses chefs de service.

Un régiment d'infanterie, un bataillon de chasseurs à pied, un bataillon du génie furent fournis par les troupes continentales ; les compagnies étaient tirées au sort, complétées en volontaires par les autres unités du corps d'armée et amalgamées tant bien que mal. Deux bataillons de tirailleurs algériens et un bataillon de légion étrangère formèrent le 2e régiment de la brigade métropolitaine commandée par le général Metzinger. La brigade de la marine (troupes coloniales), commandée par le général Voyron, fut formée par un régiment d'infanterie de marine et un régiment colonial (un bataillon de volontaires de la Réunion, un bataillon malgache recruté sur place et un bataillon haoussa venant du Dahomey). La Marine fournissait 3 batteries de 80 de montagne ; la Guerre, 2 batteries de 80 de montagne et 2 batteries de 80 de campagne. Fait caractéristique, sur les 70 médecins, 50 étaient fournis par la Guerre et 20 seulement par la Marine, où l'expérience de la pathologie exotique était certainement plus complète.

Le capitaine de vaisseau Bienaimé, commandant la division navale de l'océan Indien, ayant reçu le 11 décembre 1894 notification de l'état de guerre, débarqua à Tamatave sur la côte ouest dès le 12 avec 3 compagnies d'infanterie de marine et 8 pièces de 80 millimètres sous les ordres du lieutenant-colonel Colonna de Giovellina. Le 15 janvier, Majunga était occupé dans les mêmes conditions sur la côte est par le commandant Belin, et les Hovas restaient indécis sur les intentions des Français, qui les tenaient en respect dans le territoire de Diego-Suarez.

Le 1er mars, l'avant-garde du corps expéditionnaire débarquait à Majunga sous les ordres du général Metzinger, qui, dès la fin de mars, crut pouvoir s'avancer jusqu'à Marowoay, à 80 kilomètres de Majunga. Les pluies transformaient en un vaste marécage le terrain que les Hovas cédaient sans le défendre sérieusement ; faute de moyens de transport appropriés, il fallut se replier quelque peu après les avoir poursuivis, et c'est seulement le 2 mai que Marowoay put être occupé après quelques petits combats. Le 16, le camp hova d'Ambodimonti était pris. En même temps, les populations sakalaves entraient en contact avec les éléments de nos colonnes et se rassuraient.

Cependant le gros du corps expéditionnaire débarquait avec son chef le général Duchesne et donna comme objectif à l'avant-garde la position Mevetanana-Suberbieville, à 140 kilomètres au sud de Marowoay, où devrait être installée la base fluviale, terminus des convois par eau et départ des transports par terre. Les Hovas n'essayèrent pas de défendre ce terrain d'un parcours très difficile, tantôt escarpé et boisé, tantôt marécageux et coupé de marigots infestés de caïmans, partout très favorable à une guerre de chicane : les deux premiers combats, vigoureusement menés, avaient atteint leur moral, et le commencement d'instruction militaire que leur avaient donnée quelques aventuriers anglais (Willoughby, Shervington, Grave) leur faisait désirer le combat en terrain découvert où leur artillerie et leurs fusils à tir rapide pouvaient prendre toute leur efficacité. La base Mevetanana-Suberbieville fut occupée les 9 et 10 mai, après de petits combats, et les troupes réparties sur l'itinéraire de la colonne commencèrent les travaux de route, couvertes par de forts détachements qui, les 18 et 24 juin, arrêtèrent de nouveau l'ennemi. La position avancée de Tsarasotra fut attaquée les 29 et 30 juin ; quelques contre-attaques heureuses la dégagèrent et infligèrent aux Hovas des pertes considérables, pendant que nous perdions seulement une dizaine de blessés.

Au milieu de juillet, la route praticable aux voitures Lefebvre s'allongeait de Majunga au Beritzoka, du port de débarquement jusqu'à la pointe d'avant-garde, sur 250 kilomètres. Une nouvelle marche de 80 kilomètres porta l'avant-garde au marché d'Andriba, dans un terrain découvert d'argile rouge, que coupaient trois lignes de hauteurs aux pentes très rapides, et la plaine d'Andriba, peuplée et fertile, fut assez chaudement disputée par les Hovas le 22 août.

Mais il restait encore près de 200 kilomètres à couvrir avant d'arriver à Tananarive. La colonne ne pourrait reprendre sa marche qu'au milieu de septembre, quand la route aurait atteint la plaine d'Andriba, et les travaux de la route ne permettaient d'espérer qu'un avancement de 2 à 3 kilomètres par jour, en admettant que l'état sanitaire du corps expéditionnaire ne vînt pas ralentir encore cette progression : il était évident que la saison des pluies arriverait bien avant que la route eût atteint la capitale hova ; cette saison, beaucoup plus malsaine, eût arrêté les troupes dans des conditions déplorables au point de vue matériel et moral ; or, les effectifs fondaient à vue d'œil. Que fût-il donc resté du corps expéditionnaire après cette stagnation forcée? Comment l'opinion publique eût-elle accueilli la nécessité de renouveler à peu près entièrement les effectifs? Le sort de l'expédition était en jeu.

La gravité de la situation n'avait pas échappé au général Duchesne. Il avait résolu de former une colonne volante allégée de tout ce qui n'était pas le strict indispensable et de continuer la marche sur Tananarive par les sentiers indigènes avec des mulets de bât comme unique moyen de transport, à raison d'une quinzaine de kilomètres par jour. C'est le 6 septembre que la route carrossable arriva au sud de la plaine d'Andriba et, dès le 14, la colonne volante pouvait reprendre sa marche, avec 4 000 combattants, 12 canons, 3 000 mulets bâtés ; elle emportait vingt-deux jours de vivres, 140 cartouches par fusil, 1 116 projectiles d'artillerie. L'avant-garde formait le groupe principal de combat, puis venait le gros et enfin le convoi ; ces trois échelons marchaient à un jour ou deux de distance.

Dès le 15, le lendemain du départ, il fallut emporter la position fortifiée de Tsinainondry ; les passages des grands Ambohimenas avaient été défendus par quatorze redoutes garnies d'artillerie et plusieurs lignes de tranchées étagées ; le général Duchesne attendit le gros de la colonne pour les attaquer le 19. La région avait été soigneusement reconnue par le capitaine Aubé l'année précédente, et il guida un détachement qui tourna toutes les positions ennemies.

Après avoir franchi le massif de l'Ankarahara, la colonne arriva le 14 septembre en Emyrne, plateau très peuplé et bien cultivé. De nombreux villages fortifiés pouvaient servir de refuge aux détachements ennemis qui eussent attaqué les flancs de la colonne, qui serra alors sur la tête et réunit ses deux premiers échelons. Les 26 et 27, l'avant-garde bouscula les Hovas à Sabotsy et à Ambohipiara ; le 28, c'est l'arrière-garde qui eut à se dégager à Alakamisy.

Le général Duchesne, en continuant à suivre la route normale, eût abordé Tananarive par le nord-ouest, dans un terrain très difficile, avec une grosse rivière à franchir sous le feu de la position ennemie, et une attaque à prononcer de bas en haut avec de très médiocres positions d'artillerie. Il se décida à attaquer la capitale par l'est et le sud-est, après avoir fait serrer le convoi, d'ailleurs très réduit par la consommation journalière et le renvoi à l'arrière des animaux déchargés.

Le plateau de Tananarive, que couronnait le

palais de la Reine (altitude 1 458 mètres), est couvert vers l'est et le nord-est, à 2 kilomètres environ, par trois chaînes de hauteurs que défendaient quelques batteries. Il fallait enlever la première ligne de crête, puis bombarder Tananarive et le prendre d'assaut s'il était nécessaire. Le général Duchesne forma sa colonne en deux échelons : à gauche, le général Metzinger fut chargé de l'attaque débordante par le sud, puis menacerait le palais de la Reine ; à droite, le général Voyron formait le pivot du mouvement et attaqua par le nord-est. Après l'enlèvement de la première position, commença le bombardement des batteries placées dans la capitale, qui fit grand effet ; quelques obus à mélinite, tirés sur les batteries hovas établies sur la terrasse du palais de la Reine, suffirent pour y faire hisser le drapeau blanc : les colonnes d'assaut furent arrêtées à temps et le traité de paix rédigé à Paris était signé le lendemain 1er octobre. Le seul incident notable de cette action bien préparée fut l'échec de deux compagnies de tirailleurs algériens qui, emportées par leur ardeur, attaquèrent avant l'heure et sans préparation d'artillerie : une contre-attaque des Hovas les ramena brusquement à leur point de départ, avec des pertes qui parurent sensibles (4 tués, 19 blessés).

La résistance des Hovas à Tananarive, où la reine était demeurée, s'explique par les demi-renseignements qu'ils possédaient sur l'action des puissances européennes à l'extérieur. L'expédition du

Tonkin avait été très discutée en France et l'évacuation de la nouvelle conquête avait été sérieusement envisagée ; d'autre part, le récent échec des Italiens en Abyssinie démontrait qu'une puissance africaine était capable de tenir tête sur son territoire à une nation européenne ; l'illusion des Hovas, soigneusement entretenue par nos rivaux, s'explique donc parfaitement. En outre, le mouvement de la colonne française autour de Tananarive avait paru un signe d'hésitation qui avait rassuré la reine et le premier ministre et leur avait donné l'espoir de repousser l'envahisseur. Mais quelques obus à mélinite bien placés suffirent à dissiper cet espoir. Le 10 octobre, les forces hovas placées devant Tamatave déposaient leurs armes devant l'amiral Bienaimé : toute résistance régulière avait cédé dans l'île.

Mais il s'en fallut que le problème de la pacification fût résolu. Au commencement du dix-neuvième siècle, les Hovas avaient coutume de dire que deux grands généraux assuraient leur défense contre les Européens : le général Fièvre et le général Forêt. Ces deux chefs de guerre avaient été vaincus, et non sans de lourdes pertes. Mais ce résultat très réel de la ténacité et de l'organisation était insuffisant pour assurer le prestige des nouveaux occupants, cet ascendant sans lequel aucun vainqueur ne peut garder le bénéfice de la victoire et obtenir la soumission du vaincu.

Or, les premières instructions du ministre des

Affaires étrangères avaient escompté un succès
relativement rapide sur les Hovas, et l'établissement sur toute la Grande Ile d'un protectorat
analogue à celui que la France exerçait sur la
régence de Tunis.

C'est sur ces bases qu'avait été rédigé au ministère des Affaires étrangères le traité que le général
Duchesne signa avec la reine le 1er octobre 1895.
Sans doute, une déclaration unilatérale de la souveraine y fut substituée le 16 janvier 1916, compor-
tant simplement sa soumission à la France ; mais
le vainqueur avait reconnu explicitement l'autorité
du gouvernement hova sur toute la Grande Ile,
qui était loin de lui obéir, et les marques de respect
dont la reine était entourée par les Français passaient pour les signes d'un véritable vasselage. La
substitution prématurée du régime civil au régime
militaire vint augmenter encore cette impression
et retarder encore le moment où l'expérience des
faits et la connaissance des hommes auraient formé
un personnel en état de diriger ce milieu un peu
difficile. Le nouveau résident, ancien préfet, n'était
nullement préparé à une telle tâche. Il combla de
faveurs les protestants, et parut ainsi obéir aux
injonctions britanniques ; il exagéra la déférence
vis-à-vis de la cour d'Emyrne et refusa d'écouter
les doléances des véritables indigènes contre les
Hovas, leurs dominateurs : le vainqueur français
paraissait douter de sa propre victoire, et c'est là
une impression qu'il est dangereux de donner au
vaincu, quelle que soit sa couleur.

Aussi les attentats se multiplièrent contre les Européens et contre ceux des indigènes qui paraissaient se rallier à eux. Brigands devenus bientôt des insurgés, les Fahavalos formèrent des bandes armées et dirigées par le gouvernement de Tananarive. Et le résident général M. Laroche continuait à fermer les yeux avec une obstination singulière.

Le gouvernement français s'inquiéta enfin et envoya à Madagascar le colonel Galliéni, nommé général et résident, résident par intérim au début, car les préventions contre les militaires étaient trop vivaces pour qu'on osât annoncer que le régime dont le retour s'imposait durerait tout le temps nécessaire à l'organisation du pays. Le général Galliéni arriva au moment même où l'insurrection générale éclatait ; il frappa à la tête, vite, juste et fort. La déposition et l'exil de la reine Ranavalo, l'exécution capitale du premier ministre et de ses deux principaux acolytes suffirent à montrer de quel côté était la force et à arrêter par conséquent toute tentative de rébellion. Quelques coups rapides avaient assuré l'ordre et évité la répression sanglante qui eût atteint bien des victimes à peine responsables et laissé des rancunes tenaces dans les populations.

Après avoir taillé, il fallait coudre. Le protectorat avait fait faillite et l'illusion de gouverner Madagascar sous le couvert de la reine s'était évanouie. Il fallait prendre possession effective de toute l'Ile et l'organiser. Galliéni avait fait ses preuves au Soudan et au Tonkin comme chef de guerre et comme colonisateur. Ses dons naturels d'intelligence et de caractère s'y étaient développés dans l'action ; toute sa carrière l'avait préparé à cette œuvre de création qui allait être la sienne. Toutes nos entreprises coloniales depuis cinquante ans ont été entravées au début par la hâte d'enlever aux militaires l'administration du pays qu'ils viennent de conquérir : l'intronisation des administrateurs civils dans une colonie nouvelle ou dans un territoire militaire paraît un progrès, alors que cette coûteuse mesure représente à tout le moins un retard dans la pacification et dans l'organisation du pays. Les conséquences de cette faute sont souvent graves : en Tunisie, elle a motivé la deuxième expédition, qui a coûté plus cher en hommes que la première ; au Tonkin, elle a entravé, pendant de longues années, des opérations évidemment indispensables ; au Soudan, le remplacement du colonel Archinard par un gouverneur civil mit la colonie dans un tel état qu'il fallut le rappeler et y envoyer le colonel de Trentinian, alors au Sénégal, et poussé, disait-il, « comme un pion pris au hasard sur l'échiquier », où d'ailleurs il fit brillante figure ; enfin à Madagascar le général Galliéni dut aller réparer les fautes d'un prédécesseur civil prématurément désigné. La même faute s'est répétée à chaque expédition coloniale, et il est à craindre qu'elle se renouvelle à toute occasion, car dans l'instabilité des gouvernements, l'expérience du passé, même le plus récent, est presque toujours perdue...

Mais une autre leçon sortait directement de l'expédition de Madagascar, c'est le besoin d'une armée coloniale. A vrai dire, cette nécessité s'était manifestée depuis longtemps. L'Algérie avait été conquise et restait gardée par des troupes spécialisées ; Bugeaud avait montré l'inconvénient de relever chaque deux ans les régiments d'Algérie et avait obtenu de les conserver constamment ; comme l'avancement se faisait par régiment, les officiers bénéficiaient en toute justice des pertes creusées dans leurs rangs par le feu et la maladie et ne demandaient qu'exceptionnellement à rentrer en France ; le recrutement se faisait pour le grade de sous-lieutenant au moyen des meilleurs élèves sortant des écoles ou d'excellents sous-officiers promus pour faits de guerre. Plus tard, les corps spéciaux : zouaves, chasseurs d'Afrique, tirailleurs algériens, spahis, gardèrent leurs officiers et ne quittèrent pas l'Algérie ; sans aucun texte législatif, la spécialisation et l'autonomie de l'armée d'Afrique s'établirent tout naturellement et se maintirent longtemps après la suppression de l'avancement par régiment.

L'infanterie et l'artillerie de marine, dépendant d'un autre ministère, gardaient leur autonomie, mais l'expansion coloniale exigeait des effectifs de plus en plus nombreux, qu'on ne se décidait pas à organiser ; l'envoi sous les tropiques de troupes mal préparées aux épreuves des climats torrides avait causé au corps expéditionnaire de Madagascar des pertes absolument disproportionnées avec la résistance de l'ennemi. Pour l'effectif de 15 000 combattants, augmenté de 3 000 hommes de renfort, les pertes avaient été de 14 tués et 6 000 morts de maladie ; les 7 200 conducteurs auxiliaires Sénégalais, Kabyles, Somalis, Malgaches, avaient perdu 1 140 des leurs ; plus de 8 000 malades avaient été rapatriés. Certains corps, comme le 40e bataillon de chasseurs et le bataillon du génie, avaient perdu jusqu'à 62 et 64 pour 100 de leur effectif. Si l'on compare les régiments de même effectif et de provenance analogue, on voit que le 200e régiment d'infanterie a perdu 1 039 hommes et le 13e régiment d'infanterie de marine 577 seulement, que le régiment d'Algérie a compté 604 morts et le régiment colonial 309... On peut donc dire que la maladie a éprouvé les troupes métropolitaines deux fois plus que les troupes de la marine.

Ces pénibles constatations démontraient une fois de plus les principes dont on ne peut s'écarter sans danger :

Sous les tropiques, un corps expéditionnaire doit se recruter en grande partie parmi les indigènes tropicaux, et la petite réserve européenne doit se composer de soldats rengagés ayant tous plus de vingt-deux ans. Dans la préparation et le commandement de l'expédition, ni les études préalables, ni les qualités personnelles ne remplacent l'expérience de la guerre coloniale où les précautions sanitaires et la conduite politique assurent le succès avec le minimum de pertes, autant que la rapidité de la marche et la vigueur des premiers coups. L'unité de commandement s'impose et le chef militaire doit garder tous les pouvoirs jusqu'à la pacification complète et l'organisation défi-

nitive. L'installation prématurée du régime civil aug-
mente considérablement les pertes en hommes et les
dépenses en argent. Cette hâte retarde la mise en valeur
de la nouvelle colonie.

On répéta pendant quatre ans que la France n'avait pas l'armée de sa politique, jusqu'à ce que le général de Galliffet arrivât au ministère de la Guerre avec la volonté d'organiser l'armée coloniale, et l'autorité capable de briser les résistances du particularisme bureaucratique. Par la loi du 7 juillet 1900, l'infanterie et l'artillerie de marine furent rattachées au ministère de la Guerre avec leur intendance et leur service de santé, tout en gardant une autonomie absolue, et les cas où des officiers métropolitains pourraient servir aux colonies furent nettement limités (légion étrangère, cavalerie, génie). Devenues les troupes coloniales, elles gardaient leur compétence et leur esprit de corps ; elles l'ont prouvé sous toutes les latitudes. Elles ont formé trois divisions le jour de la mobilisation ; au cours de la lutte, elles ont encadré quatre divisions nouvelles : quatre en France, trois en Orient, et en outre 275 000 indigènes des tropiques, commandés par les officiers coloniaux, ont formé des bataillons qui ont servi dans toutes les grandes unités de l'armée, puis fourni des combattants à toutes les armes, particulièrement à l'artillerie lourde. L'Afrique du Nord fournissait en même temps des contingents en nombre à peu près équivalent, 270 000 hommes.

Grâce à leur autonomie, les cadres des troupes

coloniales se sont reconstitués depuis l'armistice ;
tous les officiers, tous les sous-officiers de carrière
ont accompli deux séjours coloniaux et les troupes,
gardant toujours précieusement leur esprit de corps,
ont retrouvé leur compétence professionnelle. Dans
l'Afrique du Nord, au contraire, la majorité des
officiers ne séjourne plus qu'à regret ; les régiments
de tirailleurs indigènes stationnés en France sont
encadrés comme les régiments métropolitains, au
hasard des mutations : des mesures s'imposent
pour rendre à nos régiments arabo-berbères des
cadres qui aient des indigènes une connaissance
acquise dans leur pays, qui les aiment et qui sachent
se faire comprendre d'eux. Le relèvement des soldes
s'impose en Algérie et en Tunisie, où l'enrichisse-
ment général a placé l'officier dans une situation
inférieure dont il souffre plus encore qu'en France ;
des primes à plusieurs degrés pour la connaissance
de la langue arabe sont aussi très nécessaires. Il devient indispensable de remplacer l'autonomie, qu'on
ne peut donner à ces régiments, par des avantages
qui y attachent leurs cadres et leur rendent la sta-
bilité dont ils jouissaient avant la guerre : c'est le
seul moyen d'utiliser les ressources militaires de
l'Afrique septentrionale.

Mais que dire d'un projet qui, sous prétexte
d'utiliser les ressources de notre domaine tropical,
supprimait l'autonomie des troupes coloniales? Il
nous faudra, nous dit-on, beaucoup d'officiers pour
utiliser les énormes contingents que nous attendons ;
il faut donc que l'armée active envoie en service

aux colonies des tropiques un grand nombre d'officiers de l'armée active. Certes, je crois à l'existence de ces forces et à leur utilisation en Europe, si nous avons la maîtrise de la mer. Mais combien d'officiers de l'armée active resteront-ils disponibles après l'encadrement de nos réservistes, qui seront quatre millions environ et qui doivent être pourvus les premiers? Je pense qu'il faut nous préparer à encadrer un million de combattants coloniaux, d'autres suivront s'il en est besoin. Mais nous avons une population de race française qui a le maniement des indigènes : colons, fonctionnaires, élément contremaître... L'instruction marche à grands pas en ce moment même dans ces troupes, qui nous fournissent déjà quelques officiers en état de commander très bien une section et dont le nombre et la capacité augmenteront ; enfin il faut donner aux régiments stationnés en France des éléments capables de fournir des officiers de réserve qui vivront pendant dix-huit mois avec les indigènes et qui reviendront au milieu d'eux pour leurs périodes d'instruction. Voilà les éléments de cet encadrement tout trouvés. Mais il faut avant tout que ces régiments aient conservé leurs cadres actuels de formation coloniale, susceptibles de recevoir et de former de nombreux éléments, comme ils l'ont prouvé au cours de la guerre. N'oublions pas les récentes leçons de l'histoire, ni celles de l'expédition de Madagascar, qui ont donné naissance à la loi de 1900.

*\
* *

La pacification de l'Emyrne, plateau central de l'Ile, puis l'occupation de la zone côtière, ne résolvaient pas le problème de la sécurité ; la nécessité de protéger les routes de ravitaillement amena l'occupation de la zone intermédiaire, la conquête de toute l'Ile s'imposa de proche en proche, ainsi qu'il est arrivé dans tous les temps et dans tous les pays. Dans son rapport du 30 avril 1905 au ministre des Colonies (*Madagascar de 1896 à 1905*), le général Galliéni établit les causes locales qui ont amené ce résultat, dont les causes générales et profondes ne lui ont pas échappé, car il ajoute :

« D'ailleurs, en dehors de ces raisons particulières à Madagascar, l'exemple de nos autres colonies montre qu'il a fallu arriver à renoncer aux projets d'occupation limitée qui ont été envisagés ou préconisés dans nos nouvelles possessions. Pour protéger les parties déjà soumises, on est amené fatalement à occuper les autres, si l'on veut éviter de faire de celles-ci des agglomérations de malfaiteurs qu'il est possible peut-être de contenir au début, mais dont le nombre et l'audace augmentent rapidement au point de devenir une menace constante pour les provinces organisées auxquelles elles confinent.

« On est obligé alors d'organiser des expéditions coûteuses et meurtrières et d'en arriver finalement à la solution qu'on aurait dû adopter tout d'abord : l'occupation effective des régions laissées impénétrées.

« Il en est advenu ainsi dans notre colonie d'Algérie, où, après avoir voulu restreindre au début l'occupation à la région côtière, nous avons dû conquérir le Tell, la Kabylie, et pousser ensuite jusqu'au Tchad, où nous donnons la main en ce moment à notre colonie du Sénégal.

« Il en a été de même au Tonkin, où, après avoir méconnu pendant dix ans la vérité de ce principe, nous n'avons mis fin à la piraterie qu'en poussant nos postes de première ligne sur la frontière de Chine.

« Enfin, il n'est pas superflu de rappeler que c'est seulement après l'occupation effective de la Haute-Birmanie que les Anglais ont pu rétablir la tranquillité et la sécurité indispensables à la mise en valeur de leurs possessions des Indes. »

Nous avons donné en son lieu et place l'opinion du maréchal Bugeaud sur *l'occupation restreinte;* il n'est pas inutile de la comparer à celle du maréchal Galliéni si l'on examine la possibilité de limiter notre action au Maroc.

Le maréchal Galliéni a résumé lui-même les principes de sa méthode (1) :

« 1º La pacification d'un pays et l'organisation primitive à lui donner tout d'abord reposent sur l'action combinée de la politique et de la force.

« 2º L'action politique est de beaucoup la plus importante ; elle tire sa plus grande force de

____

(1) *Madagascar de* 1896 *à* 1905, rapport du général Galliéni, p. 83.

la connaissance du pays et de ses habitants.

« 3° Dans l'action par la force, tout mouvement des troupes en avant doit avoir pour sanction l'occupation effective du pays conquis.

« 4° Dans l'action par la force, le système de l'occupation progressive est, dans la généralité des cas, le plus efficace ; le système des colonnes est l'exception et n'est employé que contre des objectifs bien déterminés.

« 5° L'organisation administrative doit suivre immédiatement l'occupation effective.

« 6° L'organisation administrative d'un pays doit être parfaitement en rapport avec la nature de ce pays, le niveau social de ses habitants et le but que l'on se propose.

« 7° Toute organisation administrative doit suivre le pays dans son développement naturel.

« 8° Au fur et à mesure que la pacification s'affirme, l'organisation civile se substitue progressivement à l'organisation militaire créée pour les besoins de la première occupation du pays. »

Le moyen de réalisation, c'est l'unité de commandement : un seul chef responsable, avec tous les pouvoirs dans la main. En pratique, la circonscription qui sert de base est le secteur, qui correspond à la compagnie ; plusieurs secteurs forment un cercle, et plusieurs cercles constituent le territoire.

Il a ainsi résumé les conseils dont ses instructions sont pleines (1) :

(1) *Des hommes et des faits*, général MANGIN, p. 73-74.

« Les commandants territoriaux devront comprendre leur rôle administratif de la façon la moins formaliste. Les règlements, surtout aux colonies et en matière économique, ne posent jamais que des formules générales... Nos administrateurs et officiers doivent défendre au nom du bon sens les intérêts qui leur sont confiés, et non les combattre au nom du règlement. »

Voici la colonisation militaire qui commence, avec, pour base, le secteur :

« Le soldat se montre d'abord soldat, emblème de la force nécessaire pour en imposer aux populations encore insoumises, puis, la paix obtenue, il dépose les armes ; il devient administrateur, sans perdre de vue toutefois qu'il se trouve au milieu de populations non encore franchement ralliées et qu'il a pour devoir strict de les surveiller étroitement, utilisant, à ce point de vue, le prestige moral que lui a procuré le succès de la conquête.

« Ces fonctions administratives semblent incompatibles avec l'idée qu'on se fait du militaire dans certains milieux. C'est là, cependant, le véritable rôle de l'officier colonial et de ses dévoués et intelligents collaborateurs, des sous-officiers et des soldats qu'il commande... Car détruire n'est rien, reconstruire est plus difficile. » Mot profond, de toutes les latitudes. En voici un autre sur le danger d'instaurer prématurément le régime civil : « Le conquérant seul est assez fort pour se permettre des actes de clémence que le peuple ne prendra pas pour de la faiblesse et qui le rallieront à nous. »

Mais le manque de moyens inflige à la pénétration une lenteur qui provoque les rébellions : nous avons dû garder la défensive pendant quatre ans dans le sud : « Cette manière d'agir, rendue d'ailleurs inéluctable par les circonstances, a été de nature à donner aux tribus belliqueuses du sud une certaine illusion de leur force et, par conséquent, à rendre plus longue et plus difficile chez elles la période d'évolution qui doit suivre les opérations militaires pour aboutir à la pacification définitive des esprits. »

Aussi des troubles se produisent, même des révoltes qui commencent parfois par des assassinats de colons ou de fonctionnaires, voire de petits détachements : ce sont les derniers soubresauts de la barbarie, qui doivent être réprimés avec une énergie qui écarte tout soupçon de faiblesse et qui pourtant doit rester humaine. Voici le texte des instructions données à l'un des officiers supérieurs chargés de cette tâche :

« Je vous recommande la plus grande modération dans la répression de la rébellion.

« Attaquez vigoureusement les rassemblements qui seront nettement rebelles, mais évitez avec soin d'agir contre des villages dont l'hostilité n'est pas amplement démontrée.

« Lorsque vous aurez des doutes à cet égard, envoyez toujours des émissaires pour engager des pourparlers.

« Tenez ainsi la porte toujours ouverte aux soumissions.

« Les indigènes venant faire leur soumission seront bien traités ; vous n'aurez à exercer le châtiment d'aucun crime passé ; ces crimes relèveront de la juridiction ordinaire. Interdisez de tirer sur les fuyards, qui peuvent être aussi bien des gens épouvantés que des gens hostiles.

« Évitez avant tout de mettre les gens dans une position désespérée, qui les forcerait à de suprêmes efforts et entraînerait des pertes pour nous et la destruction de gens en somme réduits à l'impuissance. Rappelez-vous à ce propos qu'il s'agit d'une opération de pacification et non d'une guerre d'extermination. Donc, pas de rigueurs ni de destructions inutiles.

« Je tiens à ce que ces prescriptions soient communiquées à tous vos subordonnés. A ce sujet, je vous recommande spécialement de maintenir la plus stricte discipline dans les unités sénégalaises.

« Il importe au plus haut point de réserver les rigueurs pour les promoteurs de la rébellion et d'épargner les égarés.

« Toute cruauté inutile serait un pas en arrière dans la voie de la pacification.

« En un mot, je compte sur vous pour que le passage, dans la province de Farafangana, des troupes placées sous votre commandement, ne reste pas dans la mémoire des habitants comme un sujet de rancune cachée, mais comme le souvenir d'une force juste et indulgente, à laquelle il y a tout intérêt de se soumettre (1). »

De ces instructions données au jour le jour, la doctrine sort lumineuse, rectiligne et fertile, comme les rayons du soleil. La force sûre d'elle-même ne se manifeste que dans la mesure strictement indispensable. Pratiquement, l'officier qui attaque un village important sait qu'il fondera le lendemain un poste, un marché, un dispensaire et une école : l'action destructive est ainsi réduite au minimum.

Galliéni avait le don suprême du commandement, la connaissance des hommes et la maîtrise de leur emploi. Il savait attirer des autres colonies les chefs de valeur qui s'y révélaient, découvrir et mettre à leur place ceux qui se trouvaient dans son commandement et, fait plus rare, il savait aussi les garder. L'avenir devait sanctionner ses choix. — Le colonel Joffre, réclamé pour fortifier Diego-Suarez, devint maréchal de France, de même que le lieutenant-colonel Lyautey (2) ; le commandant Roques, venu pour commencer le chemin de fer de Tamatave à Tananarive, commanda une armée et fut ministre de la Guerre ; le Soudan lui donna Combes, de Tren-

(1) *Madagascar de 1896 à 1905*, rapport du général Galliéni, p. 83.

(2 Le commandant Lyautey, sous les ordres du colonel Galliéni au Tonkin, fut appelé par le général Galliéni à Madagascar et il a parfaitement expliqué la méthode de son illustre chef dans ses deux ouvrages :

1° *Dans le sud de Madagascar,* par le colonel Lyautey ;

2° *Lettres du Tonkin et de Madagascar*, par Lyautey, notamment le dernier chapitre, de portée générale : « Du rôle colonial de l'armée. »

tinian, Audéoud, et du Tonkin il manda Pennequin,
son émule de gloire, qui, le premier, avait compris et
appliqué la politique de races. Ses élèves, Berdoulat,
Mazillier, Blondlat, Hellot, commandèrent des corps
d'armée pendant la grande guerre. Et parmi ceux qui
moururent à la peine avant de donner toute leur
mesure, il faut citer au moins le lieutenant-colonel
Lucciardi, chef de guerre autant qu'organisateur.

Ce personnel d'élite prépare constamment la pénétration ; il l'exécute avec méthode et sans hâte
intempestive, en poussant en toute occasion les
avantages jusqu'au bout. L'organisation du pays
marche de pair avec l'occupation, par les troupes
d'abord, car l'officier, le sous-officier, le soldat
même y collaborent, puis par les administrateurs
civils qui, après s'être mélangés à eux, prennent
enfin la responsabilité complète avec des miliciens
nouvellement recrutés pour appuyer leur autorité.
La province civile succède au territoire militaire,
normalement et sans à-coup.

Car c'est toujours la même méthode qui domine
l'ensemble : Unité parfaite de commandement, large
décentralisation, initiative à tous les degrés de la
hiérarchie, utilisation des indigènes dans l'administration du pays, lente évolution de la masse
autochtone dans le sens du progrès sans poursuivre
la chimère de l'assimilation. Dans la capitale, le
général gouverneur général a déchargé son état-
major militaire de l'administration des pays paci-
fiés et l'a donnée à son secrétaire général civil.

Tout marche du même pas rapide et mesuré.

Le budget est géré avec une stricte économie et des impôts adaptés aux mœurs des indigènes permettent de réduire, et bientôt de supprimer toute contribution de la métropole aux dépenses civiles de la jeune colonie. Les dépenses militaires diminuent par la réduction des effectifs (15 000 hommes en 1900, 12 000 en 1904), puis par les économies sur les prix de revient : entre 1900 et 1904 l'entretien annuel du soldat européen tombe de 2 500 francs à 2 000 francs, celui du tirailleur sénégalais de 1 300 francs à 1 000 francs, celui du tirailleur malgache de 900 francs à 700 francs.

C'est que les transports sont organisés. Malgré les extrêmes difficultés des travaux dans la forêt tropicale, la voie ferrée s'avance de la côte vers Tananarive, la navigation dans les lagunes la seconde.

La mise en valeur de la Grande Ile commence ; ses richesses naturelles sont l'objet d'études méthodiques, qui, toutes, ont un résultat pratique ; la colonisation est encouragée à tous ses degrés, grande, moyenne et petite — élevage, cultures, usines. Bien que Madagascar ne soit pas une colonie de peuplement, on y compte 7 000 colons français et 2 000 Européens étrangers pour 1 200 fonctionnaires ; le général Galliéni pense que ce personnel administratif est en nombre très suffisant pour les trois millions de Malgaches, mais il lui faudra plus de médecins et plus d'instituteurs.

Car l'hygiène générale et la santé publique sont l'objet de soins vigilants. Dans les troupes européennes, la mortalité annuelle pour 1 000 hommes

tombe de 334 en 1896 à 32 l'année suivante, à
8,71 en 1904 ; dans les troupes indigènes, elle tombe
aux mêmes dates de 154 à 18, puis à 5,75. Les for-
mations sanitaires militaires s'ouvrent largement à
tous les malades civils, indigènes aussi bien qu'européens. Des dispensaires, des tournées de plus en
plus fréquentes vont porter dans les provinces l'assistance médicale aux indigènes qui, en 1904, sont
secourus dans la proportion de 60 pour 100.

L'instruction publique présentait à Madagascar
un aspect très particulier et très compliqué. D'une
part, l'indigène est désireux de s'instruire et le
malgache est devenu une langue écrite depuis près
d'un siècle, et ce sont là des circonstances très favorables à la diffusion de l'instruction ; mais d'autre
part ces notions premières ont été répandues par les
missionnaires des diverses confessions dont l'influence a dominé alternativement dans l'Ile. Depuis
de longues années le pasteur protestant représente
ici l'Angleterre, et le prêtre catholique la France ;
et la présence récente d'une mission protestante
française, très active et disposant de ressources importantes, complique encore la question. Le gouverneur général soutient toutes les écoles confes-
sionnelles et il crée en même temps un enseignement officiel, qui a la prétention de rester neutre ;
leur programme commun est très simple et se réduit à peu près à l'enseignement du français.

Mais on constate bientôt que la question est encore plus complexe qu'il n'y paraît : la connaissance
du français comme but unique, c'est à la fois très

ambitieux et très insuffisant. Nous allons former des générations de déclassés qui ne voudront plus retourner dans leur milieu indigène où cette connaissance du français, qui leur a coûté plusieurs années d'étude, leur est absolument inutile, et **que ferons-nous** de ces jeunes gens pleins de prétentions, qui auront cru accumuler des connaissances abstraites et qui les expriment par des mots dont le sens réel n'a pu pénétrer dans leur cerveau?

Le raisonnement et l'expérience ont réalisé une organisation de l'enseignement qui porte le germe du développement que nous comptons donner à la société indigène. Les écoles primaires de village enseignent la lecture et l'écriture de la langue malgache, la connaissance très sommaire du français usuel, l'histoire et la géographie de la Grande Ile, dont les rapports avec la France sont naturellement mis en lumière ; les lois de l'hygiène, et aussi celles de la morale, les notions élémentaires de l'agriculture, c'en est assez pour élever le niveau de la masse. Au second degré, dans des écoles régionales, les meilleurs sujets se perfectionneront dans l'étude du métier de leur choix ; puis les écoles normales formeront des instituteurs, les écoles professionnelles des ouvriers d'art et des contremaîtres, les cours spéciaux des médecins auxiliaires et des sages-femmes, les écoles administratives des fonctionnaires. L'éducation et l'enseignement de la masse indigène paraît ainsi assurée, en même temps que le recrutement d'une élite qui reste assez près d'elle pour la faire progresser et qui trouve dans la colonie même l'emploi de ses facultés.

Mais les écoles privées trouvaient quelques difficultés à suivre ces programmes ; la colonie, qui leur consacrait le tiers puis le quart de son budget de l'instruction publique, cessa toute subvention en 1904, à la suite d'un vote de la Chambre des députés émis le 22 janvier 1903. A ce moment, les écoles officielles comptent 23 000 élèves, les écoles privées 16 000. En outre, il faut indiquer que les écoles d'églises ouvertes près de chaque sanctuaire catholique ou protestant donnent les premiers rudiments à 200 000 indigènes. Le général Galliéni envisageait une nouvelle transformation du peuple malgache et l'accession d'une élite à la culture européenne, « sans toutefois, disait-il, contrarier leur évolution naturelle correspondant à leur caractère, à leurs mœurs, à leurs traditions et à leur âge social. »

Mais en 1905 le moment arriva où le grand colonisateur devait remettre ses pouvoirs. Madagascar était entièrement pacifiée et organisée. Depuis deux ans déjà, les pertes par le feu se réduisaient à une dizaine de blessés et les neuf dixièmes du territoire étaient administrés en provinces civiles. Grâce à ce fait que Madagascar était une île, et par conséquant nettement délimitée et sans frontières à garder, grâce à la confiance du gouvernement, qui ne manqua jamais au chef qu'il avait choisi, grâce à l'absence de cohésion dans la résistance des indigènes de races très différentes et d'armement assez primitif, il suffit de neuf années à cet illustre chef, homme complet, pour arriver au résultat.

Je ne diminuerai pas ses successeurs en remarquant qu'ils ne l'ont pas fait oublier. Chaque fois que l'un d'entre eux a essayé de quitter les routes qu'avait tracées le maréchal Galliéni, les faits l'ont brutalement rappelé au bon sens et à la réalité. Le rôle de la jeune colonie pendant la grande guerre mérite une mention particulière : outre sa contribution financière appréciable et un apport notable à l'alimentation de l'armée et de la population, elle a fourni 41 000 combattants et 5 000 travailleurs, tous volontaires. Tous se sont montrés excellents, et le bataillon de chasseurs malgaches, après de nombreuses citations à l'ordre de l'armée, est devenu un régiment ; 18 000 Malgaches servaient dans l'artillerie lourde. Grâce à l'organisation de l'enseignement, dû au maréchal Galliéni, toutes les spécialités militaires, y compris les radiotéléphonistes, pouvaient s'y recruter, et les soldats malgaches étaient soignés par des médecins militaires de leur race. L'œuvre de l'assistance médicale indigène a été continuée, et sur 400 000 enfants d'âge scolaire, 93 000 étudient dans les écoles officielles, 37 000 dans les écoles privées (1). Ces remarquables résultats brillent surtout quand on les compare aux chiffres obtenus dans nos autres colonies . Madagascar, pour un peuple de 3 millions d'habitants, instruit 130 000 enfants ; l'Afrique équatoriale, pour la même population, en instruit 1 500,

(1) *L'effort de Madagascar pendant la guerre.* Conférence par le gouverneur général Garbit, colonel d'artillerie de réserve (chez Challamel).

et l'Afrique occidentale, pour 14 millions d'habitants, a 23 000 élèves (1).

Il faut le répéter sans cesse, l'enseignement et l'assistance médicale sont les nobles devoirs de la nation protectrice envers les peuples protégés. Dans l'Afrique noire en particulier, malgré quelques louables efforts, ces tâches ne sont pas suffisamment remplies, la dernière surtout : il faut avoir le courage de l'avouer et se mettre résolument au travail. Le peuplement et la civilisation de l'Afrique en dépendent.

(1) « L'enseignement dans les colonies françaises depuis la guerre, » par Paul CROUZET, inspecteur du conseil de l'instruction publique aux colonies. (*Revue universitaire du* 15 avril 1924.)

FIN

TABLE DES MATIÈRES

Cet ouvrage a été achevé d'imprimer par

Plon-Nourrit et Cie,

à Paris, le 25 septembre 1924.

A LA MÊME LIBRAIRIE

Le Raid Citroën. **La Première traversée du Sahara en automobile.** *De Touggourt à Tombouctou par l'Atlantide,* par Georges-Marie HAARDT et Louis AUDOUIN-DUBREUIL. Un volume in-16 avec 60 photographies et 2 cartes-itinéraires..... 10 fr.

Charles de Foucauld, *explorateur du Maroc, ermite au Sahara,* par René BAZIN, de l'Académie française. Un volume écu avec un portrait. 75e mille....................... 10 fr.

Le général Laperrine, grand Saharien, par José GERMAIN et St. FAYE, avec un portrait, deux gravures et une carte. 7 fr.
(Ouvrage couronné par l'Académie des Sciences morales et politiques 1923, prix Audiffred.)

A la conquête du Maroc sud (1912-1913), par le capitaine CORNET. Un volume illustré...................... 8 fr.

La France africaine, par le commandant Prosper GERMAIN. Un volume in-8° avec cartes et graphique............ 16 fr.

D'Alger à Tombouctou, par le comte René LE MORE. 7 fr.

En France africaine. *Notes et croquis d'Algérie, Tunisie, Malte et Maroc,* par Maurice RONDET-SAINT. Un vol..... 7 fr.

Un Été dans le Sahara, par Eugène FROMENTIN. Un volume in-16..................................... 7 fr.

Une Année dans le Sahel, par Eugène FROMENTIN. Un volume in-16 sur papier d'alfa........................ 8 fr. 50

Traversée de l'Afrique du Zambèze au Congo français, par Edouard FOA. Un volume in-16, avec 44 gravures hors texte, d'après les photographies de l'auteur, et une carte en couleurs................................ 7 fr.

Le Congo français du Gabon à Brazzaville, par L. GUIRAL. Ouvrage orné de gravures et d'une carte............. 8 fr.

Souvenirs de la côte d'Afrique, *Madagascar, Saint-Barnabé,* par le baron E. DE MANDAT-GRANCEY. Ouvrage orné de huit gravures. Un volume in-16...................... 8 fr.

L'Afrique latine *(Algérie, Tunisie, Maroc),* par André FRIBOURG. Un volume in-16 de la Collection « Les Problèmes d'aujourd'hui »............................... 4 fr. 50

Le Maroc, école d'énergie, par Alfred DE TARDE. Un volume de la Collection « Les Problèmes d'aujourd'hui »...... 5 fr.

Les Énergies françaises au Maroc, par le comte DE LA REVELIÈRE. Un volume in-8° avec cartes et plans.. 18 fr. 75

En marge du « Livre jaune », le Maroc, par ROBER-RAYNAUD. Un volume in-16. Prix.................... 10 fr.

Un Programme de politique coloniale, par Louis VIGNON, professeur à l'Ecole coloniale. Un volume in-8°....... 15 fr.

Le Nouveau Monde français : *Maroc-Algérie-Tunisie,* par José GERMAIN et Stéphane FAYE. Un volume in-16... 7 fr. 50